◎京师刑事法文库(42)

赵秉志　总主编

犯罪既遂问题研究

Study on the Completed Crime

徐光华　著

中国人民公安大学出版社

·北　京·

图书在版编目（CIP）数据

犯罪既遂问题研究/徐光华著．—北京：中国人民公安大学出版社，2009.5

（京师刑事法文库；42）

ISBN 978-7-81139-534-1

Ⅰ.犯…　Ⅱ.徐…　Ⅲ.故意（法律）—犯罪学—研究—中国

Ⅳ.D924.114

中国版本图书馆CIP数据核字（2009）第055952号

犯罪既遂问题研究

Study on the Completed Crime

徐光华　著

出版发行：中国人民公安大学出版社
地　　址：北京市西城区木樨地南里
邮政编码：100038
经　　销：新华书店
印　　刷：北京兴华昌盛印刷有限公司

版　　次：2009年5月第1版
印　　次：2009年5月第1次
印　　张：10.125
开　　本：880毫米×1230毫米　1/32
字　　数：273千字
印　　数：1~3000册

书　　号：ISBN 978-7-81139-534-1/D·442
定　　价：25.00元

网　　址：www.cppsup.com.cn　www.porclub.com.cn
电子邮箱：cpep@public.bta.net.cn　zbs@cppsu.edu.cn

营销中心电话（批销）：（010）83903254
警官读者俱乐部电话（邮购）：（010）83903253
读者服务部电话（书店）：（010）83903257
教材分社电话：（010）83903259
公安图书分社电话：（010）83905672
法律图书分社电话：（010）83905637
公安文艺分社电话：（010）83903973
杂志分社电话：（010）83903239
电子音像分社电话：（010）83905727

北京师范大学刑事法律科学研究院
京师刑事法文库

总　序

现代化的国家是法治国家。现代文明进步的社会是法治社会。我国依法治国、建设社会主义法治国家之基本治国方略的确立及其贯彻，对社会的发展进步至关重要。而现代刑事法治则在现代化法治国家中扮演着非常重要的角色。改革开放以来，我国的刑事法治已经取得了长足的进步。但是，在新世纪建设社会主义法治国家的进程中，无论是刑事法学理论还是刑事法治实践，都仍需要进一步发展与完善，以更为充分地发挥其应有的作用。

北京师范大学刑事法律科学研究院于2005年8月建立，系专门从事刑事法学研究的、中国刑事法学领域首家且目前唯一的、独立的实体性综合性学术研究机构。研究院以一批中青年专家学者为中坚，并聘请了包括老一辈著名刑法学家、中央政法机关专家型领导以及重要国际组织领导人在内的国内外知名刑事法专家、学者担任特聘顾问教授、专家委员会委员、兼职教授（研究员）。研究院的设立，旨在建设全国领先并与国际知名刑事法学机构看齐的新型刑事法学术机构，本着刑事法学一体化的精神，逐步全面发展中外刑法学、国际刑法学、区际刑法学、刑事政策学、犯罪学、刑事执行法学、中外刑事诉讼法学、刑事证据学、刑事司法制度等刑事法的诸多学术领域，培养高级刑事法学专门人才，为中国法学研究和高层次人才培养进行新的探索，力争为中国依法治国、建设社会主义法治国家的伟大事业在刑事法学领域作出更大的贡献。

为达此目标，研究院成立伊始即创办“京师刑事法文库”。研究院的主要成员在中国人民大学刑事法律科学研究中心工作时，亦曾设立“刑事法律科学文库”与“国际刑法研究所文库”，并已颇具规模。为获得更为广阔的学术发展空间与学术交流平台，数位专家学者首批加入北京师范大学创立了全国首家实体性的刑事法律科学研究院。学术事业是薪火相传、继承发展的事业，为使刑事法学术事业得到进一步传承和发扬，北京师范大学刑事法律科学研究院遂在我们设立的原“刑事法律科学文库”与“国际刑法研究所文库”的基础上，重新创办两个系列著作项目，并定名为“京师刑事法文库”和“京师国际刑事法文库”。两个文库是分工不同、相辅相成的姊妹项目，前者以国内刑事法著作为范围，后者以国际刑事法著作为范围。两个文库以百年名校北京师范大学深厚的学术积淀、悠久的历史传统和浓郁的文化氛围为依托，凭借北京师范大学坚实宽广的人文社会科学和自然科学的综合实力，并广泛争取和吸纳中外刑事法学界的支持与帮助。“京师刑事法文库”的出版领域主要包括国内刑事法律与刑事法学方面（包括刑法、犯罪学、刑事执行法学、刑事诉讼法学、刑事侦查、刑事物证技术等领域）的有新意、有深度、有分量的著作与译作，也会涉及我国港澳台地区刑事法暨中国区际刑事法等领域的科研成果，可以是专题研究、综合研究，也可以是论集、有价值的文献资料等形式。同时，为积极关注刑事法治领域的重大现实问题，“京师刑事法文库”还将相关专题的著作予以集中，设立若干系列，并聘请著名刑事法学专家担任总主编。文库的作者以研究院专职、兼职研究人员为主，并向其他专家、学者开放。

我们希望通过文库的形式能逐步积累学术成果，繁荣、深化和开拓刑事法领域的学术研究，促进国内外刑事法学界的交流与合作，不断提高我国刑事法理论与实践水平，进而有力地促进国家现代法治之昌盛和社会的文明进步。

北京师范大学刑事法律科学研究院

院长　赵秉志　教授

谨识于乙酉年初秋

College for Criminal Law Science of Beijing Normal University

Criminal Law Library of BNU

Preface

A modern country and a modern civilization should be governed by law. The establishment and actualization of the principal guideline of rule by law is crucial for our society to make progress in the efforts of constructing socialism under rule of law. Modern criminal law, playing a very important part in the development of modern society under rule of law, has achieved great progress since 1978 when the reform and opening – up policy was carried out. Whereas, further development and reform for both theory and judicial practice of criminal law are required in the process of building socialist legal democracy, so as to bring it into full play.

The College for Criminal Jurisprudence Studies of Beijing Normal University, founded in August of 2005, is the first and, at present, the only academic research organ in China specializing in criminal jurisprudence that is independent and comprehensive entity. The College is staffed with a group of famous young and middle - aged criminologists as academic nucleus and a group of criminologists and scholars known home and abroad as specially invited consultative professors, member of experts committee, guest research fellows (professors), including those senior professors, leaders with judicial expertise from the central procuratorial, judicial and public security departments and leaders of some important international academic organizations. The college, aiming at turning into a new national leading academic body which can keep pace with international prestigious organs of criminal jurisprudence, is gradually extending its research fields covering Chinese and foreign criminal jurisprudence, international criminal law, trans - regional criminal law, criminal policy science, criminology, criminal executive law, Chinese and foreign criminal procedure law, criminal evidence law, criminal judicatory and so on following the spirit of integrated criminal science. Meanwhile, the College trains high - level criminal jurisprudence professionals and makes new exploration into research of jurisprudence and cultivation of high - level professional in China. We are trying our best to make a greater contribution in the field of criminal law science to the great cause of building our socialism under rule of law.

Cherishing this hope, the College initiated the *Criminal Law Library of BNU* as soon as it is founded, with the working experience of *Criminal Jurisprudence Library of Renmin University of China*(*RUC*) and *International Criminal Jurisprudence Library of RUC* which had been established in the Criminal Jurisprudence Research Center of RUC and in a rather large scale before the main staff's transfer to the College. In order to obtain a broader space for academic research, we six scholars transferred from RUC to BNU and founded this first and the only one independent academic entity in our country——College for Criminal Law Science of BNU. Learning is a continuous business, so the College re - establishes two book – series programs named "*Criminal Law Library of BNU*" and "*International Criminal Law Library of BNU*" based upon the former two libraries so as to further develop our academic cause. The two sisterly programs undertake different missions and supplement each other. The domain of the former focuses on domestic criminal jurisprudence literatures and the latter on international criminal jurisprudence literatures. Depending upon the profound academic deposit, centuries – old historical traditions and full – bodied cultural atmosphere of the prestigious Beijing Normal University and with BNU's comprehensive and powerful integrative strength in both fields of humanity social science and nature science, the two libraries will attract and accept the contributions from the field of criminal jurisprudence home and abroad. The publications of *Criminal Law Library of BNU* cover the creative and profound works and translations on domestic and foreign criminal jurisprudence (criminal law, criminology, criminal execution law, criminal procedure law, criminal investigation and criminal evidence etc.) and those academic and research fruits in the field of extroversive criminal law (including international criminal law, comparative criminal law, foreign criminal law and criminal laws of Hong Kong, Macao and Taiwan). The publications may be of either special topics or general topics or translations of foreign literatures and codifications. Meanwhile, in order to attract active concerns with important realistic issues, publications on the related topics will be collected and affiliated to *Criminal Law Library of BNU* as new book – series with famous criminal jurisprudence specialists as their chief editor. The authorships of *Criminal Law Library of BNU* are mainly entitled to full – time and guest research fellows besides other experts and scholars engaged in criminal jurisprudence.

Through these programs of libraries, we seek to help to accumulate academic fruits, to exploit and deepen and thrive the academic researches on criminal jurisprudence, to facilitate exchanges and co – operations between domestic and foreign colleagues engaged in criminal jurisprudence and to gradually improve our theoretical and practical expertise of criminal law so as to accelerate the prosperity of our country under rule of law and the progress of social civilization.

Prof. Zhao Bing – zhi
Dean of College for Criminal Law Science
Beijing Normal University
Autumn of 2005

序

李希慧[①]

定罪量刑是刑法理论与实践的一条主线，而犯罪既遂的认定则是其中的重要一环。正确认定犯罪既遂，不仅有助于区分犯罪既遂与其他犯罪停止形态，而且有助于此罪与彼罪的区分。我国刑法理论与实践对犯罪既遂的标准、具体犯罪之犯罪既遂的认定等问题，并没有达成共识，需要进一步的研究。因此，我认为，徐光华博士所撰著的《犯罪既遂问题研究》一书具有重要的理论意义与实际价值。

《犯罪既遂问题研究》对于犯罪既遂的相关问题进行了系统的梳理，提出了一些合理、充分的观点来解决理论与实践中所提出的疑难问题。综观全书，作者对于犯罪既遂问题的探讨不仅结合了中外刑法理论与立法规定，而且还密切联系了我国的刑事司法实践。本书在以下几个方面具有创新见解或者对相关问题进行了深入的探讨：

第一，从犯罪既遂概念提出的缘由出发，认为犯罪既遂的标准不是犯罪行为的完成，也不是犯罪目的的实现，而是一个法定的标准，是立法者对犯罪进程中的某一具体停止形态所作的划定。

第二，对于我国刑法分则关于具体犯罪是以既遂为模式设立的还是以成立为模式设立的，进行了较为详细的论证，认为刑法分则关于具体犯罪的立法模式是犯罪既遂。同时，对犯罪既遂模式与犯罪成立模式进行了理论上的论证，并结合我国刑法分则的规定以及

① 李希慧，北京师范大学刑事法律科学研究院教授、博士生导师。

国外刑法的相关规定展开了较为合理的论述，并认为我国刑法分则关于具体犯罪的规定是以犯罪既遂为模式构建的。

第三，对我国刑法分则的定量、多档次量刑模式与犯罪既遂、未遂的关系作了论证，并提出了合理的解释方案。例如，我国刑法关于盗窃罪的规定中，就区分了“数额较大”、“数额巨大”、“数额特别巨大”，并规定了不同的法定刑。但是，如果行为人以“数额特别巨大”的财物为盗窃目标，仅仅得到了“数额较大”的财物，是构成犯罪既遂，还是成立犯罪未遂，如何定罪量刑，刑法理论与实践中均存在不同的观点，作者都给予了较为合理的说明。

除了上述一些具有独到性的具体观点之外，《犯罪既遂问题研究》一书还具有如下特点：

第一，结构清晰、论证充分。该书对于犯罪既遂的研究并不局限于犯罪既遂本身，而是对与犯罪既遂相关的理论、立法、司法均进行了研究，虽然本书内容较多，但由于作者的合理安排，全书的结构清晰而有序。同时对有关观点进行了充分论证。

第二，刑法理论与立法的资料丰富。本书不仅全面收集了国内有关犯罪既遂的理论与立法的资料，而且收集了国外的相关资料，并且就此进行了比较性的研究，对我国刑法中的犯罪既遂问题的研究提供了很好的借鉴。

第三，对于犯罪既遂的研究，不仅仅注重犯罪既遂的标准等理论层面的研究，而且密切结合立法与实践，这使得本书更具实践意义。例如，对我国刑法分则的立法模式是以犯罪既遂为标准，还是以犯罪成立为标准，进行了较为详细的说理论证。对于我国刑法分则的定量立法模式与犯罪既遂、未遂之间的关系，结合犯罪既遂、未遂的特征及其意义进行了较为合理的论证。对于刑法理论与实践中争议较多的结果加重犯的犯罪既遂与未遂、共同犯罪的犯罪既遂与未遂等，均进行了较为全面、系统的探讨。

由于犯罪既遂问题并不是一个孤立的犯罪停止形态的问题，而是与刑法理论中的其他内容存在诸多密切的联系，该书就此进行的论述显得相对薄弱。当然，瑕不掩瑜，《犯罪既遂问题研究》一书进一步深化了我国关于犯罪既遂的理论研究，也为我国刑事司法实践认定犯罪既遂提供了可资参考的理论根据。这一研究成果，必将有助于推进刑法理论研究与司法实践中对犯罪既遂这一重要问题的重新认识。

是为序。

2009 年 4 月 15 日于北京师范大学

目　　录

CONTENTS

引 言

犯罪既遂，是刑法理论与实践中的一个重要概念。虽然在犯罪既遂的各种定义中，关于犯罪既遂的标准及其存在范围等问题还未取得共识，但都认为犯罪既遂是犯罪的完成形态。作为犯罪完成形态的犯罪既遂，是相对于犯罪的未完成形态，如犯罪预备、犯罪未遂与犯罪中止而言的。在古代刑法中，无论是我国还是国外，都奉行结果责任主义，只注重对实害结果的处理，对于犯罪的未完成形态一般都不予以处罚，刑法惩罚主要偏重于朴素的或者说是自然意义上的犯罪完成形态。“在奴隶社会初期，人类社会尚处于蒙昧时期，是不可能认识故意犯罪有其自身的发展阶段的”①。“在早期刑法中，系以结果存在与否为判断责任有无之基础，故仅重视客观结果之发生，尚无未遂之概念，日耳曼法及罗马法皆有此种倾向”②。因此，犯罪完成形态与未完成形态的区分显得并不重要，犯罪既遂这一概念也未引起足够的注意。

当今社会，刑法的功能已经不仅仅满足于对完成形态犯罪的处理，随着人们对于犯罪、刑罚的进一步认识，更进一步强调刑法预防犯罪的功能，强调刑法对犯罪的早期介入，即不仅处罚完成形态的犯罪，对未完成形态的犯罪也进行处罚。在此背景下，犯罪未遂的重要性得到了普遍的认识，而犯罪未遂是相对于犯罪既遂而言的，因此，认定犯罪未遂首先必须明确犯罪既遂，从这一意义上看，犯罪既遂这一问题的理论与实践意义也凸显出来。由于当今社

① 宁汉林、魏克家：《中国刑法简史》，中国检察出版社 1999 年版，第 139 页。
② 余振华：《刑法深思·深思刑法》，台湾元照出版公司 2005 年版，第 95 页。

会关系的复杂化，犯罪行为也呈现出多样化的特征，已经不仅仅局限于传统的暴力犯罪、财产犯罪，刑事立法也日趋表现出细致性，体现在刑事立法中则为罪名的多样性。对于刑事立法中数目庞大的犯罪行为，涉及错综复杂的社会关系，此罪与彼罪的区分在很大程度上就是不同犯罪的既遂标准的区分，并且此罪的既遂与彼罪的未遂、中止、预备之间很可能存在交叉或竞合。因此，对于犯罪既遂的研究不容忽视。我国刑法总则对犯罪的未完成形态，如犯罪预备、犯罪未遂、犯罪中止的概念及处罚原则都作了明确的规定，但对于与其相对应的完成形态的犯罪——犯罪既遂，则没有任何规定，似乎犯罪既遂是一个不需要规定的问题。但是，刑法理论对于犯罪既遂仍然存在诸多的争议，其中最为核心的是犯罪既遂的标准。对于犯罪既遂的标准，一般是根据刑法对犯罪未遂的规定展开的。根据犯罪未遂的定义中的“未得逞”来推导出我国刑法中的犯罪既遂是指“已得逞”，然而，这一推论是否合理，值得进一步思考。我国刑法原则上是有可能处罚所有的犯罪的预备、未遂、中止的（一般认为犯罪未完成形态仅存在于直接故意犯罪中），刑法对这些不同形态的犯罪的处罚原则并不相同，因此，从理论上讲，对于所有的犯罪行为都应当正确地区分犯罪既遂形态与未遂形态，如果不能正确认识犯罪既遂，谈何正确认识犯罪预备、犯罪未遂、犯罪中止及其与犯罪既遂之间的区分，这必将直接影响司法实践中对具体案件的处理。此外，由于我国刑法总则规定原则上处罚所有的未完成形态犯罪，对于我国刑法分则的规定，究竟是以完成形态的犯罪既遂为模式设立的，还是以犯罪成立为模式设立的，或者说是二者兼而有之，存在诸多的争议。举例来说，我国刑法关于破坏交通设施罪的规定，第 117 条规定：“破坏轨道、桥梁、隧道、公路、机场、航道、灯塔、标志或者进行其他破坏活动，足以使火车、汽车、电车、船只、航空器发生倾覆、毁坏危险，尚未造成严重后果的，处三年以上十年以下有期徒刑。”第 119 条规定：“破坏交通工具、交通设施、电力设备、燃气设备、易燃易爆设备，造成严重后果的，处十年以上有期徒刑、无期徒刑或者死刑。”对于该罪的既遂标准是什么，存在不同的观点，造成对具体案件处理的结果迥然相异。具体而言，如果认为该罪的既遂标准是“足以使火车、汽车、电车、船只、航空器发生倾覆、毁坏危险，尚未造成严重后果的”，则行为人造成此危险后，即使出于悔过的原因排除此危险状态的，也仅能被认为是犯罪既遂后的悔罪行为，仍应处以3年以下有期徒刑；如果认为该罪的既遂标准是“造成严重后果”，则在造成具体的危险状态后具体实害结果出现之前，行为人主动排除危险状态的，则应当属于中止犯。根据刑法的规定，对于中止犯，没有造成损害的，应当免除刑罚。

关于何谓犯罪既遂、其具体标准是什么？各国的刑事立法几乎都没有作明确的规定，似乎关于犯罪既遂的含义、标准尽在不言中，从其他国家的研究成果来看，鲜有关于犯罪既遂问题的专题研究。[①] 这对于其他国家的刑法规定而言，似乎确实如此。从这些国家的刑事立法的特点看，刑法分则的规定就是以犯罪既遂为模式的，因此，对于犯罪既遂的认定直接依照刑法分则的规定即可。[②]在德日等大陆法系国家，由于其刑法总则并没有规定原则上对所有

① 例如，在刑法理论较为发达的德国、日本，也少有关于犯罪既遂的专门问题研究。较之对于犯罪既遂的研究，对犯罪未完成形态如犯罪预备、犯罪未遂的研究远远超过了前者。

② 当然，基于刑事立法的简洁性，对于具体犯罪的既遂标准，刑法并没有明确规定。此外，即使刑法中明确规定了的犯罪既遂标准，由于社会生活中案件的多样性、复杂性，在具体认定上仍然存在一定困难。

的未遂犯要进行处理，未遂犯的处罚被视为是例外的规定，[①] 其刑法分则的规定直接是按既遂犯的模式设立的，当某些犯罪的未遂需要进行处罚时，会例外地规定“本罪未遂的，处×××”。因此，在这些国家，何谓犯罪既遂以及犯罪既遂的标准是什么，只需要按照刑法分则的规定直接处理即可，这或许是犯罪既遂这一问题在国外刑法理论中较少被研究的原因所在。但我国的情况却不同：首先，我国刑法总则仅规定了犯罪预备、犯罪未遂、犯罪中止等未完成形态犯罪的概念及其处罚原则，而总则中并未规定犯罪既遂的概念，对于何为犯罪既遂、其标准是什么，这些问题都不甚明了；其次，由于我国刑法原则上处罚所有犯罪的完成形态与未完成形态，我国刑法分则的规定究竟是以犯罪既遂为模式，还是以犯罪成立为模式，或者是犯罪成立、犯罪既遂兼具的模式，还存在诸多的争议；最后，在我国刑法总则对犯罪的规定既定性又定量的模式下，我国刑法分则对犯罪的规定也有量的要求，并且根据不同的量的规定区分了不同的法定刑，如何将犯罪既遂、未遂之区分与这种规定结合起来，仍然需要进一步研究。例如，关于盗窃罪，在数量上就区分了“数额较大”、“数额巨大”、“数额特别巨大”。如果行为人实施了盗窃“数额特别巨大”的财物的行为，但仅获得了“数额较大”的财物，是犯罪既遂还是犯罪未遂，如何量刑？从上述的几点看，我国刑法中的犯罪既遂究竟是指什么，在具体个罪中其既遂到底是哪一点，并不是不言自明的话题，刑法理论上就此的争议也不断。因此，结合我国刑事立法的特点，对于犯罪既遂理论展

① 需要指出的是，这些国家的刑法对于未遂犯的处罚并不在少数。例如，德国、日本刑法均有多处条文规定了对未遂犯应当处罚。在此意义上说，德日等国家对于未遂犯的处罚是例外的，是仅就刑法规定的模式而言的，而并不是说这些国家的刑法处罚的未遂案件比我国少。虽然我国刑法原则上处罚所有的未完成形态的犯罪，但问题是，并非所有的未完成的行为都构成犯罪，根据我国刑法第13条的规定，“情节显著轻微危害不大的，不认为是犯罪”。因此，在实践中，我国刑法也并非对所有的未遂行为均进行处罚。再者，从刑事诉讼的角度看，对于犯罪的未完成形态，存在着调查取证难的现实困惑，司法实践中处理的未遂案件相对既遂案件来说也十分有限。

开深入的研究，就显得尤其重要。

即使对刑事立法上的犯罪既遂、未遂、中止、预备等犯罪停止形态进行了一番梳理，明确了刑事立法上的犯罪既遂的概念、犯罪既遂的区分标准，并对刑法分则的规定究竟是以犯罪既遂为模式还是以犯罪成立为模式有了一个确定的认识，在司法实践中，对于具体犯罪行为的既遂形态的认定仍非易事，对于犯罪既遂的研究仍有待于进一步细化。例如，即使认为盗窃罪的既遂标准是“数额较大”，[①] 实践中仍然存在对如何判断既遂标准的诸多争议，出现了“接触说”、“失控说”、“控制说”、“失控+控制说”等不同的既遂标准。但问题到此仍未结束，如何判断“失控”或“控制”，从而在具体案件中正确认定犯罪既遂形态，还有必要具体问题具体分析。例如，盗窃的场所、被盗物品的体积等，均对犯罪既遂的认定有重要的影响。国外关于犯罪既遂认定的实践也说明了这一点，例如，德国早期实践中对放火罪的既遂标准采取不同的标准，在刑法规定之外，也考虑了建筑物的特点。[②] 从这一个角度看，搞清犯罪既遂这一问题，并不仅仅是对刑事立法的一番梳理，在实践中如何具体贯彻立法的规定，仍值得进一步研究。而搞清楚这一问题，又涉及刑法基础理论中的诸多问题。例如，对于盗窃罪的既遂的具体

---

① 笔者在此先作此假定。我国不少学者认为刑法分则的规定是以犯罪成立为模式的，继而认为盗窃罪中的“数额较大”是盗窃罪成立的标准（参见张明楷：《犯罪论原理》，武汉大学出版社1991年版）。在接下来的文章内容中，笔者赞成我国刑法分则的规定是以既遂为模式的。

② 例如，德日刑法中对于放火罪的既遂标准都采取“烧毁说”这一标准，但如何判断烧毁，则由于建筑物的特点不同而采取了不同的学说。欧洲大陆国家的建筑物多为砖石结构，放火行为要使目的物独立燃烧，通常要经过相当长的时间，放火行为使建筑物丧失效用不一定是件容易的事情。于是，采取独立燃烧说，既不会导致放火罪没有未遂的余地，也不会导致放火罪都是既遂。而日本的建筑物多为木质结构，放火行为很容易引起目的物独立燃烧。如果采取独立燃烧说，恐怕放火罪就不会存在未遂与中止。因此，日本刑法理论以往一般不赞成独立燃烧说（张明楷：《外国刑法纲要》，清华大学出版社2007年版，第643页）。这说明，犯罪既遂不仅仅是对立法的梳理，在具体的运用过程中，仍然有研究的必要。

标准，是从被害人的角度采取“失控说”还是从被告人的角度采取“控制说”，在具体案件中会得出不同的结论。因为被害人的“失控”与被告人的“控制”并非在所有的案件中都是一致的，而造成这一差异的原因在于，我们在违法性的本质上是坚持法益侵害说还是规范违反说，刑法的目的是保护法益还是规范行为，这又涉及在违法性这一问题上是采取结果无价值论还是行为无价值论。这说明，犯罪既遂研究的任务应当是十分艰巨的，不仅是对于刑事立法的一种梳理，而且还存在一系列的具体任务，只有这样才能将其正确适用于处理司法实践中的问题。并且，在犯罪既遂问题上，对于具体案件既遂的判断，又涉及刑法理论的诸多问题，如关于违法性的本质、刑法的目的等。同时，犯罪既遂本身与刑法基础理论问题又存在诸多的联系。例如，犯罪既遂与犯罪构成要件、犯罪成立之间究竟处于何种关系，在共同犯罪案件中如何认定犯罪既遂，犯罪既遂与认识错误之间关系如何处理等。“犯罪既遂与未遂的区分标准之争正是这样一场牵动刑法学诸多理论神经的学术思辨，它所涉及的范围已远远超出该问题本身固有的狭小天地”①。应当说，对于犯罪既遂的研究是一项系统工程，必将对刑法理论与实践有重大的意义，值得深入研究。

我国早在20世纪80年代初期就对犯罪既遂问题展开了研究，相继发表了许多相关的论文，并有一些硕士论文、博士论文以犯罪既遂为选题，出版了与犯罪既遂相关的著述。② 从研究成果来看，也反映出目前关于犯罪既遂的研究仍然存在诸多的争议，正如有学者所言：“用‘混乱’一词概括犯罪既遂理论的现状，当不为

---

① 陈航：《对新一轮“犯罪既未遂区分标准之争”的梳理与研析》，载《河北法学》2000年第5期。

② 从著作方面看，有赵秉志教授的《犯罪未遂形态研究》、李洁教授的《犯罪既遂形态研究》、刘之雄教授的《犯罪既遂论》、金泽刚博士的《犯罪既遂的理论与实践》、姜伟教授的《犯罪形态通论》、吴振兴教授的《罪数形态论》等。

过"[①]。其中，关于犯罪既遂的标准如何界定，更是争执不断，目前主要存在"犯罪目的实现说"、"犯罪结果发生说"、"构成要件说"等不同的学说，就一些具体案件的处理而言，这种分歧也直接影响了司法实践中对于具体行为的定罪量刑。[②]诚然，理论上的纷争是促进理论进一步发展的需要。但问题是，关于犯罪既遂的不同的理论研究成果，有不少是站在各自的立场进行研究，基于自己的立场又对他人的立场加以批判，而没有站在更高的角度去研究犯罪既遂问题。例如，刑法理论中设定犯罪既遂这一概念的目的是什么？犯罪既遂形态究竟是刑法规定意义上的还是自然的行为进程这一意义上的？立法者是否有权力在自然的行为进程中人为地设定具体犯罪的既遂标准，如果有，其依据是什么？犯罪既遂理论与刑法立场之间的关系是什么？没有站在一个更高的角度对犯罪既遂问题进行研究，这或许也能够在一定程度上说明为什么至今犯罪既遂这一问题仍然混乱不清。当然，如前所述，犯罪既遂这一问题的研究是一个系统的工程，还涉及诸多刑法基础理论问题。因此，要给犯罪既遂问题以一个正确的答案，应当说，难度甚大。但对犯罪既遂的厘清，直接涉及对行为人的定罪量刑，应当说，对这一问题研究的紧迫性是不容置疑的。鉴于此，笔者以犯罪既遂为选题，通过对我国刑法理论研究中的犯罪既遂问题进行一番新的梳理和研究，以期对犯罪既遂及其相关理论的深化起到一些促进作用，同时，也希望此研究能够对刑事立法、司法实践有所裨益。

① 刘之雄：《犯罪既遂论》，中国人民公安大学出版社2003年版，第1页。

② 当然，这三种学说（还有其他的学说）之间并非在所有的案件处理上均存在不同的观点。例如，就故意杀人罪而言，无论是哪种学说，都认为被害人之死亡是既遂的标准。

第一章　犯罪既遂的标准

犯罪既遂，又称既遂犯，是犯罪的完成形态。我国早在古代就有犯罪既遂的概念，如汉书中的“意恶功遂，不免于诛”，其中的“功遂”意即犯罪既遂。当今，各国刑法对犯罪进程的不同阶段划分了不同的形态，并规定了不同的处罚原则。例如，我国刑法规定，对于预备犯，可以比照既遂犯从轻、减轻或者免除处罚；对于未遂犯，可以比照既遂犯从轻或者减轻处罚；对于中止犯，没有造成损害的，应当免除处罚，造成损害的，应当减轻处罚。如何认定这些未完成形态的犯罪，在很大程度上就是要以既遂犯为比照。因此，研究犯罪既遂的认定标准，对于正确量定刑罚将具有直接的意义。关于犯罪既遂的概念，刑法理论上存在不同的观点。通说认为，犯罪既遂是指行为人在犯罪意思支配下所实施的犯罪行为，已经具备了刑法分则所规定的某种犯罪构成全部要件的犯罪形态。① 犯罪既遂的标准，实际上也就是犯罪既遂概念的具体化。可以说，犯罪既遂的标准是犯罪既遂理论中最重要、最基本的问题。犯罪既遂的标准，也即犯罪既遂如何认定，其实质就是如何区分犯罪既遂与犯罪未遂。② 值得注意的是，当今世界各国刑法中，只有俄罗斯

---

① 马克昌主编：《犯罪通论》，武汉大学出版社1999年版，第488页。

② 犯罪预备、犯罪中止也属于犯罪的未完成形态，但它们与犯罪既遂之间的区分并不显得那么重要。犯罪预备行为还没有着手实施犯罪行为，而犯罪既遂是已经实施了犯罪的实行行为，并且将其实施完毕，因此，犯罪预备与犯罪未遂都存在很大的区别，当然与犯罪既遂的区分就是十分明显的。另外，又如，犯罪中止，其与犯罪未遂均属于犯罪的未完成形态，二者的区别在于没有到达既遂状态的原因是否出于行为人意志以外的原因（当然，处于犯罪预备阶段的中止与既遂犯的区别就更明显）。因此，如何认定犯罪既遂的标准，实质上，就是如何判断犯罪既遂与犯罪未遂的区别。

(1996年刑法典)、巴西(1940年刑法典)[①] 等极少数国家的立法例中对犯罪既遂的概念作了明文规定。但几乎所有国家均对犯罪未遂的概念在刑法上作了规定，其中有简有繁，各国刑法理论与实务界对于犯罪既遂的概念及其标准，都是围绕着犯罪未遂概念而展开的。[②] 正如有学者所指出的："在立法模式上，基于立法简洁性的要求，各国刑法都没有在分则中明文规定各种犯罪的既遂标准，而通常是通过在总则中对犯罪未遂的规定，间接确立犯罪既遂的概念。但是，各国刑法对犯罪未遂的规定不仅存在差异，而且其含义也往往不明确。这使得犯罪既遂的确切内涵和基本标准缺乏明确的法定依据。"[③] 因此，关于犯罪既遂的标准也不免存在争议。

在我国刑法理论中，关于犯罪既遂的标准这一问题仍然有待于进一步研究，目前关于犯罪既遂的标准主要存在"犯罪目的实现说"、"犯罪结果发生说"、"犯罪构成要件说"三种学说，原来处于通说地位的"犯罪构成要件说"由于其过于抽象且难于指导司法实践，已经面临严峻的考验。学说上的不一致，使得司法实践中对于具体案件的处理争议颇大。实际上，我国关于犯罪既遂的理论研究从20世纪80年代就已经展开，但研究的进展却不尽如人意。问题何在？究竟是立法本身存在疏漏还是研究的方法、视角出现了问题，值得进一步思考。如何正确地划定犯罪既遂的标准，笔者认为，在借鉴其他国家的刑事立法及刑法理论研究成果的基础上，应当结合我国刑事立法的特点及刑法理论展开研究。同时，在借鉴国外的研究成果时，应当注意其与我国相关问题的共通性。例如，德

① 《俄罗斯联邦刑法典》第29条规定，如果犯罪人实施的行为中包含有本法典规定的犯罪构成的全部要件，则犯罪是既遂犯罪。此外，1940年《巴西联邦共和国刑法典》第12条规定："当构成法律上有明确规定的一切犯罪要素时，是既遂罪"。

② 这种做法是否合理，还值得进一步研究。因为各国对于犯罪未遂一般仅限于直接故意犯罪之中，这样，无形之中就将犯罪既遂的范围仅限定在直接故意犯罪之中，由此，会忽视对其他罪过形式的犯罪是否存在犯罪既遂形态的研究。

③ 刘之雄：《犯罪既遂论》，中国人民公安大学出版社2003年版，第1页。

日刑法中的构成要件与我国的构成要件是不同意义上的，它们关于犯罪既遂标准的构成要件说是否一定不能为我国所采用？又如，世界各国刑法分则的规定几乎均是以犯罪既遂为模式的，而对于我国刑法分则的规定是否可以作此理解？同时，应注意的是，我们对犯罪既遂的标准的认识不应当是孤立地展开的，“从学科体系上考察，犯罪既遂不是一个孤立的理论问题，它与刑法的其他基本理论有着相互依存和相互制约的关系。如何界定犯罪既遂，势必影响其他基本理论的属性，而其他基本理论的性质，又迫使犯罪既遂理论与之相适应”①。否则，将难以跳出原有研究结论的框架，我们应当在犯罪既遂的标准之外展开进一步的思考，如立法上规定犯罪既遂的意义何在？犯罪既遂的标准是法律的设定还是朴素的行为进程？犯罪既遂与犯罪成立、犯罪构成之间处于何种关系？总之，如何界定犯罪既遂的标准，是一个理论与实践意义兼具的课题，在借鉴其他国家和地区的研究成果之基础上，必须结合我国刑法的特点来进行。

第一节　犯罪既遂标准的立法与学说

基于犯罪进行的程度，划分不同的阶段，并规定不同的处罚原则，是当今世界各国刑事立法的通例。这也是主客观相统一原则、罪刑相适应原则在犯罪阶段上的体现。虽然大多数国家的刑法中没有明确规定“犯罪既遂”这一概念，但各国刑法理论与实务均承认犯罪既遂这一概念，可以说犯罪既遂是世界各国刑法中的共通概念。但如何划分犯罪既遂与犯罪未遂，也就是说犯罪既遂的标准是什么，当今世界各国的刑事立法都没有予以详尽地说明。在刑法总则中，多数国家对于犯罪既遂也仅仅是在犯罪未遂的概念中一笔带过。在刑法分则中，虽然均承认刑法分则的规定是以犯罪既遂为模

① 金泽刚：《犯罪既遂的理论与实践》，人民法院出版社 2001 年版，第 3 页。

式，但对于具体犯罪的既遂是什么，并没有作详尽的规定。因此，如何认定犯罪既遂的标准，则成了各国刑法理论面临的重要任务。

从各国刑法关于犯罪未遂的规定来看，并不完全一致，由此可以认为关于犯罪既遂的标准也并非全然一致。但不可否认的是，关于犯罪既遂，仍然有许多相同之处，如世界各国刑法都无异议地认为故意杀人罪的既遂标准是“被害人死亡”。当然，基于各国刑事立法及刑法理论的差异，犯罪既遂的标准也存在一定的差异，如有关放火罪的既遂标准，各国并不一致。原因何在，是我们在研究犯罪既遂的标准时不容回避的。基于此，有必要在研究各国关于犯罪既遂的标准之立法与理论的基础上，结合我国的刑法理论与立法，来认定犯罪既遂的标准。

一、国外关于犯罪既遂标准的立法与学说

如前所述，当今世界各国都区分了犯罪的完成形态与未完成形态，但关于什么是犯罪既遂、犯罪既遂与犯罪未遂的区别何在，各国刑法都没有直接阐述。关于犯罪既遂的标准的认定，也主要是围绕着刑法中关于犯罪未遂的概念展开的。在此，笔者就当今世界一些国家关于犯罪既遂的标准展开论述。

（一）德国关于犯罪既遂标准的立法与学说

同多数国家的刑法规定一样，德国刑法也没有规定犯罪既遂的概念，仅有犯罪未遂的规定。对于犯罪既遂概念的理解及其认定标准，一般也是围绕刑法关于犯罪未遂的规定而展开的。德国刑法关于犯罪未遂的规定体现在《德国刑法典》第22条：“行为人已经直接实施犯罪，而未发生行为人所预期结果的，是未遂犯。”据此，似乎可以认为德国刑法的规定是以犯罪目的实现说作为犯罪既遂的标准。但在犯罪既遂这一标准上，刑法所要求的结果与行为人的预期结果并不是同一层面的。也就是说，对于具体犯罪而言，刑法所要求的既遂标准与行为人所预期的结果并不是总是一致的。因此，在德国，刑法理论上也并不认为犯罪既遂的标准是犯罪目的实

现，或者说是行为人所预期的结果，这种结果只能是经过刑法修正的行为人的预期结果。

在德国，分则的刑法规定通常描述的是犯罪既遂的不同阶段。[①] 这是刑法理论的通说。虽然在其刑法总则部分也规定了对于未遂犯的处罚，[②] 但均认为，刑法分则的规定是以犯罪既遂为模式的，而刑法分则对于具体犯罪的规定即是构成要件的具体展开。[③] 因此，构成要件说则成为犯罪既遂的标准，并且，这一标准并没有引起任何争议。在德国，是否既遂，并非取决于行为人是否实现自己的意图，只要满足所有构成要件要素即构成既遂（参见卡尔斯鲁厄州高等法院，《司法》，1972 年，第 361 页）。根据构成要件的不同规定（伤害犯、危险犯或结果犯），既遂既可以较早地出现，也可以较晚地出现。具体而言，根据其构造可划分为以下四类：第一类是指既遂时刻被提前的犯罪（目的犯、危险犯、企行犯）；第二类是指既遂后始可认定行为终了，它们以构成要件的重复结构为特征（继续犯、两次行为犯、由数个行为组成的构成要件）；第三类是指这样的一些情况，犯罪的最终结果或者全部结果因那些与对构成要件描述的形式意义已不相适应的行为而实现，如隐藏盗窃之赃物［联邦法院刑事判决 20，194（196）］，超越国境线后将走私物品转移到安全场所［联邦法院刑事判决 3，40（44）］，或在纵火情况下使建筑物全部损坏［哈姆州高等法院，《法学家报》，1961 年，第 94 页（第 95 页）］；第四类是指自然的行为单数。[④]

---

① ［德］汉斯·海因里希·耶赛克、托马斯·魏根特：《德国刑法教科书》，徐久生译，中国法制出版社 2001 年版，第 610 页。

② 《德国刑法典》第 23 条（未遂的可罚性）规定：“（1）重罪的未遂一律处罚；对轻罪的未遂的处罚以法律有明文规定为限。（2）未遂可比照既遂减轻处罚（第 49 条第 1 款）。（3）行为人由于对行为对象和手段的认识错误，其行为根本不能实行终了的，法院可以免除其刑罚，或酌情减轻其刑罚（第 49 条第 2 款）。”

③ 如果要对未遂犯进行处罚，则需要刑法例外规定。

④ ［德］汉斯·海因里希·耶赛克、托马斯·魏根特：《德国刑法教科书》，徐久生译，中国法制出版社 2001 年版，第 618 页。

由上可知，在德国，虽然刑法规定犯罪既遂是“发生行为人所预期的结果”，也即犯罪目的的实现。但这种犯罪目的已经不是行为人个人的犯罪目的，而是在具体犯罪中经过刑法所修正的犯罪目的，刑法理论的通说一致认为犯罪既遂的标准是行为符合构成要件。当然，对于具体犯罪而言，其构成要件的具体内容是什么，尤其是犯罪既遂的客观要件，基于立法简洁性的要求，在德国的立法上并没有详尽地展示出来。如何判断其既遂的标准，实际上也是需要一定的判断的；再加上现实的犯罪行为的复杂性、多样性，如何认定立法与实际行为，也并非无任何争议。有的犯罪，虽然刑法没有明确规定其既遂的标准，但并不存在判断的难度。例如，对于故意杀人罪，① 刑法分则中并没有直接注明“被害人死亡”，但无异议地认为该罪既遂的标准是“被害人死亡”。但并非所有的犯罪其既遂标准都这么容易确定。对于一些没有规定要件内容的犯罪，仍然存在争议；即使是刑法中已经规定了犯罪既遂的标准的犯罪，如何具体认定也是存在争议的。例如，《德国刑法典》第306条（纵火）规定：“将他人的下列物品予以纵火，或因纵火而将其全部或部分毁损的，处一年以上十年以下自由刑……”虽然对于该罪的既遂标准“毁损”没有争议，也即从构成要件的角度来理解该罪的既遂标准不存在争议。但如何认定“毁损”，理论上仍然存在不同的学说，如独立燃烧说、丧失效用说、重要部分燃烧说、毁弃说等。综上，在德国，关于犯罪既遂的标准问题，对如下两点已经达成共识：（1）刑法分则的规定是以犯罪既遂为模式的；（2）犯罪既遂也即行为符合构成要件。当然，对于如何判断具体犯罪的犯罪既遂，仍然存在诸多的争议。

（二）日本关于犯罪既遂标准的立法与学说

日本现行刑法中对犯罪既遂的概念及其标准也没有作任何规

① 《德国刑法典》第212条（故意杀人）规定：“（1）非谋杀而故意杀人的，处五年以上自由刑。（2）情节特别严重的，处终身自由刑。”

定，其刑法典第八章“未遂罪”共有两个文对犯罪未遂作了规定。第43条规定：“已经着手实行犯罪而未遂的，可以减轻处罚，但基于自己的意志中止犯罪的，应当减轻或者免除处罚。”第44条规定：“处罚未遂的情形，由各本条规定。”① 从日本刑法总则对于犯罪未遂的规定来看，似乎并没有说明什么是犯罪未遂，无法从其刑法总则的规定来认定犯罪既遂的标准，但理论上关于犯罪既遂的标准却并没有出现争议，正如张明楷教授所言：“日本刑法理论基本上没有从总体上深入研究什么叫‘没有既遂’，学者们在其著述中只是简单地解释一下‘没有既遂’，提法不完全相同，但并没有就此进行争论，或许总体上的争论没有什么必要。”② 但根据其刑法的规定，处罚未遂由刑法分则的具体条款规定。因此，刑法分则中没有特别注明处罚未遂犯的条款，均是针对既遂犯的。所以从这一角度看，日本刑法总则部分虽然没有规定犯罪既遂的概念及其与犯罪未遂之间的区别，但这并不影响其对刑法分则条文的理解，除对未遂犯的例外规定之外，刑法分则条文针对具体犯罪的规定均是既遂的情形。从这一角度上看，在立法上，刑法中哪些条文针对的是犯罪既遂，哪些条文针对的是未遂，日本刑法的规定是十分明确的。至少在对刑法条文的理解这一点上，没有争议。而刑法分则的规定是构成要件的展开，因此，犯罪既遂与犯罪构成就是同一意义上的。又因为对未遂犯的处罚是例外的规定，所以，犯罪成立也就是犯罪完成，或者说是犯罪既遂。基本上可以认为，在日本，犯罪成立、犯罪既遂、犯罪构成是同一意义上的。

---

① 日本刑法对于未遂采取了广义的概念，其内容上包括了我国着手后基于行为人意志以外的原因及自己的意志中止犯罪而未既遂的情形。较之我国刑法的规定，则将着手实行后的犯罪中止也纳入了未遂犯的内涵之中。当然，广义未遂的概念只是包含了未达既遂状态的两种原因，从犯罪发展的实施阶段看，均是已经着手实行犯罪没有到达既遂，因此，无论是采取广义的未遂概念，还是采取狭义的未遂概念，都不妨害犯罪未遂与既遂的比较。

② 张明楷：《未遂犯论》，法律出版社、日本成文堂出版社1997年版，第132~133页。

在日本的刑法理论与实践中，几乎无异议地认为刑法分则的规定是以犯罪既遂为模式，刑法分则的规定是具体犯罪之构成要件的展开，犯罪既遂的标准采构成要件说。[①] 例如，“刑罚法规所表示的基本构成要件，本来是预想着既遂犯而制作的”[②]，“刑罚法规所规定的构成要件是预先设定假定为犯罪得到完全实施，即既遂犯”[③]，“犯罪既遂是指犯罪实行者已经着手并且完成的情况，即犯罪全部满足构成要件的情况，刑法正文各条的各种刑罚法规上的构成要件，是为单独实行的既遂犯设想的”[④]。当然，由于刑法分则规定的简洁性，如何认定具体犯罪的构成要件，由于立法上没有明确规定，仍然存在一定的争议；并且，由于现实的犯罪行为的复杂性、多样性，如何判定现实的行为是否犯罪既遂，仍然存在一定的争议。例如，《日本刑法典》第235条关于盗窃罪的规定：“窃取他人的财物的，是盗窃罪，处十年以下惩役。”虽然这一条款的规定是针对盗窃罪的既遂而规定的，但盗窃多少数量的财物或者具有何种情节才属于盗窃罪，则没有任何规定，在实践中仍需具体判断。

综上，在日本，虽然刑法没有规定什么是犯罪既遂，也未对犯罪未遂的概念作出规定，但对以下两点达成了共识：（1）刑法分则的规定是以犯罪既遂为模式，刑法特别规定处罚未遂犯的条款除外；（2）刑法分则规定的构成要件即是犯罪既遂的标准，犯罪既遂也即行为符合构成要件。

---

① 当然，也有不少日本学者表述为犯罪的成立就是符合构成要件，但实质上没有任何区别。因为日本刑法原则上仅处罚既遂犯，因此，犯罪成立与犯罪既遂是同一意义上的。

② ［日］大塚仁：《刑法概说（总论）》，冯军译，中国人民大学出版社2003年版，第213页。

③ ［日］野村稔：《刑法总论》，全理其等译，法律出版社2001年版，第322页。

④ ［日］福田平、大塚仁：《日本刑法总论讲义》，李乔等译，辽宁人民出版社1986年版，第136页。

(三) 意大利关于犯罪既遂标准的立法与学说

意大利的刑法典也没有直接对犯罪既遂的概念及其标准作规定，其刑法第56条则对犯罪未遂的相关内容作了较为详细的规定。《意大利刑法典》第56条规定："实施毫不含糊地表明旨在犯罪的、适当的行为的，如果行为尚未完成或者结果尚未发生的，对犯罪未遂负责。对犯罪未遂者的处罚是：(如果法律为有关犯罪规定的是死刑，对未遂犯罪的犯罪人处以二十年至三十年有期徒刑)①；如果法定刑为无期徒刑，处以十二年以上有期徒刑；在其他情形下，处以为有关犯罪规定的刑罚并减轻三分之一至三分之二。如果犯罪人自愿中止行为，只有当已完成的行为本身构成其他犯罪时，才处以该行为规定的刑罚。如果自愿阻止结果的发生，处以犯罪未遂规定的刑罚并减轻三分之一至一半。"从意大利刑法总则关于犯罪未遂的规定看，关于犯罪既遂与犯罪未遂的区分标准在于行为是否完成或者结果是否发生。可以说，立法上关于犯罪既遂的标准是"行为完成"、"结果发生"。从意大利刑法规定来看，较之德国、日本的刑法规定，在关于犯罪既遂的标准这一点上，前者似乎更加详细，它指明了犯罪既遂与未遂的区别在于行为是否完成或者结果是否发生。但问题在于，行为完成、结果发生的标准是什么，行为的实施应当达到何种程度才能认为是行为完成，何种结果的发生才能认为是结果发生，显然，不同的理解将会对犯罪既遂的标准产生影响。如何认定"行为的完成"、"结果的出现"，显然不能从行为人的立场出发，否则，关于犯罪既遂就毫无标准可言了，"行为的完成"、"结果的出现"显然是刑法所要求的，必须结合刑法的规定来认定。从意大利刑法总则关于犯罪未遂适用刑罚的规定来看，"如果法律为有关犯罪规定的是死刑，对未遂犯罪的犯罪人处以二十年至三十年有期徒刑；如果法定刑为无期徒刑，处以十二年以上有期徒刑；在其他情形下，处以为有关犯罪规定的刑罚并减轻三分

① 由于死刑已废除，括号中的表述无任何意义。

之一至三分之二”。从逻辑上分析，基本上可以认为刑法分则有关法定刑的配置是以既遂罪为模式的。否则，对于未遂犯无从适用刑罚。刑法分则规定的构成要件也即犯罪既遂的标准，对此，刑法理论界没有争议。当行为刚一全部具备刑法分则为某一犯罪规定的基本构成要件时，犯罪即进入既遂阶段。① “犯罪的既遂是完全具备刑法分则规定的构成要件的犯罪”②。

在意大利，由于刑法分则的规定是以犯罪既遂为模式的，因此，刑法理论与实务均认为犯罪既遂就是行为符合构成要件，犯罪既遂的标准也即行为符合构成要件。当然，正如笔者在前面关于德国、日本之犯罪既遂的介绍中所阐述的那样，如何理解具体犯罪之构成要件，从而认定其犯罪既遂的标准，仍然是需要具体判断的，也必然会存在一定的争议。但具体地看，行为完成或结果发生的标准是什么，什么是结果？这些问题在意大利的刑法分则中则并没有明确的规定。因此，如何认定犯罪既遂的具体标准，司法实务部门具有很大的裁量权，司法实务部门如何认定行为是否完成、结果是否发生，在刑法没有明确规定的情况下，值得刑法理论进一步研究。

（四）美国关于犯罪既遂标准的立法与学说

与世界上大多数国家一样，美国刑法也没有规定犯罪既遂的定义，但从其关于犯罪未遂的规定中，可以探知犯罪既遂的相关规定。美国《模范刑法典》③ 第5.01条中关于犯罪未遂的定义：“具备成立实质犯罪所要求的可责性要件，并实施下列行为的，构成犯罪未遂：（a）如果附随情状与行为人的设想一致，行为人的行为就将构成实质犯罪，而行为人蓄意实施该行为；或者（b）当产生

① 陈忠林：《意大利刑法纲要》，中国人民大学出版社1999年版，第199页。

② ［意］杜里奥·帕多瓦尼：《意大利刑法学原理》，陈忠林译，法律出版社1998年版，第295页。

③ 需要指出的是，美国《模范刑法典》并不具有法律效力，但各州在制定各自的刑法典时，一般都以《模范刑法典》的内容作为参考。

特定的结果为实质犯罪的一项要件时，以产生该结果为目的而实施某项行为，或者确信如果自己不为相关行为就会发生该结果，而不实施相关行为；或者（c）行为人相信自己的作为或者不作为是完成所欲达成的犯罪的行为过程中的实质性步骤，而蓄意作为或者不作为。”[①] 它将犯罪未遂分为以下三种类型：如果情况按设想发展，行为人的行为会构成实质犯罪；行为人已经实施完毕意图产生特定结果的行为；行为人的行为没有实施完毕。[②] 从美国《模范刑法典》的规定来看，虽然没有规定犯罪既遂的概念及其标准，但从有关犯罪未遂的定义可以看出，其将犯罪既遂的标准设定为行为的完成或结果的发生。如何理解“行为的完成”或“结果的发生”，就成为判断犯罪既遂与否的关键。显然，这应当结合刑法的规定来进行。美国刑法对于具体犯罪之犯罪既遂的规定，较之前述的德国、日本更为详尽。在德国、日本，立法一般仅作定性规定，而不作定量的规定。例如，对于盗窃罪，仅规定盗窃他人财物的构成盗窃罪，至于盗窃多少财物才构成盗窃罪，成立犯罪既遂，则交由司法人员处理。而美国在此方面则规定得十分详尽，对于具体犯罪既遂的具体标准都规定得十分详尽。例如，其第 223.1 条第（2）款规定了盗窃的等级：“（a）盗窃数额超过五百美元的，或者盗窃物品为枪支、汽车、飞机、摩托车、摩托艇或者其他机动交通工具的，或者在收受被盗财产的情形，收受者对被盗物品进行买卖的，盗窃成立三级重罪；（b）前项规定以外的其他盗窃，成立轻罪。但行为人盗窃的财产并非取自人身或者在实施时没有使用威胁手段，没有违反信托上的义务，并且行为人以达到优越证据的程度证明盗窃数额少于五十美元的，盗窃成立微罪；（c）行为人盗窃或

① 由于各州的刑法典关于未遂的定义并不完全一致，在此不一一介绍。《纽约州刑法典》的定义是：“犯罪未遂就是行为人怀有犯罪意图而实施了接近完成该罪的行为。”《伊利诺伊州刑法典》规定：“犯罪未遂就是行为人怀有特定的犯罪意图而实施了接近完成该罪的实质步骤的行为。”

② 刘仁文等译：《美国模范刑法典及其评注》，法律出版社 2005 年版，第 79 页。

盗窃未遂的财产、服务的数额，应当依照合理标准以该财产或者服务的最大价值计算。通过一个计划或者一系列活动所犯的数个盗窃行为，无论被害人是否同一个人的，在决定该罪的等级时，应当累计计算盗窃的数额。”从美国《模范刑法典》的规定来看，其在刑法分则中对于既遂的标准及既遂之基础上的等级程度一般都进行了详尽的划分，因此，其关于犯罪既遂的标准，不仅有了总则中关于犯罪未遂的定义的指导，而且在分则中还有具体的规定。

在美国，虽然《模范刑法典》对于犯罪既遂的标准作了总则性的规定，但并未见关于犯罪既遂的标准的讨论。因为对于刑法分则的规定就是以犯罪既遂为模式这一点，并不存在异议。“美国刑法分则条文规定的犯罪是典型的犯罪构成形态，一般具有如下两个特征：（1）犯罪要件是充分的、完整的；（2）刑罚对象是直接实施了分则条文规定的犯罪行为的人。就第一个特征而言，有些犯罪行为没有达到刑法分则条文要求的完整程度，这就是所谓不完整罪（inchoate crime），如未遂犯罪”①。《模范刑法典》总则确定了犯罪既遂的标准是行为的完成或者结果的发生，刑法分则对具体犯罪的规定也是以犯罪既遂为模式。当然，基于刑事立法简洁性的要求，刑法没有规定犯罪既遂的具体标准，或者说，有些犯罪，由于考虑到各州的具体差异，没有规定犯罪既遂的具体标准。

综上可以认为，在美国，对于犯罪既遂的标准并没有过多的讨论，因为刑法分则的规定就是以既遂罪为模式的。虽然总则部分规定了“行为完成”、“结果发生”作为犯罪既遂的标准，但如何认定“行为完成”、“结果发生”，仍然要结合刑法对于具体犯罪的规定来进行。单独谈论“行为完成”或“结果发生”作为犯罪既遂的标准是没有意义的。其关于犯罪既遂的标准也即犯罪要件的充分实现（在美国，很少使用“构成要件”、“犯罪构成”这些术语），即犯罪既遂的标准，也即犯罪要件的实现。

---

① 储槐植：《美国刑法》，北京大学出版社2005年版，第102页。

（五）前苏联及俄罗斯关于犯罪既遂标准的立法与学说

在前苏联，刑法中也没有规定犯罪既遂的标准。通说认为，犯罪既遂的标准是行为符合构成要件。例如，1952 年出版的苏联法律科学研究所集体编著的《苏维埃刑法总则》认为："犯罪人所实施的行为如具备这个犯罪的一切要件时，就叫做既遂。"① 当然，也有一些异议者，如"犯罪未遂与犯罪既遂相比，缺少的是结果这一构成要素"②。实际上，构成要件的内容是什么，尤其是在犯罪既遂这一问题上谈论构成要件的内容，实际上就是指构成要件的客观要件，这种观点提出以"结果发生"作为犯罪既遂的标准，但什么是结果，犯罪既遂所要求的结果是什么，这种观点并没有说明。对于具体犯罪之犯罪既遂如何认定，还需要结合刑法的规定来进行。因此，论者所提的结果，仍然是构成要件所要求的结果。当然，在前苏联刑法理论中，由于认为犯罪构成是犯罪成立意义上的，即犯罪构成是成立犯罪所必需的，而在前苏联，犯罪成立与犯罪既遂不是同一意义上的，犯罪成立后可能存在犯罪预备、未遂、中止、既遂等多种停止形态，以构成要件作为犯罪既遂的标准，其存在的缺陷是显而易见的。对此，笔者将在本章第四节"犯罪既遂与犯罪构成、犯罪成立"之中展开论述。

在俄罗斯，刑法中对于犯罪既遂作了明确的规定。《俄罗斯联邦刑法典》第 29 条第 1 款规定："如果行为人实施的犯罪行为中包含规定在本法典中的某一犯罪构成的全部要件，则是犯罪既遂。"据此，在俄罗斯，犯罪既遂的标准也即犯罪构成要件的实现，刑法分则对于具体的犯罪的规定也是以犯罪既遂为模式的。当然，刑法分则对于具体的犯罪构成要件的内容是什么，则是需要进一步弄清的。否则，对于具体犯罪既遂的标准也无从认识，也就无

① ［前苏联］契希克瓦节主编：《苏维埃刑法总论》，群众出版社 1987 年版，第 335 页。

② ［前苏联］A. H. 特拉伊宁：《犯罪构成的一般学说》，中国人民大学出版社 1958 年版，第 253 页。

从正确认识实践中的具体犯罪的既遂。按照俄罗斯刑法学家 A. B. 纳乌莫夫的说法，犯罪既遂与否的标准主要依靠犯罪客观方面的构成特征。如果是实体的犯罪构成，则必须是发生了犯罪的实际危害结果的才能成立既遂；如果是形式的犯罪构成，只要实施了刑法分则条文规定的犯罪行为，即使没有发生犯罪的实害结果，也可以成立犯罪的既遂。同样，对于危险的犯罪构成来讲，只要犯罪人实施的犯罪行为对法律保护的利益造成现实的危险的威胁的，就成立犯罪既遂。否则，如果危险的威胁不是现实的，或者尚没有出现危险，便不能构成犯罪的既遂。①

从以上各国关于犯罪既遂的立法与学说可知，仅有极少数国家的刑法总则对犯罪既遂的概念及其标准作了规定，但均对犯罪未遂作了规定。一般认为，犯罪既遂与犯罪未遂是相对应的概念，② 对于犯罪既遂的理解也是围绕刑法对于犯罪未遂的规定来展开的。各国刑法关于犯罪未遂的规定有简有繁。有的国家，如日本，对于未遂犯并没有下任何定义，只规定“未遂的，如何处理”，这样一来，似乎犯罪既遂是一个不言自明的概念。当然，实际上也确实如此，日本刑法理论对于犯罪既遂无异议地认为是行为符合构成要件。即使对于犯罪未遂作了较为明确规定的国家，从其关于犯罪未遂的定义可知，犯罪既遂的标准应当是“结果发生”、“目的实现”、“行为完成”。但问题是，如何理解“结果发生”、“目的实现”、“行为完成”呢？这并不能站在行为人的立场上观察，也就是说，并非犯罪行为人所认为的“结果发生”、“目的实现”、“行为完成”就是犯罪既遂，刑法对于“结果发生”、“目的实现”、“行为完成”有特定的要求，必须结合刑法分则对具体犯罪的要求来认定。这说明，无论刑法总则对于犯罪未遂作何种规定，“结

---

① 赵微：《俄罗斯联邦刑法》，法律出版社 2003 年版，第 80～81 页。

② 虽然有的观点认为部分犯罪仅存在犯罪既遂一种完成形态，但只要存在犯罪未遂形态的犯罪，必须也存在犯罪既遂形态，从此种意义上而言，犯罪既遂与犯罪未遂是相对应的。

果”、“目的”、“行为”都必须结合刑法的规定来认定。无论刑法总则部分对犯罪未遂的处罚作何种规定（有的国家规定原则上所有犯罪的未遂均要处罚，有的规定仅处罚重罪的未遂，有的规定对于未遂犯的处罚以分则有特别规定为限），各国刑法理论均一致地认为，刑法分则对具体犯罪的规定是以犯罪既遂为模式的，而刑法分则的规定是对具体犯罪构成要件的展开。因此，在刑法理论上，即使承认“目的实现”、“行为完成”、“结果发生”是犯罪既遂的标准，但由于这些所谓的“目的”、“行为”、“结果”都是经过了刑法分则的修正的，因此，构成要件说作为犯罪既遂标准几乎不存在任何争议。① 对于这种立法与理论“脱节”的现象，有学者认为，“大陆法系国家刑法理论上具有通说地位的构成要件要素充足说基本上未被立法所采纳。如果说这种状况反映了这种理论主张不为立法者所认同，或许有些武断，但至少说明立法者将这一主张上升为立法规定是存在疑虑的。同时这种状况也反映出一个不容忽视的问题，即刑法理论同刑法规定的脱节”②。笔者对此持反对意见，实际上，从这些不同国家的规定也反映了一个问题，即无论是犯罪目的实现、犯罪结果发生还是犯罪行为的完成作为犯罪既遂的标准，这种“目的”、“结果”、“行为”都是经过刑法修正的，而不是从行为人的角度得出的、自然意义上的结论。从这一角度看，立法与理论关于犯罪既遂的理解仅仅是所站的角度不同罢了，而并非是构成要件说没有被立法者所采纳，犯罪目的实现、犯罪结果发生、犯罪行为完成是构成要件的具体细化。在承认刑法分则的规定是以犯罪既遂为模式之基础上，各国对于构成要件作为犯罪既遂的标准没有任何异议。但如何理解构成要件的内容，也即如何理解刑法分则对于具体犯罪之既遂的规定，将之与实践中的具体案件结合

① 当然，由于实践中具体犯罪行为的复杂性，刑法对一些具体犯罪的构成要件的内容的描述存在一定的差异，对于具体犯罪之犯罪既遂的认定仍然存在争议，但对于犯罪既遂的标准是行为符合构成要件这一点不存在任何争议。

② 刘之雄：《犯罪既遂论》，中国人民公安大学出版社2003年版，第162页。

起来，仍然是存在争议的。

二、我国关于犯罪既遂的标准之争

同世界上多数国家一样，我国刑法也没有明确规定犯罪既遂的概念及标准，仅对犯罪未遂作了规定。我国刑法第 23 条规定："已经着手实行犯罪，由于犯罪分子意志以外的原因而未得逞的，是犯罪未遂。"根据这一规定，犯罪未遂是"未得逞"，犯罪既遂就是"得逞"。如何理解"得逞"，便成为理解犯罪既遂的标准的关键。关于犯罪既遂的标准，早在20世纪80年代以前，我国同其他多数国家一样，并没有产生较大的争议，我国刑法理论的通说认为，行为符合犯罪构成要件即是犯罪既遂的标准。但自20世纪80年代起，就围绕着犯罪既遂的标准展开了激烈的争论，通说也面临不断的质疑，围绕犯罪既遂的标准，出现了与通说不同的多种观点。如前所述，在其他国家与地区，对于犯罪既遂的标准是行为符合构成要件、刑法分则的规定是以犯罪既遂为模式不存在争议，但对具体犯罪的犯罪既遂如何认定、如何理解刑法分则对具体犯罪的构成要件的规定的内容存在一定的争议。正如何秉松教授所言："犯罪既遂是犯罪构成的完成形态，它是由刑法分则条文规定的。犯罪既遂形态的构成要素、结构和性能都必须严格根据刑法分则的规定来确定。犯罪既遂是犯罪构成的典型形态。无论是刑事立法对各种犯罪构成的规定，还是刑法理论对犯罪构成的分析，一般都以这种犯罪构成的典型形态为基础。这是公认的事实。"① 而围绕犯罪既遂的标准，我国刑法理论为什么会存在不同的观点，值得思考。

综观我国刑法理论关于犯罪既遂的标准，主要存在"犯罪构成要件说"、"犯罪目的实现说"、"犯罪结果发生说"三种学说，当然还存在一些其他的学说，但基本上均是对这三种学说所作的适

---

① 何秉松：《犯罪构成系统论》，中国法制出版社 1995 年版，第 333 页。

度修正。接下来，笔者将对这些不同的学说展开论述，并进行比较性研究，分析这些不同学说之间的差异及其共同之处，以期正确地界定犯罪既遂的标准。

（一）犯罪目的实现说

1. 观点概说

犯罪目的实现说认为，犯罪既遂就是指行为人的主观目的达到或实现。在我国，不少学者持此观点。例如，“犯罪目的是受刑法规定的犯罪行为所制约的，是刑法规定的某种犯罪行为本身的目的，作为犯罪既遂与未遂区分标准的结果，也只能是犯罪人实施该犯罪所希望达到的结果，而不是一般意义上的危害结果”①。“每一个直接故意犯罪的行为都有其直接目的，也有其相应的结果，该直接目的的实现或相应结果的产生，就是犯罪既遂”②。“犯罪既遂的定义是：实施终了的犯罪行为达到了行为人预期的目的”③。“犯罪既遂是犯罪人在客观上已实现犯罪目的的犯罪形态”④。“犯罪既遂的定义应当是：犯罪人实施终了的犯罪行为，引起了他所希望发生的犯罪结果”⑤。这种观点主要是从刑法关于犯罪未遂的定义所得出的，按照我国刑法的规定，犯罪未遂是“未得逞”，犯罪既遂则是“已得逞”，而得逞与否反映了行为人主观意愿是否实现。基于此，认为犯罪既遂即是犯罪目的的实现。如有学者具体指出：“‘既遂’，顾名思义，就是已经遂愿。按照我国刑法第20条‘未得逞’是‘未遂’的规定推论，‘既遂’应是‘得逞’。《现代汉语词典》解释为‘坏主意实现’或者‘达到了某种目的’。照此解释，‘既遂’应是人的一种有目的的行为所引起的结果使其某种愿

① 张明楷：《刑法学》（上），法律出版社1997年版，第257页。

② 李居全：《关于犯罪既遂与未遂的探讨》，载《法商研究》1997年第1期。

③ 侯国云：《对传统犯罪既遂定义的异议》，载《法律科学》1997年第3期。

④ 胡家贵等：《关于犯罪形态的几个问题》，载《政法论坛》1997年第6期。

⑤ 陈彦海、张伯仁：《犯罪既遂定义浅探》，载《西北政法学院学报》1988年第4期。

望得到了满足的状态。……所谓犯罪既遂也就应当是犯罪人实施了终了的犯罪行为，引起了他所希望发生的犯罪结果。”①

2. 积极意义

从目的实现的角度来认定犯罪既遂，的确是对犯罪既遂的较为直接的认识，这一标准具有许多优越性。正如有学者所指出的：“人类意志活动都是为着一定的目的进行的，从事某种活动的目的是否达到是判断该活动是否完成的依据。直接故意犯罪也不例外，它是犯罪主体为达到某种目的而实施的”②。对于相当一部分犯罪而言，行为人的犯罪目的如果实现，就行为人而言，犯罪行为也告终结，刑法意欲保护的法益也受到了侵害，刑法一般也将此作为具体犯罪的既遂标准。因此，以犯罪目的实现作为犯罪既遂的标准是有一定的立法依据的。从各国的立法看，也有不少国家将犯罪目的的实现作为犯罪既遂的标准，如《德国刑法典》第22条（犯罪未遂的概念）规定：“行为人已经直接实施犯罪，而未发生行为人所预期结果的，是未遂犯。”

3. 存在的不足

从自然意义上观察，犯罪人的犯罪目的如果实现了，犯罪行为也告终结，并且，立法者一般也是以此作为犯罪的完成形态设定犯罪。犯罪既遂作为犯罪完成的标准，其最终的目的是为了在刑罚适用上与未完成形态的犯罪予以区别对待，因此，这一标准是统一的、确定的，而不会因人而异。而犯罪目的是存在于行为人主观方面的内容，不同的个体之间存在极大的差异。犯罪目的的差异性决定了其难以成为犯罪既遂的标准，正因为如此，犯罪目的说受到了不少的批判。具体而言，犯罪目的实现说的缺点主要表现为：

（1）犯罪目的是一个具有层次性的概念，行为人在实施犯罪

---

① 陈彦海、张伯仁：《犯罪既遂定义浅探》，载《西北政法学院学报》1988年第4期。

② 金泽刚：《犯罪既遂的理论与实践》，人民法院出版社2001年版，第40页。

行为时有时会存在多层次的目的，究竟以哪一层次的目的作为犯罪既遂的标准，犯罪目的实现说并没有予以回答。

犯罪目的，是指犯罪人主观上通过实施犯罪行为达到某种危害结果的希望或追求。[①] 但存在于行为人内心的犯罪目的是具有层次性的，究竟犯罪既遂是要求哪一层次的犯罪目的，犯罪目的实现说并没有明确回答。“犯罪目的属于人的主观范畴，是一种难于把握的现象。犯罪目的不仅在同一种犯罪中有直接目的和间接目的之分，而且实施同一种犯罪的不同犯罪主体的犯罪目的也不尽相同。此外，犯罪目的与犯罪动机之间的界限划分也只具有相对的意义。因此，犯罪目的实现说首先要解决的一个基本问题，就是对成立犯罪既遂所要实现的犯罪目的作明确界定”[②]。张明楷教授指出：“犯罪目的，是指犯罪人主观上通过犯罪行为所希望达到的结果（广义上包括犯罪行为所形成的状态等），即是以观念形态预先存在于犯罪人大脑中的犯罪行为所预期达到的结果。犯罪目的实际上分为两类：一是指直接故意中的意志因素，即行为人对自己的行为直接造成危害结果的希望（第一种意义的目的），如直接故意杀人，行为人明知自己的行为会发生他人死亡的结果，并且希望他人死亡。希望他人死亡，就是行为人的犯罪目的。二是指在故意犯罪中，行为人通过实现行为的直接危害结果后，所进一步追求的某种非法占有目的、牟利目的、营利目的等”[③]。犯罪目的实现说的结论是通过对“得逞”一词的解释来完成的，而其所说的目的显然是包括第二种意义上的目的，但第二种意义上的目的是否实现，在实践中并不影响犯罪既遂的成立，这种目的，实际上就是我们一般所称的目的犯中的目的。“目的犯中的目的，被称为‘主观的超过要素’或‘超过的内心倾向’，即目的犯中的目的，只要存在于行为人的

① 马克昌主编：《犯罪通论》，武汉大学出版社2000年版，第385页。

② 刘之雄：《犯罪既遂论》，中国人民公安大学出版社2003年版，第10页。

③ 张明楷：《刑法学》，法律出版社2003年版，第250页。

内心即可，不要求存在与之相对应的客观事实；换言之，目的的实现与否，既不影响犯罪的成立，也不影响犯罪既遂的认定。例如，行为人以牟利或者传播为目的走私淫秽物品，入境后立即被查获。一方面，走私淫秽物品罪的成立并不要求有牟利或者传播行为；另一方面，牟利目的与传播目的没有实现，也不影响走私淫秽物品既遂的成立”[①]。“如我国刑法中的赌博罪，刑法明文规定‘以营利为目的’，行为人实施了一定的赌博行为，行为人主观上营利的目的并不必然地实现，有时甚至是恰恰相反，但这并不影响赌博罪既遂之成立”[②]。“在目的犯的场合，犯罪既遂不能以犯罪目的要件是否实现作为既遂的标准，如第 239 条规定的绑架罪决不能以行为人勒索到财物为既遂的标志。因为只要犯罪人已实际控制被绑架者，就是本罪的既遂形态”[③]。

即使是上述所说的第一层次的目的，在实践中，目的实现与否也并非一定是犯罪既遂的标准。例如，在贩卖毒品罪中，行为人具有“贩入”、“卖出”的目的，但根据司法解释的规定，只要行为人实施了“贩入”或“卖出”行为之一，即可成立犯罪既遂，而不需要“贩卖”目的的实现。

（2）犯罪目的是存在于行为人主观的内容，在不同的个体之间存在一定的差异性，而犯罪既遂的标准则要求统一性，如何克服差异性与统一性之间的矛盾，是犯罪目的实现说必须面临的问题。

“罪犯的个体差异性以及对法律认识的局限性，即使每一个犯罪立法条文都明确规定了法定的犯罪目的，罪犯仍然不可能也不必须以法定的犯罪目的作为自己的犯罪目的。因此，如果以‘目的说’为犯罪既遂的标准，势必导致司法实践中犯罪‘目的’认定依据的混乱，从而导致司法实践犯罪既遂认定的主观任意”[④]。在

① 张明楷：《刑法学》，法律出版社 2003 年版，第 250 页。

② 王菲、马玲霞：《论目的犯的既遂》，载《检察实践》2005 年第 2 期。

③ 金泽刚：《犯罪既遂的理论与实践》，人民法院出版社 2001 年版，第 51 页。

④ 王纪松：《论类型化的犯罪既遂标准》，载《中国刑事法杂志》2006 年第 1 期。

部分犯罪中，这种差异性与统一性之间的矛盾并不明显。例如，在故意杀人罪中，虽然不同的犯罪行为人主观上的犯罪目的存在一定的差异，如有的人是希望被害人被毒死、有的人是希望被害人被枪杀死亡、有的人是希望被害人被炸弹炸死等，但在造成被害人死亡这一点上，可以说，所有故意杀人案件的行为人的犯罪目的均是一致的。因此，对于故意杀人罪而言，犯罪目的的差异性与犯罪既遂标准的统一性之间的矛盾并不存在。但在其他犯罪中，这种矛盾如何克服，则成为问题。例如，在故意伤害案件中，行为人的伤害目的的内容是各不相同的，有的人仅希望造成他人轻伤害、有的人希望造成他人重伤害，虽然不同的行为人在“故意造成他人伤害”这一点上是具有相同的犯罪目的的，但问题是，与故意杀人罪中的“被害人死亡”不同，“死亡”是一个特定的点，而伤害是一个有程度区分的概念，包括不同的轻重程度，行为人的目的也是具有不同的程度的，因此，关于犯罪既遂的标准如果以行为人的目的的实现作为犯罪既遂的标准则会明显不合理。例如，在故意伤害案中，甲欲造成被害人 A 轻伤，结果也造成了被害人轻伤，其犯罪目的就实现了，成立故意伤害罪（既遂）；乙欲造成被害人 B 重伤，结果仅造成被害人轻伤，其犯罪目的并没有完全实现，如果此种情形下认为乙成立故意伤害罪的犯罪未遂，显然不合理，因为乙较甲而言，主观上的恶性较甲大，并且客观上也造成了与甲相同的结果——被害人轻伤，乙的行为所造成的社会危害性较甲而言有过之而无不及。或许有人会认为，同故意杀人罪类似，在故意伤害案件中，行为人在造成被害人“伤害”这一点上是相同的，因此，只要实现了造成他人“伤害”的目的，即可认为是犯罪目的实现，从而成立犯罪既遂，但问题是，“伤害”并非像“死亡”一样，是唯一确定的一个点，而是一个线段。在“伤害”这一线段之中，存在不同的程度，不同的主体主观目的上对造成他人多重的伤害结果并不完成相同；并且犯罪是具有严重社会危害性的行为，不可能将所有造成伤害结果的行为都规定为犯罪，只能将具有一定危害程度的行为规定为犯罪（如在我国，伤害行为应造成轻伤以上）。从这一角度看，立法者在犯罪既遂这一问题上，必须对行为人的犯罪目的加以修正，否则，犯罪既遂的标准将因个体的差异而毫无标准可言。

（3）刑法以保护法益为目的，法益是一个抽象的概念，而行为人的犯罪目的则是具体的，抽象的法益与具体的犯罪目的之间如何协调，是成问题的。

例如，刑法保护人的生命这一法益，因此，只要有故意杀害他人并导致其死亡的行为，不论被害的对象是谁，均认为是犯罪既遂。而犯罪目的是具有个体性的，只有杀害了行为人主观上想杀害的人，才能认为是犯罪目的的实现。这种抽象性与具体性之间的矛盾，在认识错误中表现得最为突出。“法律是类型性的，因而具有抽象性；而目的是因人而异的，因此具有具体性。以具体的目的作为标准认定犯罪的是否既遂，就会在类型性的行为范围之内，出现相同情况由于犯罪目的不同，因而既遂标准不同的状态而与立法发生矛盾。在这个问题上，有关刑法认识错误的理论观念也可以作为对犯罪目的说质疑的根据之一”①。举例而言，在认识错误的场合，甲欲杀乙，结果误将丙认作乙而将丙杀害。显然，就甲的犯罪目的（致乙死亡）来说，还属于“未得逞”，其犯罪目的未实现，因此，从犯罪目的实现说的角度，其行为还属于犯罪未遂；但刑法以保护法益为目的，只要行为人基于故意实施了造成他人死亡的行为，无论被害人是谁，都被认为是故意杀人罪（既遂）。这种情形，各国刑法实践中均是作为犯罪既遂处理的。“犯罪是法定的，犯罪形态的设定是法定的，立法的目的是要保障某些特定的利益或价值不受侵害，而不是保证行为人的行为的完成，因而对于法律问题不以立法者的角度观察问题，而是以行为人的角度观察问题的观察方法，

① 李洁：《犯罪既遂形态研究》，吉林大学出版社 1999 年版，第 3 页。

显然有违立法目的”。[①] 犯罪既遂的界定，应当从保护法益的立法用意的角度来考量，就此而言，目的实现说选择了一个错误的考察问题的角度。[②]

总之，目的是带有具体性、个体差异性的概念，而犯罪既遂的标准则具有一般的规定性。直接以行为人的犯罪目的实现作为犯罪既遂的标准，其缺陷是明显的。正如俄罗斯刑法学者 A. B. 纳乌莫夫教授所指出的：“犯罪既遂在原则上是指，犯罪客观方面的特征符合犯罪主体实施犯罪的主观意图，然而这完全并不意味着在犯罪既遂的情况下犯罪主体总是能够达到愿望。犯罪既遂与未遂不仅仅取决于犯罪人故意的内容及其实现的程度，而是首先取决于相应犯罪构成的特殊立法结构。”[③] 在立法例上，尚未见有单纯以犯罪目的达到与否作为区分既遂与未遂标志的规定，但有一些把犯罪目的达到与否和其他情况等同或并列作为既遂与未遂区分标志的规定，如 1924 年《苏联及加盟共和国刑事立法基本原则》第 11 条，把犯罪目的未达到与犯罪结果未发生等同规定为犯罪未遂的特征；1956 年《泰国刑法典》第 80 条，把犯罪行为未完成与犯罪目的未达到并列规定为犯罪未遂的特征。[④] 这也说明，虽然有的国家的立法上出现了所谓的犯罪目的作为犯罪既遂的标准，但这种犯罪目的已经是经过刑法修正了的。

纯粹地以犯罪目的的实现作为犯罪既遂的标准，是不现实的。为了适应犯罪既遂标准的统一性，犯罪目的实现说的论者也不得不对目的进行一定的修正。从现有的关于犯罪目的实现说的观点中可知，几乎均对“目的”进行了一定的修正，或者说是进行了刑法意义上的修正。例如，“如果从危害结果的角度看，犯罪既遂所要

① 李洁：《犯罪既遂形态研究》，吉林大学出版社 1999 年版，第 3 页。

② 米传勇：《犯罪既遂标准新论——修正的构成要件齐备说之提倡》，载《法律适用》2005 年第 9 期。

③ 转引自赵微：《俄罗斯联邦刑法》，法律出版社 2003 年版，第 82 页。

④ 赵秉志主编：《犯罪总论问题探索》，法律出版社 2003 年版，第 408 页。

求的结果就是指犯罪人所追求的、受法律所制约的危害结果。也就是说，这种危害结果并非完全依从于犯罪人的主观愿望，而且还要受相关罪的构成要件的制约”①，“犯罪目的不仅是犯罪主体的主观因素，而且也是一个法律概念。虽然犯罪主体的犯罪目的具有多样性和个性差异性，但作为法律概念的犯罪目的则具有概然性，是对犯罪主体实施某种犯罪时的具体犯罪目的的抽象和概括。在认定犯罪得逞与否时，所应当依据的就是这种法律观念上的具有概然性的犯罪目的，而不是各个具体主体在犯罪时的具体目的”②。“犯罪目的的实现之所以能作为某些犯罪的既遂标准，只是因为这些犯罪的犯罪目的的实现与刑法禁止的利益损害发生了重合。正是这种重合对人们理解犯罪既遂在观念上起了误导作用。如此看来，犯罪目的实现说是建立在一个错误的逻辑起点上”③。有学者指出：“这并不意味着目的说理论本身有问题，关键是如何确定‘犯罪目的’。虽然在一个犯罪过程中行为人可能有多个目的，但有一个行为目的，即行为人主观上追求的、行为人实施的行为性质所决定的逻辑结果的发生这一特定目的是确定的，决定犯罪既遂与否的标准只能是这一特定目的是否实现”④。但问题是，在对“犯罪目的”进行修正之后，这种“目的”还能称得上是“犯罪目的”吗？这种修正过的“目的”与行为人原始的“目的”之间究竟存在何种差异？这种“修正”遵循了何种规律？所有这些，并非犯罪目的本身所能解决的，而必须考察刑法的规定来认定“犯罪目的”，从这个意义而言，刑法所要求的犯罪目的实现与行为人的犯罪目的是完全不同的两个概念。也正如李洁教授所指出的：“但就是在这种情况下，其犯罪目的也是在舍去了目的的具体内容，只保留其抽象的类型的

---

① 段立文：《犯罪“未得逞”含义辨析》，载《法学评论》1991 年第 3 期。

② 刘之雄：《论犯罪既遂与未遂的区分标准》，载《法学评论》1989 年第 3 期。

③ 刘之雄：《犯罪既遂论》，中国人民公安大学出版社 2003 年版，第 15 页。

④ 房绪兴：《犯罪既遂标准的重构》，载《山东公安专科学校学报》2004 年第 4 期。

情况下才具有这种功能，而一旦只保留其类型的时候，这种类型性的目的已经不是从行为人的角度观察问题，而是从法律的角度观察问题，这种目的就不是行为人的目的，而是法律对某种犯罪所要求的目的类型，两者并不同一。”①

（二）犯罪结果发生说

1. 观点概说

该说以犯罪结果的发生作为犯罪既遂的标准，认为只要犯罪结果出现，就成立犯罪既遂。例如，有学者认为，“既遂犯者，乃指已着手于犯罪行为之实行，且已发生犯罪之结果而言”②；“犯罪未得逞，是犯罪人的行为没有发生法律规定的犯罪结果”③。“犯罪未遂的含义是未发生标志犯罪完成的结果。一般地说，标志犯罪完成的结果，都反映该罪客体受到了实际侵害，可以根据有关法律的规定以及有关理论，推定出每一种犯罪在完成形态下的犯罪结果，并把它作为犯罪完成与否的标志”④。“区分犯罪既未遂的标准是行为人追求的、受法律制约的危害结果是否发生，发生的为既遂，未发生则为未遂”⑤。

2. 积极意义

从行为人的角度观察，一般以犯罪结果的发生作为犯罪完成。从立法者的角度观察，立法者一般也是以犯罪行为已经造成实害结果作为犯罪完成的标志。从这一角度看，以犯罪结果的发生作为犯罪既遂的标志是没有问题的。从人们的认识的角度看，犯罪行为，只有对外界造成了特定的危害结果，才具有社会危害性，作为犯罪

---

① 李洁：《犯罪既遂形态研究》，吉林大学出版社1999年版，第6页。

② 张灏编著：《中国刑法理论及实用》，台湾三民书局印行1980年版，第185页。

③ 杨敦先、张文：《刑法简论》，北京大学出版社1989年版，第119页。

④ 伍柳村等：《犯罪未遂的存在范围及“犯罪未得逞”探析》，载《四川大学学报》（哲社版）1990年第4期。

⑤ 刘艳红：《再论犯罪既遂与未遂》，载《中央政法管理干部学院学报》1998年第1期。

完成形态的犯罪既遂，也必定对外界产生一定的结果。正如有学者所指出的："犯罪结果具有很强的客观性，犯罪结果发生说为司法实践中正确认定结果犯的既遂形态问题，提供了客观标准。而且该标准在处理案件时简便易行，实用性强，极易为司法人员所接受。"① "结果发生说以犯罪造成实害作为理解犯罪既遂的逻辑起点，是对犯罪既遂最直观、最自然的认识，这不仅反映了人们普遍存在的朴素的犯罪既遂观念，而且同法律区分犯罪既遂与犯罪未完成形态的基本主旨，即将对合法权益危害程度不同的犯罪情形区别开来，以便正确地适用刑罚是一致的"②。

3. 存在的不足

"结果"一词，在刑法中是一个极具争议的概念，即使是在刑法中所规定的"结果"一词，其含义也各不相同，以这样一个概念作为犯罪既遂的标准，存在诸多的问题。

(1) 犯罪结果的内容是什么，其范围如何界定？犯罪结果一词，刑法中在不同的意义上使用。我国刑法也在多处规定了"结果"，但其含义各不相同，究竟犯罪结果说所指的结果是何种意义的结果，并不是已经解决了的问题。从最广义的角度看，一切危害社会的行为都将有危害结果，如果行为没有对外界造成一定的结果，从客观主义的立场看，是没有必要动用刑罚加以处罚的，但显然，以此种宽泛意义上的结果作为犯罪既遂的标准是不适宜的，这样一来，犯罪既遂毫无标准可言。例如，任何犯罪，在其预备、未遂、中止、既遂状态下均可能对外界产生一定的结果。究竟何种程度上的结果才是犯罪既遂所要求的结果，如果仅仅是指对法益造成实害结果的才认为是犯罪结果，或者说是以行为人主观上所追求的结果作为犯罪既遂所要求的结果，则犯罪既遂所要求的结果就不是刑法上的结果，而是根据人们日常经验所推知的犯罪完成的标准，

① 金泽刚：《犯罪既遂的理论与实践》，人民法院出版社 2001 年版，第 38 页。

② 刘之雄：《犯罪既遂论》，中国人民公安大学出版社 2003 年版，第 6 页。

这种忽略犯罪既遂的标准的法定性的做法是不适宜的。

（2）虽然，从各国的立法来看，也有将犯罪结果的出现作为犯罪既遂的标准。例如，1810 年《法国刑法典》、1922 年《苏俄刑法典》、1950 年《捷克斯洛伐克刑法典》、1968 年《保加利亚刑法典》、1968 年修订的《意大利刑法典》和 1974 年修订的《西班牙刑法典》、1996 年修订的《瑞士联邦刑法典》等,① 都规定犯罪未遂就是未发生犯罪结果，基于此，可以认为犯罪既遂就是发生了犯罪结果。持结果发生说的学者一般也是以此作为立论的根据。但问题是，究竟如何理解刑法总则中所规定的“结果”，还必须结合刑法分则的规定，而从刑法分则的规定来看，不同的犯罪之既遂所要求的结果并不具有统一的标准，而具有差异性。例如，有的以实害结果作为犯罪既遂的标准，有的则以危险结果作为犯罪既遂的标准。② 因此，虽然有关于“犯罪结果发生说”的立法例，但此种“结果”的含义还必须结合刑法对具体的犯罪的规定来进行，不具有一致性。

（3）古代刑法以结果责任为原则，这种结果一般是指实害意义上的结果。那时犯罪行为简单化，一般仅限于财产犯罪、暴力犯罪，实害结果的出现也即犯罪的完成。但现今社会，随着社会关系的复杂化，犯罪行为及其所造成的犯罪结果也呈现出复杂化、多样化的特征，如果以犯罪结果发生说作为犯罪既遂的标准，那么，犯罪结果将是十分多样的、具有层次性的。在古代刑法中，一般仅注重犯罪的自然意义上的完成形态，鲜有关于犯罪未完成形态的规定，但从关于犯罪的规定来看，一般也是规定只有发生实害结果才成立犯罪既遂，在这种情形下，由于结果仅指实害结果，因此，以犯罪结果发生说作为犯罪既遂的标准是不困难的。针对一些传统的

---

① 例如，《瑞士联邦刑法典》第 22 条规定：“犯罪行为已经实行终了，但重罪或轻罪的结果未发生的，可对行为人从轻处罚。”

② 当然，由于我国刑法分则的规定是否以犯罪既遂为模式都存在争议，这里也仅就刑法分则以犯罪既遂为模式的国家为例。

犯罪，以实害结果的发生作为犯罪既遂的标准是可取的，即使是在当今社会，针对一些传统犯罪，如盗窃罪、故意伤害罪、故意杀人罪等，均是以实害结果的出现作为犯罪既遂的标准的。例如，各国刑法虽然在刑法分则中并没有明确规定故意杀人罪的既遂标准，但各国的刑法理论与实践均无异议地认为“被害人死亡”是故意杀人罪既遂的标准。但现今的刑事立法不仅处罚造成实害结果的行为，对于一些行为，即使没有造成实害结果，也基于处罚的必要性而作为独立的犯罪予以处罚。因此，从这一角度看，以朴素的犯罪结果之发生作为犯罪既遂的标准，具有很大的不可取性。在此基础上，将犯罪既遂的标准定位于“犯罪结果发生说”，则犯罪结果的内涵是十分宽泛的、多层次性的，这对于犯罪既遂的标准的研究是毫无实际意义的，这也进一步导致了犯罪既遂的标准的模糊性。

实际上，在当今社会，由于社会关系的多样性、复杂性，犯罪行为及其所造成的结果也具有很大的差异性，由于犯罪结果这一概念的宽泛性，根本无法正确地指导犯罪既遂的认定。再者，“仅仅以行为的客观方面作为判断行为是不是既遂的标志，而忽视了犯罪未得逞作为犯罪的停止形态之一，也应当是主客观要件的统一的一点。因此，仅仅以是不是实现了某种犯罪的构成要件结果来说明某种行为是否得逞，是不确切的”①。刑法理论上，不少持犯罪结果发生说的学者，也通过各种方式对结果进行了修正，“犯罪结果没有发生，不是指任何结果都没有发生，而是指法律上规定的，作为某项具体犯罪构成要件的结果没有发生。所谓法律规定的结果，不仅包括很多已经发生实际损害的结果在内，而且也包括某些（限于法律有特别规定）可能发生严重危害的结果在内”②。这样一来，各种关于“犯罪结果发生”说的观点所理解的“结果”也是各不相同的。例如，“既遂罪的构成，必须具备包括犯罪的结果在内的

① 黎宏：《刑法总论问题思考》，中国人民大学出版社 2007 年版，第 434 页。

② 杨春洗等：《刑法总论》，北京大学出版社 1981 年版，第 186 ~ 187 页。

一定的主客观要件，如果故意犯罪的其他构成要件都具备，而法律规定的犯罪结果没有发生，就是犯罪未遂”①。“应当以特定犯罪的法定犯罪结果的发生作为犯罪既遂的标准。这种法定的犯罪结果既不是广义上的犯罪结果，也不同于犯罪人的犯罪目的所追求的犯罪结果，同时也不是犯罪构成要件”②。“犯罪未遂的含义是未发生标志犯罪完成的结果，反过来说，已经发生标志犯罪完成的结果的，就是犯罪既遂。而标志犯罪完成的结果，都反映该罪客体受到了实际侵害。可以根据有关法律的规定及有关理论，推定出每一种犯罪在完成形态下的犯罪结果，并把它作为犯罪完成与否的标志”③。“未遂与既遂的区分，归根结底是行为对法益的侵犯程度之分，故从与法益的关系来看，区分未遂与既遂的基本标准应当是，行为是否发生了行为人所追求的、由行为性质所决定的法益侵害结果”④。这些修正，无论是以法益侵害，还是以刑法规定等来修正犯罪结果，均认为“结果”是存在于刑法之中的，而不是刑法之外的。因此，以结果作为犯罪既遂的标准，实际上也就是以刑法所规定的结果作为犯罪既遂的标准。问题是，刑法是如何规定结果的呢？从刑法分则对于具体犯罪的规定来看，并非具有统一性。可以说，以“犯罪结果的发生”作为犯罪既遂的标准，等于什么都没有提，最终还是需要结合刑法的规定来具体认定“犯罪结果”。正如刘之雄教授所言：“标志犯罪完成的结果发生说是包含着合理因素的，但其存在的缺陷是，未能对‘标志犯罪完成的结果’作实质性说明。尽管这种观点正确地认识到标志犯罪完成的结果不是由法律明文规定的，那些在条文中已明确规定出犯罪结果为构成要件的犯罪并不存在犯罪的未完成形态，并主张根据法律的规定或有关理论确定或

① 杨春洗等：《刑法总论》，北京大学出版社 1981 年版，第 186 页。

② 翁伟民：《犯罪既遂标准刍议》，载《广西社会主义学院学报》2001 年第 3 期。

③ 伍柳村等：《犯罪未遂的存在范围及“犯罪未得逞”探析》，载《四川大学学报》（哲社版）1990 年第 4 期。

④ 张明楷：《刑法的基本立场》，中国法制出版社 2002 年版，第 223 页。

者推定出各种犯罪的完成形态所要求的结果，但对这种推定所应依据的实质标准未能作出有说服力的说明，因而没有为犯罪既遂的认定提供一个明确的标准。”①

（三）犯罪构成要件说

1．观点概说

该说认为，犯罪既遂的标准是行为是否符合刑法规定的犯罪构成要件。该说是我国刑法理论的通说，可以说，有关刑法学的教科书几乎一致地采纳了此观点。从其他国家刑法理论关于犯罪既遂的标准来看，也均采此说。在我国台湾地区，对此也不存在疑问，“按犯罪行为之实行，有达于完成犯罪要件之程度者，曰既遂犯”②。该说认为，无论是犯罪目的实现说还是犯罪结果发生说，都不能包括刑法中所有的犯罪类型，只有坚持构成要件说作为犯罪既遂的标准，才能概括刑法中所规定的所有犯罪行为。例如，“判断犯罪是否完成或既遂的科学依据只能是是否齐备犯罪的基本构成要件的全部内容”③。“犯罪既遂是指行为人所故意实施的行为已经具备了刑法分则条文所规定的某种犯罪构成的全部要件。只有采用该说，以是否具备刑法分则条文规定的某种犯罪构成的全部要件为标准，才能科学地说明各种情况的犯罪既遂”④。“既遂犯是指行为人在犯罪意思支配下所实施的犯罪行为，已经具备了刑法分则规定的某种犯罪构成全部要件的犯罪形态”⑤。“犯罪既遂就是犯罪的完成形态，是指行为人实施的行为已经齐备了刑法分则条文所规定的某种犯罪构成的全部要件”⑥。“既遂犯，谓行为人所惹起之犯罪构

① 刘之雄：《犯罪既遂论》，中国人民公安大学出版社 2003 年版，第 8 页。

② 韩忠谟：《刑法原理》，中国政法大学出版社 2002 年版，第 175 页。

③ 史卫忠：《行为犯研究》，中国方正出版社 2002 年版，第 164 页。

④ 高铭暄主编：《中国刑法学》，中国人民大学出版社 1989 年版，第 167 页。

⑤ 马克昌主编：《犯罪通论》，武汉大学出版社 1995 年版，第 475 页。

⑥ 赵廷光主编：《中国刑法原理》（总论卷），武汉大学出版社 1992 年版，第 423 页。

成事实，符合其所欲实现之构成要件（故意犯），或符合客观之构成要件（过失犯）”①。有的国家在立法中明确规定了构成要件说，如《巴西刑法典》第 12 条规定：“当构成法律上有明确规定的一切要素时，是既遂罪。”《俄罗斯联邦刑法典》第 29 条（完成的犯罪与未完成的犯罪）规定：“如果行为人实施的犯罪行为中包含规定在本法典中的某一犯罪构成的全部要件，则是犯罪既遂。”

2. 积极意义

由于犯罪行为的复杂多样性，当今刑法立法已经不再是原来的朴素的刑事立法，而是更趋复杂化，犯罪目的实现说与犯罪结果说均由于存在的问题而明显的不合理，所谓的“结果”、“目的”也必须结合刑法对于具体犯罪的规定来进行。基于此，犯罪构成要件说以一个更加概括、抽象的标准，欲将刑法中所有的犯罪既遂标准统一概括。虽然该标准过于抽象，但作为一个统一的标准适用于所有犯罪行为，应当说具有一定的合理性。在犯罪构成要件这一基础上，犯罪构成要件说根据刑法分则对具体犯罪之既遂标准的规定，将犯罪区分为结果犯、行为犯、危险犯。

3. 存在的不足

从世界各国刑法理论与刑法规定来看，犯罪构成要件说作为犯罪既遂的标准均不存在争议。因为刑法分则对具体犯罪的规定就是犯罪构成要件的具体展开，并且，各国刑法分则对于具体犯罪的规定均是以犯罪既遂为模式的。但自 20 世纪 80 年代以来，随着对犯罪既遂理论的研究的逐步展开，关于犯罪既遂的标准又出现了诸多的争议，犯罪构成要件说也面临诸多的质疑，具体而言，刑法理论对犯罪构成要件说的质疑主要表现在如下方面：

（1）前提错误。批评论者认为构成要件说想当然地认为危险犯的既遂标准是危险结果的发生、实害犯的既遂标准是实害结果的发生、行为犯的既遂标准是犯罪行为的完成，进而在此基础上，企

① 蔡墩铭：《刑法总论》，台湾三民书局印行 1995 年版，第 217 页。

图用一个概括性的构成要件说作为统一的标准并不可取。例如，有学者指出，“如果像我国刑法学界的主流观点那样用既遂标准来解释结果犯、行为犯、危险犯，又用结果犯、行为犯、危险犯概念来说明犯罪的既遂标准，是不可能真正明了划分这些概念以及区分犯罪既遂与未遂的内在根据的，自然也就不可能为司法实践提供有意义的理论指导”①。而构成要件论者的观点是建立在这样一个假设的基础之上，即我国刑法分则的规定是以犯罪既遂为模式的，基于此，将我国刑法分则中所规定的犯罪，基于既遂标准的不同，划分为行为犯、危险犯、实害犯。然而，我国刑法分则的规定是否是以既遂为模式，值得质疑。德日刑法中分则的规定是以既遂为模式，但并不代表我国也是以既遂为模式，批评论者认为，德日刑法中的犯罪成立原则上是等同于犯罪既遂的，因此，其刑法分则的规定是以既遂为模式的，而我国刑法总则中规定原则上处罚所有的未完成形态的犯罪，因此，认为我国刑法分则的规定以既遂为模式并不可取。

如果承认刑法分则的规定是建立在以犯罪既遂为模式之基础上，还将存在两个难以克服的矛盾。首先，如果承认构成要件作为犯罪既遂的标准，刑法分则的规定是以犯罪既遂为模式，那么就意味着所有的犯罪均存在犯罪既遂形态，包括过失犯罪与间接故意犯罪，而按照刑法理论的通说，这两类犯罪是不存在犯罪既遂、未遂形态的，只有犯罪成立与否的划分。其次，不利于鼓励犯罪人中止犯罪行为。因为，承认刑法分则的规定是以犯罪既遂为模式，将出现一些以危险状态的出现作为犯罪既遂的标准的犯罪，而行为人在制造危险状态后即构成犯罪既遂，即使事后自动排除危险状态以防止更为严重的实害结果发生的，也不能认为是犯罪中止，这不利于鼓励犯罪人中止犯罪行为。

（2）混淆了犯罪构成、犯罪成立、犯罪既遂的关系。我国刑

① 刘之雄：《刑罚根据完整化上的犯罪分类》，载《中国法学》2005 年第 5 期。

法理论的通说认为，犯罪构成是我国刑法所规定的、决定某一行为成立犯罪所必需的一切客观要件和主观要件的有机统一的整体（有机统一体）。① 在我国，犯罪构成是犯罪成立意义上的，而犯罪既遂是在行为符合犯罪构成而成立犯罪的基础之上，再根据犯罪行为的发展的进程所作的判断。因此，犯罪构成与犯罪既遂是完全不同的两个概念。行为成立犯罪后，可能出现多种犯罪停止形态，而并非犯罪既遂一种。因此，将作为犯罪成立标准的犯罪构成与犯罪既遂等同起来，不无疑问。

此外，在我国刑法理论界，还存在其他几种不同的学说，如有的学者认为，犯罪目的实现说、犯罪结果发生说、构成要件齐备说都有其理论缺陷，但它们之间并不是截然对立、互相排斥的，应当将三种学说的基本主张结合起来理解犯罪既遂。② 但他们基本上都是围绕上述三种学说作修正，并没有脱离三种学说的范围。我国刑法学界关于犯罪既遂的标准的这些不同学说，都站在各自的立场对对方加以批判，从犯罪既遂的理论研究开展之初，就围绕这些学说展开激烈的论争。并且，这些论争还一直在持续。如果仅站在各自的立场而对对方的观点加以批判，结论将难以统一，争论仍将持续。实际上，关于犯罪既遂标准的这三种学说之间并非是完全对立的，而是在很大程度上可以得到统一的。犯罪目的实现说是着眼于行为人的主观方面来认定犯罪既遂的标准，而犯罪结果发生说则是着眼于犯罪行为的客观方面来认定犯罪既遂的标准，二者的内容在很大程度上是一致的，而构成要件说则以一个更为宏观的、抽象的标准将其统一起来。我国也有不少学者认识到了这一问题，如“至于犯罪目的实现说和犯罪结果实现说，这两种观点并非截然对立或矛盾的，只是持这两种观点的人所站的立场或出发点不同而已。前者是站在行为人的主观上去考察，后者是站在犯罪行为的客

① 马克昌主编：《犯罪通论》，武汉大学出版社2000年版，第70页。

② 杨兴培：《危险犯质疑》，载《中国法学》2000年第3期。

观现象上去认定”①。“犯罪目的实现说与结果发生说之间在理论上具有相通之处。……犯罪目的的达到也就是犯罪人通过实施犯罪行为所追求的危害结果的发生。因此，犯罪目的实现说所主张的犯罪既遂标准最终也要归结到危害结果的发生上。但不同的是，犯罪目的达到说是从符合犯罪目的的危害结果是否发生来理解犯罪是否既遂的，也就是直接为犯罪既遂所需发生的结果确立了一个基本的判断标准——是否符合犯罪目的”②。“犯罪目的是直接故意犯罪的本质所在，危害结果的发生是其外部表现形式，从字面上看，未得逞也是未实现、未达到目的。在判断犯罪是否得逞时，要依据主客观相统一的原则，以危害结果的发生作为犯罪目的达到的客观标志。而对于危害结果比较抽象、不易测量和评定的犯罪，应依据行为发展的程度来评定犯罪目的达到与否，从而确定犯罪得逞与否”③。“本来未得逞反映的是行为人的主观目的，但犯罪目的以犯罪结果为最终表现形式，没有具体的结果内容，犯罪目的是一种抽象空洞的不存在。犯罪目的和犯罪结果这种辩证统一关系，体现了犯罪得逞与未得逞的本质所在”④。有学者甚至提出：“‘目的说’（包括‘实行行为达到目的说’）、‘结果说’均可用于不同形式的犯罪构成的各个场合，在这些场合，它们与构成要件说并无实质冲突”⑤。当然，在承认这些标准的共同性之外，不容否认，在对一些具体犯罪之犯罪既遂的标准认定上，由于各自所站的角度不同，也会存在差异。例如，在一些情形下，目的与结果之间并非能够一致。如前所述，这些不同的学说均遭到了一些批评。这些批评，是否是这些

① 刘艳红：《再论犯罪既遂与未遂》，载《中央政法管理干部学院学报》1998年第1期。

② 刘之雄：《犯罪既遂论》，中国人民公安大学出版社2003年版，第9页。

③ 陆晓光：《论我国刑法中犯罪未遂的构成》，载赵秉志编：《全国刑法硕士论文荟萃》，中国人民公安大学出版社1989年版。

④ 金泽刚：《犯罪既遂的理论与实践》，人民法院出版社2001年版，第42页。

⑤ 曾粤兴：《犯罪未遂若干问题研究》，载《金陵法律评论》2002年秋季卷。

标准本身所固有的，是否可以通过一定的方式进行修正，是否仅能在上述几种学说之间进行选择，还是应当另辟蹊径，值得思考。

第二节　有关犯罪既遂标准的若干思考

从各国关于犯罪既遂的标准的考察可知，在其他国家和地区，均认为刑法分则对具体犯罪的规定是以犯罪既遂为模式的，犯罪既遂即是行为符合犯罪构成要件。而在我国，围绕犯罪既遂的标准则展开了激烈的争议，因为我国刑法是在犯罪成立的意义上使用犯罪构成的，而行为成立犯罪后可能出现包括犯罪既遂在内的多种犯罪停止形态，也即犯罪成立与犯罪既遂是两个的不同概念；并且，在我国，根据刑法总则的规定，原则上所有的犯罪（通说认为是直接故意犯罪）未完成形态均要处罚，因此，刑法分则的规定是否是以犯罪既遂为模式也备受质疑。基于此，犯罪构成要件说面临不断的挑战，出现了关于犯罪既遂标准的多种学说，这些学说站在各自的立场来对犯罪既遂的标准加以批判，论证自身的合理性。从各自的立场上看，这些不同的学说均具有一定的合理性，的确也难以用一种学说来否定其他学说。概言之，我国关于犯罪既遂的标准的学说之间，似乎就标准论标准，没有站在一个更高的角度来论述问题，这也是关于犯罪既遂的标准仍然处于混乱状态的一个重要原因。鉴于此，笔者对一些具体标准之外的问题进行了一些新的思考。

一、能否从“得逞”、“既遂”的字面含义推导出犯罪既遂的标准

关于犯罪既遂的含义及其标准，我国同世界上绝大多数国家一样，刑法中没有作任何规定。在如何解释犯罪既遂的标准时，我国不少学者均是进行字面解释，得出犯罪既遂的标准。主要有两种方式，一种方式是通过对“得逞”一词的解释来得出犯罪既遂的标

准。犯罪既遂与犯罪未遂是相对范畴,[①] 从我国刑法的规定来看,由于刑法并未对犯罪既遂及其标准作任何规定,因此,如何界定犯罪既遂,刑法理论上多数学者均是围绕犯罪未遂的规定而展开的。我国刑法第23条第1款规定:“已经着手实行犯罪,由于犯罪分子意志以外的原因而未得逞的,是犯罪未遂。”因此,犯罪未遂定义中的“未得逞”成为犯罪既遂的概念及其标准认定的依据,犯罪既遂也即犯罪“得逞”。另一种是从“既遂”一词本身出发,分析其含义来界定犯罪既遂的标准。由于“得逞”、“既遂”本身就具有多种含义,《辞海》载明,“遂”有十种含义,[②] 不同的解释者所得出的结论并非全然一致。以字面含义推导出犯罪既遂的含义,这实际上涉及刑法解释的问题。通常情形下,字面解释在法律解释中是最为重要的一种解释方法,也是一般最先使用的解释方法,只有当字面解释得出的结论明显不合理时,才采用其他解释方法。这些学者从“既遂”、“得逞”等字面含义出发来探寻犯罪既遂的标准,其积极意义是不容否定的。但问题是,犯罪既遂、犯罪未遂已经不仅仅是生活中的术语,而是具有法律属性的术语,二者虽然在很大程度上是在同一意义上使用的,但仍然存在诸多区别。由于“得逞”、“既遂”一词本身就具有多重含义,如果仍纠缠于概念本身的字面含义,显然也难以得出正确的结论。犯罪既遂这一法律术语,必须被置于刑法领域,才能发掘它的真正内涵。

同一概念,其字面的含义与作为法律术语的含义经常出现不一致的情形。并且,即使同一法律术语,在不同的部门法中含义也可

① 笔者认为,犯罪既遂与犯罪未遂,也即完成与未完成。但由于犯罪既遂与犯罪未遂均是经过刑法评价的,具有价值内涵的概念,如果完成的行为受到刑罚的处罚,但未完成的行为则有可能因为不符合刑法的价值评价——“情节显著轻微危害不大的”,因而不成立犯罪未遂。因此,虽然完成与未完成是一一对应的,但犯罪既遂与犯罪未遂则未必,也即是,存在犯罪既遂未必存在犯罪未遂,而存在犯罪未遂,则一定存在犯罪既遂。

② 夏征农主编:《辞海》(缩印本),上海辞书出版社1989年版,第1197页。

能各不相同。例如，近亲属这一概念，在我国相关的法律中均有规定，但含义各不相同，并且与我们通常所理解的含义也不完全相同。根据现代汉语词典的解释，“近亲”是指血统关系比较近的亲戚。[①]“亲属”是指跟自己有血统关系或婚姻关系的人。[②]而最高人民法院《关于贯彻执行〈中华人民共和国民法通则〉若干问题的意见（试行）》第12条规定：“民法通则中规定的近亲属包括配偶、父母、子女、兄弟姐妹、祖父母、外祖父母、孙子女、外孙子女。”《刑事诉讼法》第82条第6项规定，“近亲属”是指夫、妻、父、母、子、女、同胞兄弟姊妹。显然，这三种情形下的“近亲属”的内涵是各不相同的。况且，“犯罪既遂”这一概念本身，并非生活化的用语，“现行刑法在有关未遂犯的成立要件上，是使用‘着手’、‘未得逞’等一般人难以理解的法律术语加以规定的，最高司法机关对此也没有作出相应的说明和解释，这更增加了对未遂犯的成立要件的理解难度”[③]。刑法理论上不少学者反对根据“得逞”、“既遂”的字面含义来理解犯罪既遂，如“‘未得逞’，从汉语的释义看，是指未达到目的。但放在该条文里，我认为不能简单地这样从字面上理解，而应从立法精神上去看问题；其实质是指犯罪意志的未实现，即是指犯罪主体所明知并且希望或放任的危害结果的未出现。条文之所以这样写，可能是出于立法技术的考虑而针对犯罪所使用的一个贬义词”[④]。也正是由于“得逞”一词在表述犯罪既遂上存在的问题，不少学者建议对于刑法中关于犯罪未遂的表述中的“未得逞”这一提法作修改，如“对于犯罪未遂区别于犯罪既遂的特征，可考虑把现行刑法中的‘未得逞’修改为‘未

---

① 中国社会科学院语言研究所词典编辑室编：《现代汉语词典》（修订本），商务印书馆1997年版，第660页。

② 中国社会科学院语言研究所词典编辑室编：《现代汉语词典》（修订本），商务印书馆1997年版，第1025页。

③ 黎宏：《刑法总论问题思考》，中国人民大学出版社2007年版，第418页。

④ 冯亚东：《罪与刑的探索之道》，中国检察出版社2005年版，第68页。

能完成犯罪（未能具备犯罪构成的全部要件）'"①。"犯罪未得逞是我国刑法对犯罪未遂特征的描述，这里的得逞，从汉语词义上来说，似有明显的主观色彩。我认为，在立法上存在用语不当之嫌。在刑法理论上，犯罪未遂的这一特征，一般称为犯罪未完成"②。"'未得逞'不能确切地表述犯罪的未完成状态。澳门刑法用'犯罪未至既遂'表示犯罪的未完成。根据刑法理论，犯罪既遂就是犯罪的完成。犯罪未至既遂，即未实现全部犯罪构成要件，自然是犯罪的未完成。可见'犯罪未至既遂'是犯罪的未完成状态的确切的表述，值得内地刑法借鉴"③。"用'未得逞'解释未遂固属独创，但'未得逞'毕竟是一种生活中的日常用语，本身就可以作出多种解释，为避免歧义，笔者建议将来修改刑法时，也可考虑把刑法第20条改为'已经着手实行犯罪，由于犯罪分子意志以外的原因，未实行终了或未产生该罪犯罪构成所要求的结果的，是犯罪未遂'"④。

可见，对于犯罪既遂的标准，已经不仅是局限于"既遂"、"得逞"的字面含义本身所能解释的，如果仍然拘泥于字面含义，难以得出正确的结论。即使刑法仍然使用"未得逞"来表述犯罪未遂，作为犯罪未遂的"未得逞"的含义也并非是"未得逞"的字面含义所能解决的。笔者认为，有必要对刑法中"犯罪既遂"这一概念设定的缘由作一番考察，在此基础上来确定应当如何理解犯罪既遂及其标准。

---

① 赵秉志：《犯罪未遂的理论与实践》，第326~327页。

② 陈兴良：《本体刑法学》，商务印书馆2001年版，第498页。

③ 马克昌：《中国内地刑法与澳门刑法中犯罪未完成形态比较研究》，载《武汉大学学报》（人文社会科学版）2001年第1期。

④ 高绍先：《"未得逞"辨析与犯罪未遂的种类划分》，载《现代法学》1993年第1期。

二、犯罪既遂概念设定的缘由

综观关于犯罪既遂的标准的若干观点，必须站在一个更高的角度，才能对相关问题作一较为清晰的认识。为什么会有犯罪既遂这一概念？犯罪既遂这一概念设定的缘由何在？这是在犯罪既遂的标准界定前必须明确的问题。

犯罪既遂，是犯罪的完成形态，对此刑法理论与实务都没有异议。早期的刑法，基本上无所谓犯罪既遂、未遂之分，刑法对具体犯罪的规定也均是犯罪的完成形态，对于犯罪未完成形态并不予以过多的关注。因此，在早期社会，即使客观存在着犯罪既遂这一犯罪停止形态，由于一般不处罚未完成形态，因此，犯罪既遂的概念也就变得没有意义了。而随着人们对于犯罪行为的认识逐步细致化，逐步意识到对于未完成形态的犯罪也应予以处罚，因此，与未完成形态的犯罪相对意义上的犯罪既遂形态便出现了。当今世界各国的刑事立法都区分了犯罪未遂与犯罪既遂，认为犯罪既遂与犯罪未遂是犯罪发展的不同程度的停止形态，是在成立犯罪之后对犯罪进程所作的一个判断，而区分犯罪行为的发展进程的主要目的，就是为了科以不同的刑事责任，这是包括我国在内的各国刑法的共识，虽然，各国对于犯罪未遂的处罚原则并不完全一致，但对于犯罪未遂与犯罪既遂予以不同的处罚则是各国刑法的共同之处。对于未完成形态的犯罪如何科以刑罚，各国刑法的规定并不完全一致，大多数国家规定参照既遂犯的刑罚予以从宽处罚，也有的国家对于未完成形态的犯罪的处罚并未明确规定“比照既遂犯从轻或减轻处罚”，如日本刑法分则一般对未遂犯规定了独立的法定刑，仅规定的“本罪未遂的，处×××刑罚”。但无论如何，都表明犯罪既遂从客观存在到这一概念的专门提出，最重要的原因就是为了在适用刑罚上与未完成形态的犯罪相区别，即根据犯罪进展程度的不同，适用不同的刑罚，以期更好地实现罪刑相适应。

犯罪是具有严重的社会危害性的行为，社会危害性是一个从无到有、从少到多的一个积累。因此，任何犯罪行为的完成，也应当是具有一定的过程性的，而并非一经实施即达犯罪完成。在这个过程中，存在完成形态与未完成形态，因为完成相对于未完成来讲是固定的一个点，而未完成则是若干个点，因此，未完成形态显然是以完成形态为参照点的，而不是相反。基于此，刑法必须规定犯罪既遂的标准及其法定刑，从而为犯罪未完成形态的认定及其刑罚的适用提供依据，这才是犯罪既遂这一概念提出的原因之所在。我国有不少学者已经认识到了这一问题，如“刑法划分犯罪既遂与犯罪的未完成形态，其着眼点就在于从犯罪发展进程的角度将那些危害程度不同的犯罪情形区别开来，以便正确地适用刑罚”①。“刑法区分犯罪既遂与犯罪的未完成形态，其目的无非是从犯罪进程上把危害程度不同的犯罪情形区别开来，以便正确地适用刑罚”②，“犯罪既遂理论所要解决的问题只有一个：故意犯罪在其发展进程上的刑罚根据完整化的标准何在”③。“划分犯罪阶段的目的是为了说明停止下来的犯罪的社会危害性，以便正确适用刑罚”④。“犯罪既遂，是立法者依据其对某一类型行为社会危害性程度的判断，而决定对该行为处以刑罚的绝对界限”⑤。因此，无论刑法在对具体的犯罪的规定中是否对犯罪未完成形态及其刑罚作规定，但对于具体犯罪之犯罪既遂的标准及其刑罚必须作出规定。从此意义上讲，犯罪既遂作为犯罪的完成形态之一，是从适用刑法对于具体犯罪所规定的完整的刑罚这一角度而言的。

基于此，可以认为，在早期社会，由于仅注重对于实害结果的处理，刑法处罚的一般也是造成实害结果的行为，作为犯罪完成形

---

① 刘之雄：《犯罪既遂论》，中国人民公安大学出版社 2003 年版，第 46 页。

② 刘之雄：《关于故意犯罪既遂标准的再思考》，载《法商研究》1998 年第 6 期。

③ 刘之雄：《犯罪既遂论》，中国人民公安大学出版社 2003 年版，第 2 页。

④ 金泽刚：《犯罪既遂的理论与实践》，人民法院出版社 2001 年版，第 9 页。

⑤ 于阜民、夏弋舒：《犯罪既遂概念：困惑与重构》，载《中国法学》2005 年第 2 期。

态的犯罪既遂这一概念虽然没有明确提出，但客观存在，其标志即是实害结果的出现。而当今社会，不仅处罚犯罪的完成形态，而且处罚犯罪的未完成形态，从主客观相统一原则出发，在犯罪进展的不同阶段，行为具有不同程度的社会危害性，刑法有必要对此予以区别对待。而作为同一种犯罪行为的不同进程，未完成是相对于完成而言的，并且，未完成形态的犯罪的刑罚适用也应当是以犯罪完成形态（犯罪既遂）为参照的，因此，刑法当中必须对具体犯罪之犯罪既遂作出具体规定，这就是犯罪既遂从客观存在到被现实提出的一个重要理由。但问题是，作为法律概念的犯罪完成的犯罪既遂，立法者是如何规定其具体的标准的呢？是以朴素的行为的完成来规定，也即按照犯罪行为的自然发展过程，对其作一个被动的反映，还是在犯罪行为的发展这一客观基础上掺入了立法者的主观选择？这一点，对于犯罪既遂的标准的正确认定当然是具有重大意义的。

三、犯罪既遂的标准是法律的规定还是自然意义上的行为完成

犯罪既遂这一概念的提出，最根本的目的就是为了在刑罚的适用上与未完成形态的犯罪体现差异，以期更好地实现罪刑相适应。据此，关于具体犯罪的既遂标准及其法定刑均应当是依据刑法对具体犯罪的规定展开的。但问题是，立法者在刑法中是如何规定犯罪既遂的标准的呢，是按照犯罪行为的自然的发展过程来设定犯罪既遂的标准，还是带有一定的主观性？例如，对于故意杀人罪，刑法规定的犯罪既遂的标准是被害人死亡，[①] 而从一般的角度考察，行为人将被害人杀死也意味着犯罪行为的完成，因此，此种角度下的犯罪既遂的标准则是犯罪行为的自然发展过程的终结，但是否所有的犯罪行为均是如此设定的呢？这一问题，笔者称之为：犯罪既遂

① 虽然各国刑法均无明确规定“被害人死亡”，但这是一暗示性的规定，而并非立法没有规定。在接下的内容中，笔者将会论述。

的标准是自然意义上的行为进程还是立法者的主观规定？

犯罪既遂的标准是立法者设定的，还是自然的、朴素的犯罪行为的完成，弄清这一点，对于犯罪既遂标准的正确把握具有积极的意义。关于犯罪既遂的标准的一些学说的差异，在很大程度上在于是否承认立法者对于犯罪既遂标准具有选择权。笔者认为，犯罪既遂是法律规定的概念，并且，立法者对于犯罪既遂的标准的确定具有主观能动性，而非被动地反映客观的犯罪行为之发展进程。

（一）犯罪既遂标准是法律规定的

关于犯罪既遂及其标准，究竟是一种法律的规定还是一种朴素的行为进程？对此问题理解的不同，必然对于具体犯罪之既遂的认定存在差异。“是站在犯罪人的立场上从犯罪意志实现的角度来理解犯罪的完成，还是站在国家的立场上从立法评价的角度来理解犯罪的完成？从这两个不同的角度所理解的犯罪完成是不尽相同的”①。笔者认为，犯罪既遂的标准应当是一种法律的规定，并且，作为一种法律规定，必然掺入了立法者的主观能动性。因此，犯罪既遂的标准是立法者对于具体行为的一种主观选择，而不仅仅是对客观行为的朴素的反映。“犯罪的完成，其标准的设定与从行为人的角度观察问题的行为的完成是不一致的，在自然行为的哪个阶段或者哪个时点作为犯罪完成的标志，是立法者根据立法的目的设定的，因而保护客体的受侵害在犯罪行为的设定和犯罪完成的标志的设定上具有决定性的意义”②。“犯罪既遂作为一种立法规定，所反映的自然是立法者角度上的犯罪完成，而立法者总是从刑事立法保护合法利益的宗旨出发来评价犯罪及其完成，而不可能站在犯罪人的立场去理解犯罪既遂。而且，也只有站在国家立法评价的角度理解，才能为同一种犯罪确立一个统一的既遂标准。据此，我们获得

① 刘之雄：《犯罪既遂论》，中国人民公安大学出版社2003年版，第83页。

② 李洁：《从立法目的看犯罪既遂之“遂”的应有内涵》，载《法制与社会发展》1999年第3期。

了关于犯罪既遂含义的一个基本认识：犯罪既遂是国家从立法者的角度评价的犯罪完成形态”①。

现实生活中，不乏一些社会危害性极大的行为没有被刑法规定为犯罪。行为是否构成犯罪，立法者具有选择权，立法者可以选择将某一种行为规定为犯罪，而将彼种行为排除于犯罪之外。当然，说某种行为是否为犯罪是基于立法者的选择，但这种选择也不是任意的，而是根据一定的规律进行的，其中，社会危害性、处罚的必要性等则是立法者选择犯罪行为必须考虑的因素。在承认立法者有权选择将何种行为规定为犯罪的基础上，立法者是否具有权力选择犯罪行为的既遂标准呢？也就是说，立法者是否有权在自然的犯罪进程中人为地截取某一点作为犯罪既遂的标准？从其他国家的刑法规定来看，这是没有疑问的。例如，德日刑法中规定了大量的预备罪，这些罪都具有独立的犯罪构成，也即有独立的犯罪既遂标准，而不是作为其他罪的犯罪预备形态来处罚的，前苏联、俄罗斯刑法理论也承认截短的犯罪构成。我国台湾地区刑法学者林山田针对台湾“刑法典”的规定指出：“本法尚有将某些特定犯罪行为的预备阶段加以犯罪化，使其成立独立罪名，而不称预备犯者。例如，加重制造或贩运持有危险物罪，或制造交付收受伪造变造货币或有价证券或信用卡的器械原料罪，或持有烟毒或吸食鸦片器具罪等。这些罪名因均具预备犯的实质，故可称为实质预备犯”②。在我国，笔者认为，也不能否认立法者对于犯罪既遂的标准的选择权。“在具体的时点标准上犯罪既遂的标准是立法者根据现实需要进行选择的结果，换言之，犯罪的既遂标准，立法者有选择的权力，可以根据立法目的的需要对不同的犯罪设定不同的既遂标准，但这种设定并非立法者的主观任意，它应该有客观的根据，不过这种客观依据不是从自然角度观察问题时行为过程的完成，而是从立法者的角度

① 刘之雄：《犯罪既遂论》，中国人民公安大学出版社 2003 年版，第 83 ~ 84 页。

② 林山田：《刑法通论》（上册），台湾大学法学院图书部 2003 年版，第 386 页。

观察问题时犯罪的完成”①。“犯罪的完成既是站在立法的立场，根据法益保护的需要对犯罪行为事实予以结局性评价的结果，就不再完全受制于行为的自然发展历程”②。“认定既遂犯只能以法律的规定为准。犯罪既遂是一个法律概念，不能以人们日常生活中关于犯罪的完成状态的理解作根据”③。

有学者认为，虽然立法者有权力选择何种行为为犯罪，但否认立法者具有选择犯罪既遂的标准的权力。“刑法设立何种犯罪以保护何种既存的社会利益，什么样的行为可以以犯罪论处，虽然都可以依立法者的意志所决定，可以随着其意志的转移而转移。但是，犯罪行为造成了什么样的犯罪结果，什么样的结果属于行为人的目的内容，进而以此规定在犯罪构成之中，对于立法者来说同样也是客观存在的。因此，当直接故意的犯罪目的的内容和作为目的内容的结果要求被纳入犯罪构成后，这一目的是否达到，属于目的内容的结果是否出现，不能为立法者的意志所决定，也不能随立法者的意志转移而转移。这样，对‘犯罪得逞’与否的评定标准，就不能以立法者等的主观意志为转移，而应当以属于犯罪目的内容的结果出现与否的客观状态为标准。立法者既没有也不可能对同是直接故意的犯罪，一部分强调必须以出现犯罪结果为既遂标准，而另一部分又强调不需要出现犯罪结果，只要具有危险行为或依附于危险行为的危险状态，就可以认定为犯罪得逞而成立犯罪既遂”④。“既然犯罪人犯罪的主观意志和行为是犯罪案件事实的客观内容之一，立法评价就不应无视它们的存在。……但按通说，只要有‘足以’造成某种损害的‘危险’，尽管‘尚未发生严重后果的’，也是犯

① 吴振兴主编：《犯罪形态研究精要》（I），法律出版社2005年版，第302页。

② 吴振兴主编：《犯罪形态研究精要》（I），法律出版社2005年版，第303页。

③ 姜伟：《犯罪形态通论》，法律出版社1994年版，第109页。

④ 杨兴培：《危险犯质疑》，载《中国法学》2000年第3期。

罪既遂，即‘犯罪得逞’，这岂能服人?”①

笔者认为，如果否认立法者对于犯罪既遂的标准之选择的主观性，那自然意义上的犯罪完成还能称得上是一个标准吗? 的确，在部分犯罪中，行为的完成具有统一性。例如，在故意杀人罪中，所有犯罪行为人在将被害人杀死这一点上是一致的，因此，此种情形下，无须立法者的主观选择标准也是一致的。但在其他的犯罪中则未必如此。例如，在盗窃犯罪中，行为人盗窃了多少价值的财物才能认为是犯罪的完成呢? 这必然会因为个体的差异而存在不同。而犯罪既遂概念的提出，就是为了区分犯罪的不同形态，以期更好地实现罪刑相适应，要达到这一点，对于同一犯罪而言，犯罪既遂的标准当然要求统一性。“刑法规定的犯罪连一个标准形态都没有，连法律都不能为犯罪提供一个区别犯罪完成与未完成形态的明确标准，各种形态还能不能认定呢?”② 刑法上既遂指的是行为人没有全部实现规范中该罪成立的所有构成要件，而不是指行为人实现了其行为的目的。在这里，我们必须将既遂与犯罪结果的发生区别开来，后者也被有的学者称为实质既遂。在有的犯罪构成中，结果的发生是构成要件之一，既遂与犯罪结果的发生只有在这种情况下才是一致的，譬如杀人、伤害、毁损财物等。但在许多情况下，既遂的成立与结果的发生在时间上是有区别的。③ 我们设定法律不是描述自然现象，而是要描述社会现象，因而不能从自然的角度理解既遂的自然的法，而是要从评价的角度理解既遂的自然的法；刑法的设定目的是依据社会现实的需要惩治特定的危害社会的行为，因而与这种目的不相符的行为人的目的就没有必要纳入刑法的视野，因而，刑法规定的犯罪就未必都是从自然的角度观察也是完整的行为过程，即与自然的行为不一致，法的社会性质已经使既遂不可能是

① 陈航:《对新一轮“犯罪既未遂区分标准之争”的梳理与研析》，载《河北法学》2000 年第 5 期。

② 肖中华:《犯罪构成及其关系论》，中国人民大学出版社 2000 年版，第 281 页。

③ 李海东:《刑法原理入门》，法律出版社 1998 年版，第 142 页。

自然的行为过程的完成与目的结果的出现，即不是纯客观的了。立法者可以为了达到立法目的对客观过程进行取舍，这本身就是一种选择，即主观选择。[①]“犯罪行为在发展的进程中何时达到完成(既遂)，实际上是立法者站在国家、社会的立场，根据保护法益的需要，同时考虑行为的自然发展进程而进行设定的结果。不可否认的是，立法者在为一部分犯罪确立既遂标准时，会将犯罪完成的时点与结果的发生联系起来，但如果认为所有既遂标准的设定都只能用一个‘模具’，即所有存在既遂、未遂之分的犯罪，其既遂标志都只能是特定结果的发生，那就既否定了立法者在设定犯罪既遂的标准时本应具有的进行选择的权力，又与犯罪既遂标准的设定实质上是立法者的主观创造性活动这一本来面目不相吻合”[②]。

(二) 立法者为何人为地设定犯罪既遂的标准

承认犯罪及其停止形态并非是自然意义上的，而是立法者的一种选择，那么，立法者是如何设定犯罪既遂的标准呢？如前所述，立法者一般也是以自然角度观察的犯罪行为的完成作为具体犯罪既遂的标准，如故意杀人罪的既遂标准为“被害人死亡”。但并非所有的犯罪之犯罪既遂均是从自然的角度得出的结论。因此，有必要明白，立法者为什么要人为地改变自然意义上的犯罪完成的标准(或者说立法是如何改变犯罪既遂的标准的)。这种改变是否有理由，如果有的话，则论证了上述观点的合理性，如果没有的话，则犯罪既遂的标准应当另辟蹊径。

犯罪的既遂标准，立法者有选择的权力，可以根据立法目的的需要对不同的犯罪设定不同的既遂标准；但这种设定也并非立法者的主观任性，它应该有客观的依据；不过这种客观依据不是从自然角度观察问题时行为过程的完成，一般情况下应该是从立法者的角

---

① 李洁：《从立法目的看犯罪既遂之“遂”的应有内涵》，载《法制与社会发展》1999年第3期。

② 王志祥：《危险犯研究》，中国人民公安大学出版社2004年版，第108页。

度观察问题时犯罪的完成；在特殊的情况下，犯罪客体未受到现实的侵害也未必不能成立犯罪的既遂，但这样的特殊既遂只有在为了达到特殊的立法意图时才是有必要的，也才是有根据的。立法者有选择既遂标准的权力，但要受到客观行为的过程与犯罪过程的限制。① 实际上，在我们的观念当中，都对具体犯罪的既遂标准有一种先验的意识，这种意识来源于我们对生活事实的归纳。例如，在我们的观念中，故意杀人行为如果要达到既遂（完成），应当是将被害人杀死，故意伤害行为中，应当是造成被害人伤害，抢夺罪中，应当是将被害人的财物据为己有才算是既遂。即使刑法有关故意杀人罪的规定没有要求被害人的死亡，但我们一般也都无异议地认为该罪的既遂标准是被害人的死亡。原则上，立法者也是按照我们观念中的犯罪既遂的标准在刑法中作相应的规定的，正如有学者所指出的，所谓既遂或未遂，原始意义上都应该是针对法益的损害而言的。既遂，指的是不被容许的法益侵害的既遂；未遂，指的是不被容许的法益侵害的未遂。犯罪既遂的原始意义，一定是实害结果犯。同时，既遂犯的不法构成要件，就应该等同于法益侵害的既遂。但并非所有的犯罪均是如此，“如果站在报应的立场上，刑事可罚的范围应限于造成法益实害的行为。但现代刑法以犯罪预防为要旨，其刑罚范围并不以造成法益实害的行为为限，而是向造成法益实害前的行为作了推移。这在立法上有两种方式：一是规定犯罪未遂和犯罪预备，将犯罪的未完成形态纳入刑罚的范围；二是直接将某些对法益造成威胁的行为规定为独立的犯罪”②。

在犯罪停止形态方面，立法者有权选择犯罪进程中的犯罪既遂这一停止形态之点，这一点，在其他国家刑法理论中是没有任何争议的。“日本现行刑法虽然规定未遂犯的处罚以有明文规定为限，

① 李洁：《从立法目的看犯罪既遂之“遂”的应有内涵》，载《法制与社会发展》1999年第3期。

② 刘之雄：《犯罪既遂论》，中国人民公安大学出版社2003年版，第59页。

但有些条文事实上将未遂犯作为独立的既遂犯规定下来了，对某些目的犯、轻微犯罪的规定便是如此。这是考虑到保护法益的性质、重要性以及行为的特点等所作的规定。”[①] 日本刑法可以将一些未遂乃至预备行为规定为独立的犯罪，而不必再设处罚未遂的规定。[②] 正如有学者所指出的：“犯罪既遂标准应当由立法者进行选择并通过立法予以设定。立法者在设定既遂标准时，有必要设定结果犯、行为犯、危险犯、举动犯等不同的犯罪形态。”[③] 具体而言，在如下情形下，或者说基于如下理由，立法者可能人为地设定具体犯罪之犯罪既遂的标准：

1. 有的犯罪行为完成的标志是一个动态的线段，而犯罪既遂的标准具有统一性，基于此，立法者有必要人为划定犯罪既遂的点

就同种行为而言，如盗窃行为，何谓完成，显然不同的人角度并非完全相同，而犯罪既遂的标准要求统一性，基于此，立法者必定要设定一个具体的标准，以求法律适用的统一性。

前述指出，通常情形下，人们在观念上对于犯罪的完成存在一个认识，并且，这种观念中的犯罪行为的完成通常具有一致性，是一个具体确定的点，因此，立法者一般也以此作为具体犯罪之既遂的点。但是，现实生活中，许多犯罪行为的进程或者行为人的主观目的并非完全相同。虽然所有的故意杀人行为中，行为人的目的都是将被害人杀死，因此，立法者将此点规定为犯罪既遂。但是，还有很多犯罪行为，行为人的观念中存在的既遂的标准并不完全一致。例如，在盗窃案件中，不同犯罪行为人在主观上、客观上的数额必将存在差异，因此，基于法律的统一性的要求，立法者则应当

---

① 张明楷：《未遂犯论》，法律出版社、日本成文堂出版社1997年版，第12页。

② 如《日本刑法典》第123条（妨害水利和引起水患）就是如此。该条规定：“决坏堤防，破坏水闸，或者实施其他足以妨害水利的行为或者是足以引起水患的行为的，处二年以下惩役、监禁或者二十万元以下罚金。”

③ 李洁：《从立法目的看犯罪既遂之“遂”的应有内涵》，载《法制与社会发展》1999年第3期。

划定一个统一的标准。因此，从这一角度看，立法者必须确定一个既遂的标准，以维护法律的统一性，这也是犯罪既遂作为犯罪完成的标准的应有之意。

2. 基于处罚的必要性，将观念中的犯罪既遂之点人为地提前

此外，在有些情形下，立法者也可以完全基于处罚的必要性，将某些存在于人们观念中的犯罪行为的既遂点适度提前，以突出对该类行为的打击。例如，许多危害国家安全的犯罪，行为人观念上的目的都是为了颠覆、推翻现有的国家政权，人们观念中也认为这类行为的最终完成是颠覆、推翻现有的国家政权，刑法基于处罚的必要，将此类犯罪的既遂标准设定在国家政权被推翻前。例如，我国刑法第105条规定了颠覆国家政权罪，对于实施颠覆国家政权的犯罪行为人而言，其实施犯罪行为的目的就是为了将国家政权推翻，但如果真的到了此时，恐怕刑法也就无能为力了。刑法分则在一定情况下，可以将我们观念中的预备行为，或者将已经设定的犯罪的预备行为规定为一种独立的犯罪，这种情形在日本也是常见的。例如，日本刑法规定了伪造货币预备罪，而该罪显然是伪造货币的预备行为，立法者基于处罚的必要性，突出对这类行为的打击，而将其规定为独立的犯罪行为，这一点，日本刑法学界没有任何争议地认为伪造货币的预备行为是刑法上的实行行为，也即伪造货币预备罪的实行行为。刑法之所以作如此规定，乃在于突出对这类行为的打击，向人们传递一种讯号：某种行为的预备行为也是作为独立的犯罪来加以处罚的。又如，我国刑法中的抢劫罪，从我们的观念以及犯罪行为人实施抢劫的目的来看，均是以抢得财物作为犯罪的完成。但是，最高人民法院的司法解释认为，即使没有抢得财物，但只要造成被害人轻伤的，也构成抢劫罪既遂。

有学者认为，刑法并没有将这类犯罪的既遂标准提前，这些犯罪的既遂标准不可能达到。“即使对于故意犯罪，刑法也并非都是

以既遂形态为标准规定法定刑的。例如，刑法对于颠覆国家政权罪[①]的法定刑就不是以既遂形态为适用标准，而是以未完成形态的行为作为适用对象的。对于这类故意犯罪而言，是不能仅以法定刑适用的充足为根据来界定其是否既遂的。这就是说，刑法关于犯罪未完成形态的刑罚规定并不是对每一种犯罪都具有普遍适用性的"[②]。笔者认为，此种观点值得商榷。笔者已经在本章第二节之"犯罪既遂概念设定的缘由"中指出，犯罪既遂这一概念的提出，就是为了在量刑上对于不同进程阶段的犯罪形态予以区别对待。根据刑法的规定，对于未遂犯可以比照既遂犯从轻或者减轻处罚，无论是否承认刑法分则的规定以既遂为模式，但至少可以认为，刑法分则的法定刑是包括了既遂罪的法定刑，否则，未遂犯"可以比照既遂犯从轻或减轻处罚"将如何实现呢？如果认为颠覆国家政权罪的法定刑是针对未遂形态而设定的，那么，这种犯罪行为的预备犯又如何"可以比照既遂犯从轻、减轻处罚或者免除处罚"？或许还有学者会认为，该罪的刑罚应当是包括了所有未完成形态的犯罪的法定刑，而没有包括既遂犯的法定刑。笔者认为，这也是不适宜的。刑法在犯罪阶段上区分不同的犯罪停止形态，是为了更好地实现罪刑相适应，但这并不仅仅是要求对未遂犯与既遂犯的处罚区别处理，不同的犯罪未完成形态也应当有所区别，从我国刑法总则关于预备犯、未遂犯、中止犯的处罚原则之规定就可以看出这一点，如果认为该罪的刑罚是包括了所有的未完成形态与完成形态，那么，该罪的预备犯、未遂犯、中止犯在量刑上又如何区别对

---

① 刑法第105条（颠覆国家政权罪、煽动颠覆国家政权罪）规定："组织、策划、实施颠覆国家政权，推翻社会主义制度的，对首要分子或者罪行重大的，处无期徒刑或者十年以上有期徒刑；对积极参加的，处三年以上十年以下有期徒刑；对其他参加的，处三年以下有期徒刑、拘役、管制或者剥夺政治权利。以造谣、诽谤或者其他方式煽动颠覆国家政权、推翻社会主义制度的，处五年以下有期徒刑、拘役、管制或者剥夺政治权利；首要分子或者罪行重大的，处五年以上有期徒刑。"

② 刘之雄：《犯罪既遂论》，中国人民公安大学出版社2003年版，第90页。

待呢？

3. 社会关系的多样性、复杂性，决定了刑法对具体犯罪既遂的标准具有选择性

当今社会，社会关系逐渐复杂化，刑法需要保护的社会关系也具有多样性，一个行为所侵犯的社会关系也具有多样性，并且，这些不同的社会关系受侵害的程度不可能均具有统一的标准，这决定了对于刑法规定的具体犯罪之犯罪既遂的标准不可能具有一个整齐划一的标准。当今社会的许多犯罪行为的发展已经不仅仅局限于传统的犯罪，如暴力犯罪、财产犯罪，这类传统犯罪具有“时间短、见效快”之特征，这种情形下，人们认识其犯罪行为的完成相对比较简单，通常情形下以造成相应的实害结果作为犯罪既遂的标准。但现今社会，社会关系复杂化，不能仅依靠一种自然意义上的进程来处理社会关系，这不利于对法益的保护，也不利于人们对犯罪行为及其所侵害的社会关系的认识。

从上述的分析我们可以知道，我们在观念中对犯罪行为的完成存有一个大概的轮廓，立法、司法实践中一般也是以此为作为犯罪既遂的标准，“对于一般的犯罪，刑法规定其犯罪既遂的标准是以犯罪的实际完成状态为依据的，不是发生特定的危害社会结果，才属于犯罪既遂”①。但在特定的情形下，基于一定的事由，也可以进行一定的选择，如果立法者选择的既遂标准与我们日常观念中的既遂标准不一的话，应该在立法中特别表明出来。从这一点来看，我们便知，犯罪既遂的标准应当是在自然意义的基础之上的立法者的选择。这种情形下的立法者的选择与自然角度观察的行为完成是不一致的，正如有学者所指出的：“实践证明，对于那些简明易见的犯罪，运用目的说或结果说来认定其犯罪形态是方便可行的，对于其他较为复杂的犯罪类型，运用这两种学说就暴露出明显缺

① 姜伟：《犯罪形态通论》，法律出版社1994年版，第111页。

陷”[①]。有学者认为，由于刑法分则规定的不明确，因此，犯罪既遂的标准十分不明确，认为立法存在缺陷，“各国刑法在分则条文中并没有将犯罪的既遂条件明确规定为法定刑适用条件，从而把对犯罪既遂标准的判断任务留给了刑法理论和司法实践。对于诸如故意杀人罪等少数犯罪来说，由于其既遂标准不难理解，刑法对其不作规定，或许无碍于刑法的正确适用。但对于多数犯罪来说，犯罪既遂的标准是需要在立法上作明确规定的，否则，就会造成理论上和实务界对某些犯罪既遂标准理解上的混乱，也有违罪刑法定的精神原则。应当说，这一点是当代刑法普遍存在的缺陷之一”[②]。果真如论者所言，这么严重的缺陷经历如此长的时间也没有被立法者所发现？这种观点实际上是没有从人们的观念中把握犯罪既遂的标准。对于大部分犯罪而言，其既遂标准就是按我们一般观念中的理解来界定的，立法者没有必要明确列出，例如，故意杀人罪，几乎没有任何一个国家将其既遂的标准在刑法中列出，但均无异议地认为该罪的既遂标准是被害人死亡。当然，的确也存在部分犯罪，由于立法规定不明确，司法实践中对其既遂的标准存在一定的困惑，这实际上涉及到对犯罪既遂标准的解释。关于这部分的内容，笔者将在本章第五节之三“犯罪既遂标准的解释性”中具体阐述。

四、犯罪既遂的标准之当然选择——犯罪构成要件说

在肯定了立法者对于犯罪既遂的标准之确定的主观能动性之后，立法者确定的犯罪既遂标准有哪些呢？笔者认为，从违法性的本质看，存在行为无价值和结果无价值，立法者可以在行为的进展上划定犯罪既遂的一个标准，也可以依据结果的不同类型划定一个既遂的标准。从这一角度看，无论是犯罪目的实现说，还是犯罪结

---

① 金泽刚：《犯罪既遂的理论与实践》，人民法院出版社2001年版，第69页。

② 刘之雄：《犯罪既遂论》，中国人民公安大学出版社2003年版，第166～167页。

果发生说，都不可能全面概括犯罪既遂的标准。基于此，笔者认为，应当结合立法的规定来认识犯罪既遂的标准。

犯罪既遂是一种法律上的规定，立法者在犯罪既遂的标准上具有选择权。通常情形下，立法者也是以人们观念中的犯罪完成之标准作为犯罪既遂的标准。但基于特定的事由，立法者也可能对之作适度的变更，而这种变更的理由并非是唯一的。因此，对于犯罪既遂的标准，必须结合刑法分则对于具体犯罪的规定来认定。无论立法者怎样选择犯罪既遂的标准，其都应当通过刑法的规定，将其规定在犯罪构成要件中，在刑法分则中予以规定。而刑法分则的规定正是犯罪构成的具体展开，因此，这也是不少学者将犯罪既遂的标准定位于犯罪构成要件说的关键。当然，以犯罪构成要件作为犯罪既遂的标准，实际上还是一个很宏观的标准，它只告诉我们，犯罪既遂的标准是一种立法的规定，而并没有回答立法者是如何规定犯罪既遂的标准的，从这一角度看，有关犯罪既遂的标准，还应当在“构成要件说”之下进一步深化，认清犯罪既遂的具体标准。实际上，这部分内容也即犯罪既遂的类型，在本书的第三章，笔者将会论述犯罪既遂的类型划分，也就是对刑法分则规定的各种构成要件进行一定的分类，以期对犯罪既遂的标准有一个更细化的认识。

基于以上认识，笔者认为，犯罪构成要件说应当成为犯罪既遂的标准。在我国，要承认犯罪构成要件说作为犯罪既遂的标准，必须对有关构成要件说的目前所受到的两点责难予以进一步澄清。第一，要承认构成要件作为犯罪既遂的标准，作为其前提的“我国刑法分则是以犯罪既遂为模式”是否真实？第二，我国刑法理论的通说认为犯罪构成是犯罪成立的要件，而在我国，行为成立犯罪后，可能出现包括犯罪既遂在内的多种犯罪停止形态，而并非犯罪既遂这一种停止形态，犯罪构成、犯罪成立、犯罪既遂之间的关系如何协调？接下来，笔者将对此两点展开具体的论证。

第三节 犯罪既遂与我国刑法分则规定

从世界各国刑法规定的通例来看，刑法分则对于具体犯罪的规定均是以犯罪既遂为模式的。一般也认为，我国古代刑法对具体犯罪的规定是以犯罪既遂为模式的，如有学者指出，封建刑法对罪名的设置基本上是以既遂形态为标准的。[①] 但对于我国现行刑法分则的规定是否以犯罪既遂为模式，理论上的见解并不一致，否认刑法分则是以犯罪既遂为模式的学者继而认为，犯罪构成要件不应成为犯罪既遂的标准。

一、观点聚讼

我国刑法理论上，对于刑法分则的规定模式，主要存在犯罪成立模式与犯罪既遂模式两类观点，也有极少数的学者认为刑法分则的规定兼采这两种模式。

（一）犯罪成立模式说

所谓犯罪成立模式，是指刑法分则条文的规定中，不仅包含既遂形态的犯罪构成，而且也包含未完成形态的犯罪构成；与此相适应，刑法分则对具体犯罪所规定的刑罚，也不仅适用于既遂的犯罪形态，还适用于犯罪的未完成形态。犯罪成立模式的基本要求是：在罪的规定方面，分则条文规定的只能是犯罪成立的基本条件，即从某罪可能成立犯罪的各种犯罪形态中抽象出具有共性的内容设定犯罪构成要件；在刑的规定方面，由于罪是包括了各种犯罪形态的高度抽象，与其相对应的法定刑也应该是可以适用于所有犯罪形态的刑罚。为了能够使罪与罚的规定均符合罪刑法定原则的要求，就应该在分则各罪的条文中规定包括预备犯在内的各种犯罪停止形态的共同要件，同时在总则中规定预备、未遂、中止、既遂各种犯罪

① 高绍先：《中国刑法史精要》，法律出版社 2001 年版，第 209 页。

形态的基本成立规格与刑罚原则。[①] 例如，张明楷教授指出："在一些资产阶级刑法中，以处罚既遂犯为原则，以处罚未遂为特殊，原则上不处罚犯罪预备。这些国家的刑法典不仅在总则中规定什么是犯罪未遂，而且规定在分则中有特别规定才处罚；这样，立法者认为哪些犯罪应处罚未遂，就必须在规定具体犯罪条文中作出'前款之罪未遂，亦罚'这类的规定，否则，未遂就不成立犯罪。因此，这些国家的刑法学者可以认为，其刑法分则的规定是以既遂为模式的，构成要件其实是犯罪既遂的要件。而我国刑法总则没有规定对未遂犯等的处罚以分则有特别规定者为限，而是规定原则上处罚犯罪预备、未遂与中止，犯罪的成立包括犯罪既遂、未遂、预备、中止等形态。这便说明，犯罪构成以既遂为模式的观点，是以当分则有明文规定时才处罚未遂犯的立法例作为根据的，我国没有这样的立法例，因而不能采用以这样的立法体例为根据的观点。因此，规定具体犯罪的分则条文，不是针对犯罪既遂，而是针对犯罪成立的；犯罪成立并不限于犯罪既遂，还包含其他可能出现的形态"[②]。还有学者指出："即使是对于有既遂、未遂之分的故意犯罪而言，我国刑法分则也不是以既遂为模式的。对于这类犯罪来说，危害结果并不是构成要件之一，危害结果的发生与否只影响犯罪既遂，并不影响犯罪成立。因此，我国刑法分则条文并未规定这类犯罪的结果，如现行刑法第 232 条关于故意杀人罪的规定，只是描述了客观行为而没有规定死亡结果。如果说刑法分则以既遂为模式，就应该用'故意杀死人'或'故意杀人致人死亡'之类的词语来描述此罪的罪状"[③]。还有的学者从过失犯罪、间接故意犯罪不存在犯罪既遂形态的角度出发，认为刑法分则对于具体犯罪的规定不可能是犯罪既遂模式，而只能是犯罪成立模式。例如，有学者指

---

① 李洁：《犯罪既遂形态研究》，吉林大学出版社 1999 年版，第 68 页。

② 张明楷：《犯罪论原理》，武汉大学出版社 1991 年版，第 466～467 页。

③ 苏彩霞：《危险犯及其相关概念之辨析》，载《法学评论》2001 年第 3 期。

出，“如果认为刑法分则规定的犯罪构成以既遂为模式，而刑法总则规定原则上处罚未遂犯，那么，刑法分则所规定的任何故意犯罪，都有未遂犯，而且均应处罚，不仅如此，根据过失犯也是既遂犯的观点，刑法分则规定的过失犯以既遂为模式，总则规定处罚未遂犯，于是对任何过失犯罪都可以处罚未遂犯。这显然是不符合事实的，也不符合刑法的精神”①。“按照既遂模式论，过失犯罪自然也是既遂，因为刑法分则对过失犯罪也规定了构成要件和刑事责任；然而，按照传统观点，过失犯罪根本不存在既遂、未遂之说”②。“国外刑法（限于大陆法系国家）在具体犯罪的规定上，采用了以既遂犯为原则，而以预备、未遂犯为补充的模式，而我国刑法分则在各个具体犯罪的规定上，没有将预备、未遂和既遂形态分别开来，而是将它们统统规定在同一个条文中，也就是说，在某一具体犯罪的规定中，同时涵盖有犯罪的各种停止形态在内”③。

综观犯罪成立说之提倡者的理由，可以归纳为如下方面：第一，我国刑法总则规定，原则上未完成形态的犯罪均需要处罚，刑法分则是刑法总则的具体化，因此，刑法分则对具体犯罪的规定应当是包括了所有的犯罪停止形态，即是以犯罪成立为模式的。第二，认为刑法分则的规定是以犯罪成立为模式，有利于鼓励犯罪人中止犯罪。这主要是针对刑法中的一些危险犯而言，如果认为刑法分则中所规定的“危险状态”是犯罪既遂的标准，则行为人排除危险状态的行为属既遂后的悔罪行为，不利于对行为人采取更宽大的处理。如果认为“危险状态”是犯罪成立的标准，则行为人造成危险状态后主动排除危险状态的，成立犯罪中止，并且由于没有造成损害，应当免除处罚。第三，能够比较全面贯彻落实罪刑法定原则和行为人的行为符合犯罪构成是追究行为人刑事责任的唯一基

① 张明楷、黎宏、周光权：《刑法新问题研究》，清华大学出版社2003年版，第178～179页。

② 侯国云：《对传统犯罪既遂定义的异议》，载《法律科学》1997年第3期。

③ 黎宏：《刑法总论问题思考》，中国人民大学出版社2007年版，第418页。

础的观念。[①] 例如，有学者指出："翻遍我国刑法分则 351 个条文，我们丝毫也看不到有哪一个条文中，已明文规定在怎样的条件下叫做既遂，在怎样的条件下叫做预备、未遂和中止。刑法理论中我们常常无处不见的所谓可以从条文的某种文字表述中得出某种情形为既遂，不过是某些学者们主观臆断。……刑法分则中的故意犯罪的犯罪构成，是所有犯罪预备状态、犯罪未遂状态、犯罪中止状态和犯罪既遂状态共同的犯罪构成"[②]。第四，能够较为合理地解释过失犯罪、间接故意犯罪不存在犯罪既遂形态。因为，对于过失犯罪、间接故意犯罪而言，只有是否成立犯罪而无犯罪既遂之说。如果认为刑法分则的规定是以犯罪既遂为模式，则无法包容过失犯罪、间接故意犯罪。

(二) 犯罪既遂模式说

这种观点认为，刑法分则对具体犯罪的规定是针对犯罪既遂这一形态的，刑法分则中具体犯罪的刑罚是针对既遂犯的。各国刑法理论均无异议地认为刑法分则的规定是以犯罪既遂为模式的，这也是我国刑法理论的通说。例如，"刑法分则规定的各种犯罪构成及其刑事责任，都是以犯罪既遂为标准的"[③]，"刑法分则的条文的规定就是以既遂为标本的"[④]，"犯罪既遂是犯罪的一般形态，可以直接按照刑法分则条文定罪处刑，因而在刑法总则中未予专门规定。而犯罪的预备、未遂和中止则是犯罪的特殊形态，因而刑法总则有必要加以规定，刑法总论有必要加以研究"[⑤]。"我国刑法中有关各个犯罪的成立和处罚条件，分散在刑法总则和分则之中。分则规定各个具体犯罪的最基本形态，而对于基本形态之外的犯罪未遂、中止、预备等各个具体犯罪具有共性的特殊情况，则在总则中统一规

① 黎宏：《刑法总论问题思考》，中国人民大学出版社 2007 年版，第 424 页。

② 杨兴培：《犯罪构成原论》，中国检察出版社 2004 年版，第 331 页。

③ 高铭暄主编：《刑法学》，法律出版社 1984 年版，第 172 页。

④ 何秉松：《犯罪构成系统论》，中国法制出版社 1995 年版，第 333 页。

⑤ 陈兴良：《本体刑法学》，商务印书馆 2001 年版，第 473 页。

定。这样既减少了刑法的规模和篇幅，又便于司法工作人员灵活地应对现实中的各种案件”①。“我国刑法分则对具体犯罪的规定，是以既遂为标本的。犯罪既遂是犯罪的完成状态，是指某一犯罪完全具备了刑法分则所规定的构成某一犯罪所必需的全部主观和客观要件”②。

（三）混合模式说

这种观点认为，从理论上讲，刑法分则的规定应当以犯罪既遂为模式，但我国刑法分则的规定并非以犯罪既遂为模式，而是原则上以犯罪既遂为模式，也有一些规定并非如此，如有学者指出，“即使对于故意犯罪，刑法也并非都是以既遂形态为标准规定法定刑的。例如，刑法对于颠覆国家政权罪的法定刑就不是以既遂形态为适用标准，而是以未完成形态的行为作为适用对象的”③，“我国刑法的规定，既不是典型的犯罪既遂模式，也不是典型的犯罪成立模式”④。

世界各国刑法分则对于具体犯罪的规定，基本上均是以犯罪既遂为模式，各国刑法理论对于“刑法分则是以既遂为模式”这一点也不存在异议，即使是古代刑法的规定也是如此。对于我国现行刑法而言，也应当是如此。以下，笔者将首先从应然性的角度来论述犯罪成立模式的弊端，并对我国刑法分则的具体规定进行分析，以进一步论证我国刑法分则的规定是以犯罪既遂为模式的。

二、犯罪成立模式之弊端

从世界各国刑法分则的规定看，均是以犯罪既遂为模式，即使在刑法理论上，也鲜有赞同犯罪成立模式的。笔者认为，从理论上看，犯罪成立模式存在诸多弊端，不宜为刑法分则规定具体犯罪时

---

① 黎宏、申键：《论未遂犯的处罚范围》，载《法学评论》2003年第2期。

② 陈兴良：《共同犯罪论》，中国人民大学出版社2006年版，第351页。

③ 刘之雄：《犯罪既遂论》，中国人民公安大学出版社2003年版，第90页。

④ 李洁：《犯罪既遂形态研究》，吉林大学出版社1999年版，第68页。

所采纳，这或许是几乎世界上所有的国家刑法理论与立法都不赞同犯罪成立模式说的原因之所在。具体而言，笔者认为，如果刑法分则以犯罪成立模式设计，将会存在如下缺陷：

1. 对具体犯罪而言，行为是否成立犯罪，难以用一个明确的标准来划定

根据我国刑法总则的规定，原则上所有犯罪（通说是直接故意犯罪）的未完成形态均要受到处罚，而从直接故意发展的进程来看，过程最完整的直接故意犯罪应当是经过了预备、着手、实行、完成这样一个阶段，行为在预备阶段的社会危害性是最轻的，从这样一个角度看，刑法分则对于具体犯罪的成立标准应当设定为是实施了预备行为。但这样存在两个困难：（1）预备阶段的情形各不相同。以故意杀人罪为例，可以出现无数种的预备行为，如买刀、约同伴、前往被害人住所等，如何设定预备行为，并且是设定预备行为的起点，不无疑问。毕竟，预备行为不是类型性的行为。有学者指出："由于罪的规定是对各种犯罪形态的共同内容的抽象，因而其罪的规定不免具有抽象性，难于达到具体，尤其在把犯罪预备形态也涵盖其中的情况下，如何设计分则条文，达到既符合罪刑法定所要求的明确、具体性，又能够涵盖诸多内容，就是一个难题"[①]。（2）即使是直接故意犯罪，也并非所有的犯罪行为均经过了犯罪预备阶段，有的犯罪行为根本不存在预备阶段，这样，其成立的标准就不是犯罪预备行为了，而是着手行为。这样一来，成立标准还能算是一种"标准"吗？正如有学者所指出的："从犯罪停止形态的角度看，犯罪的各种成立形态在构成要件上并非具有完全的一致性，也就是说，在犯罪存在多种成立形态的情况下，犯罪的成立实际上处于不确定的状态中，其可能是实行行为着手以前的预备犯，还可能是实行行为着手以后的未遂犯，当然也可能是犯罪实行行为着手以后的既遂犯。在这种情况下，如果承认刑法分则的

① 李洁：《犯罪既遂形态研究》，吉林大学出版社 1999 年版，第 69 页。

具体犯罪以犯罪成立为标准进行设定，就面临着‘多元’标准的难题。这意味着以犯罪成立作为标准是缺乏可行性的，刑法理论上对犯罪构成的分析便由此会因缺乏一个妥当的理论基点而陷入混乱状态。相反，如果以犯罪既遂为标准对具体犯罪加以规定，鉴于同一种犯罪的既遂的构成要件是固定的、统一的，因而标准就只是‘一元’的，这说明以犯罪既遂作为标准是可行的，刑法理论上对犯罪构成的分析便由此有了一个确定的、合适的理论基点”①。因此，对于具体犯罪而言，如何寻找一个所谓的成立犯罪的“最低标准”，在实践中根本不具有可操作性。

2. 犯罪成立模式难以体现罪刑相适应

笔者在之前的章节中曾经指出，犯罪既遂这一概念的提出就是为了更好地使完成形态与未完成形态相区别，以期更好地实现罪刑相适应。而刑法分则的标准如果采犯罪成立说，也即规定成立犯罪的起点条件的话，则其适用的刑罚应当包含所有的未完成形态与完成形态的刑罚，这样所有犯罪停止形态的刑罚均作统一规定，对于未完成形态的犯罪还如何“比照”完成形态的犯罪的刑罚进行处罚，或者说，在刑罚适用上如何体现差异呢？犯罪既遂概念的提出就是为了区分犯罪未完成形态与犯罪完成形态，而这种区分的最终目的就是为了使不同停止形态的犯罪在量刑上能够区别对待，以期更好地实现罪刑相适应。如果将具体犯罪的所有停止形态的刑罚全部规定在刑法分则中，那么完成形态的犯罪在刑罚的量定上如何“比照”既遂犯进行，这显然有违犯罪既遂这一概念提出的初衷。有学者指出：“由于要对所有的犯罪形态规定法定刑，必然导致法定刑幅度的宽泛，增加审判机关的自由裁量权，而这又是与罪刑法定的基本精神相左的。”②

---

① 王志祥：《危险犯研究》，中国人民公安大学出版社 2004 年版，第 221 ~ 222 页。

② 李洁：《犯罪既遂形态研究》，吉林大学出版社 1999 年版，第69 页。

3．犯罪成立模式会导致犯罪既遂的标准混乱

如果认为刑法分则对于具体犯罪仅规定其成立标准，也即犯罪的起点，而对犯罪的完成（终点）不作任何规定，那么，对于所有的犯罪而言，其标准均应该是统一的，即唯一的，或者是实害结果的出现，或者是目的的实现。如前所述，大多数犯罪之犯罪既遂与我们观念中的犯罪完成是相一致的。例如，故意杀人罪，我们观念中的完成与刑法理论、实践中的完成均是“被害人死亡”，因此，犯罪既遂的标准也是如此，但是，并非所有的犯罪都能够有一个统一的、不言自明的标准。例如，盗窃罪，即使认为是窃取他人的财物是犯罪既遂，但窃取多少财物是既遂呢？仍然有待于进一步确定。况且，如果所有的犯罪之既遂都采取统一的标准，这样，犯罪既遂的标准就仅成为一种行为进程意义上的完成，这样，犯罪既遂的标准哪来“法定性”？犯罪既遂的标准就完全脱离了立法者的主体选择，而变成了一种自然意义上的行为完成。正如有学者所指出的：“如果采成立模式，所有的犯罪均应有划一的既遂标志，或者是目的实现，或者是犯罪结果出现，或者是行为的完成，或者是其他的什么内容，只有这样，在总则中规定犯罪的既遂规格才是可行的。这样的标志确实很客观，很公平，但有时却难于实现，因为犯罪的情况千差万别，将所有的犯罪划定一个同一的标准是困难的，也未必能够符合立法意图”①。

4．犯罪成立模式会使分则的规定与总则产生矛盾

我国刑法中，刑事责任的承担方式包括定罪免刑这一方式，这说明，对于相当一部分犯罪而言，如果仅仅符合犯罪成立的最低标准，其可能不被判处刑罚。但综观我国刑法分则的规定，并没有对某种具体犯罪之刑罚作出免除刑罚的规定。

此外，犯罪中止也是犯罪的停止形态之一，如果认为刑法分则的规定是采犯罪成立模式，则刑法分则所规定的刑罚应当是包括了

① 李洁：《犯罪既遂形态研究》，吉林大学出版社1999年版，第69页。

犯罪中止在内的所有停止形态的刑罚。根据我国刑法规定，对于中止犯，没有造成损害的，应当免除处罚。因此，刑法分则中对于具体犯罪，应当有免除处罚的规定。但综观我国刑法分则的规定，并非如此。假定我国刑法分则的规定是以犯罪成立为模式，以故意杀人罪为例，可以发现其存在的矛盾是明显的。我国刑法第232条规定："故意杀人的，处死刑、无期徒刑或者十年以上有期徒刑；情节较轻的，处三年以上十年以下有期徒刑。"按犯罪成立模式说，刑法第232条所规定的刑罚应当是包括了所有的犯罪停止形态的，因此，只要故意杀人罪成立，无论其处于预备、未遂、中止，也无论是否对被害人造成了死伤结果，均需处以3年以上有期徒刑之刑罚。也即，即使行为人在杀人过程中，自动中止犯罪行为，且未造成损害的（没有造成被害人任何伤害），也应当处以至少3年有期徒刑，这与刑法总则关于犯罪中止的规定显然是矛盾的。

三、犯罪既遂模式之提倡

从应然性的角度看，刑法分则对于具体犯罪采取犯罪成立模式存在诸多的弊端，这也是诸多国家的立法与理论不赞同犯罪成立模式说的重要原因，犯罪既遂模式成为各国刑法分则的当然选择。就我国刑法分则的规定而言，从应然性的角度看，不宜采取犯罪成立模式。结合我国现行刑法的规定来看，我国刑法分则实际上也是采取了犯罪既遂模式。具体而言，笔者拟从以下几个方面进行说明：

1．从我国刑法总则关于未完成形态犯罪相关规定看，刑法分则的规定应当是以既遂为模式

由于我国刑法总则对于既遂犯没有任何规定，而对于未遂犯、预备犯是比照既遂犯从轻处罚的，从这一点看，刑法分则的规定应当是针对既遂犯的法定刑，这是从逻辑上得出的当然结论。正如有学者所指出的，"如果刑法分则中的具体犯罪是以包括犯罪未完成形态在内的犯罪成立为标准（模式）加以规定的，那么对犯罪的未完成形态在刑法总则中作出一般规定的意义在哪里？对于预备

犯、未遂犯可以比照既遂犯从宽处罚的规定又该如何落实?”①“我国刑法原则上处罚所有犯罪停止形态，但刑法总则中只规定了犯罪预备、犯罪未遂、犯罪中止，而没有规定犯罪既遂。真正的原因只能解释为我国刑法分则是以犯罪既遂为模式构建的，既然犯罪既遂的特征和刑罚已在我国刑法分则各条文中作了明确规定，总则中当然无须重复规定”②。当然，刑法对于中止犯规定的“造成损害的，应当减轻处罚”，其中并没有规定应当“比照既遂犯”减轻处罚，但减轻处罚应当有一个可参照的刑罚。从社会危害性大小的角度观之，预备犯一般比中止犯的危害性小（预备阶段的犯罪中止除外)，显然不可能是比照预备犯减轻处罚。也不可能是比照未遂犯减轻处罚，因为未遂犯都是比照既遂犯来从轻或减轻处罚的，这说明，未遂犯的刑罚是不确定的（既可能比照既遂犯从轻处罚，也可能比照既遂犯减轻处罚)，未遂犯是犯罪实行行为这一线段中之某一不确定的点，不同的点社会危害性及其刑罚也必定不同。因此，只有中止犯的减轻处罚是针对于确定的既遂犯的法定刑而言的，才符合逻辑。更退一步讲，我国刑法第63条（减轻处罚）第1款规定:“犯罪分子具有本法规定的减轻处罚情节的，应当在法定刑以下判处刑罚。”如果认为刑法分则的规定是犯罪成立模式，包括了所有的犯罪停止形态的刑罚，则对于预备犯、未遂犯、中止犯“减轻处罚”时所适用的“法定刑以下判处刑罚”又作何解释呢？在法定刑以下判处刑罚的犯罪是否成立犯罪呢？如果成立犯罪，怎么不在犯罪成立的法定刑之内判处刑罚呢?

也有学者认为，刑法分则规定的是犯罪成立的标准，刑法分则所规定的刑罚不仅仅是针对犯罪既遂这一种形态，而是包括所有犯罪停止形态，并指出，实践中许多未完成形态的犯罪也是在刑法分则的法定刑幅度内处罚的，如“对大多数的犯罪是不论结果的发

① 王志祥:《危险犯研究》，中国人民公安大学出版社2004年版，第201页。

② 何荣功:《实行行为研究》，武汉大学出版社2007年版，第10~11页。

生与大小，笼统地规定法定刑，这实际上是既遂罪和未遂罪共用的法定刑”[①]。笔者对此持反对意见，在承认刑法分则的规定是以既遂犯为模式、刑法分则的法定刑也是针对既遂犯的法定刑之基础上，并不是否认其他未完成形态的犯罪也可以适用此法定刑，根据刑法的规定，对于预备犯，“可以”比照既遂犯从轻、减轻或者免除处罚，对于未遂犯，“可以”比照既遂犯从轻或者减轻处罚。既然刑法总则的规定是“可以”，实践中，当然可能出现对未遂犯在既遂犯的法定刑的幅度内科处刑罚。正如有学者所指出的：“事实上，‘刑法分则对某种犯罪所配置的法定刑以犯罪既遂为模式’，与‘对未完成形态的犯罪也可以适用该法定刑进行处罚’，是两个可以并行不悖的命题。”[②] 此外，对于中止犯，刑法规定，没有造成损害的，应当免除处罚。对于预备犯，在一定情况下也可以免除处罚。也就是说，这些情形下，中止犯、预备犯成立犯罪是无疑的，只是刑法规定对之不科处刑罚。如果说刑法分则的规定是以成立为模式的话，那么对于中止犯、预备犯的法定刑则都应当有规定，而从刑法分则的规定来看，并未见任何条文规定了构成犯罪而不判处刑罚的情况（当然，有的条文所指的免除处罚，是指该种行为情节显著轻微危害不大，从而不认为是犯罪）。

此外，从逻辑上看，刑法第 22 条关于犯罪预备的规定也可以说明刑法分则的规定是以犯罪既遂为模式。刑法第 22 条第 1 款规定：“为了犯罪，准备工具、制造条件的，是犯罪预备。”其中“为了犯罪”所指“犯罪”，显然是指刑法分则中的犯罪，也即完成意义上的既遂形态的犯罪。如果认为刑法分则规定的犯罪是犯罪成立意义上的，包括了犯罪的各种停止形态，则“为了犯罪”包括“为了实施预备行为、未遂行为、中止行为”，因为这些停止形态均成立犯罪，但这显然是不合逻辑的。正如有学者所指出的：

---

① 刘之雄：《论犯罪既遂与未遂的区分标准》，载《法学评论》1989 年第 3 期。

② 王志祥：《危险犯研究》，中国人民公安大学出版社 2004 年版，第 228 页。

"'为了犯罪'应理解为'为了实行刑法分则规定的某种具体犯罪',而预备行为是为实行行为服务的,这意味着刑法分则中具体犯罪的行为是以成立既遂罪所必需的实行行为为基准而规定的;如果认为分则中的具体犯罪不是以既遂为模式,而是涵盖了该种犯罪可能出现的包括犯罪预备在内的各种停止形态,那么,'为了犯罪'显然就包括了'为了预备犯罪'的情形,但恐怕持否定说(否定说即犯罪成立模式说)在内的人都不会赞同这一结论"①。

退一步讲,如果刑法分则采取犯罪成立模式,则总则关于犯罪停止形态及其处罚原则的规定,不仅仅是包括了预备犯、未遂犯、中止犯,还应当包括既遂犯。正如有学者所指出的:"如果以犯罪成立模式来衡量法条的规定,各种犯罪的停止形态都应有与其罪(罪即罪状——笔者注)的规定相适应的法定刑或量刑的原则,因为,若无这样的规定,各种犯罪形态的刑罚裁量就是没有法律根据的。在我国刑法中,如果认为罪的规定是以犯罪的成立为模式,其与罪相对应的法定刑就是该罪的法定刑,而不是既遂的法定刑,因而在总则中还应该有各种犯罪停止形态的刑罚标准。但在我国的刑法中,总则没有既遂的刑罚适用标准,那么,既遂形态的犯罪,裁量刑罚的范围是什么,便是法无明文,违反罪刑法定原则,也不符合犯罪成立模式对刑的规定的要求。这样的规定方式,与犯罪既遂模式对刑罚的要求却是相符的,即分则规定的刑罚是既遂的法定刑,其他犯罪未完成形态的刑罚,均以既遂为基础,适当从宽,我国刑罚正是这样规定的。"②

2. 对未完成形态的犯罪采取何种处罚模式并不影响刑法分则对具体犯罪规定的模式

认为我国刑法分则的规定不是以犯罪既遂为模式的一个重要理由是:我国刑法总则原则上对所有的未完成形态的犯罪均予以处

---

① 王志祥:《危险犯研究》,中国人民公安大学出版社2004年版,第202页。

② 李洁:《犯罪既遂形态研究》,吉林大学出版社1999年版,第68~69页。

罚，因此，刑法分则对于具体犯罪应当规定了各种犯罪停止形态，而非仅犯罪既遂一种形态，即刑法分则的规定是以犯罪成立为模式的；而在其他国家，如德国、日本，由于对未完成形态的犯罪的处罚是例外的规定，因此，其刑法分则的规定是以犯罪既遂为模式的，基于此，也可以认为犯罪构成就是犯罪既遂的标准。例如，张明楷教授指出："我国的刑法规定不同于大陆法系国家的刑法规定。如日本刑法典不仅在刑法总则中规定什么是犯罪未遂，而且对未遂在刑法分则中有特别规定的才处罚，即必须在规定具体犯罪的条文中作出'前款之罪未遂，亦罚'之类的规定，否则，未遂不成立犯罪。……因此，这些国家的刑法学者可以认为其刑法分则的规定是以既遂为模式，构成要件其实是犯罪既遂的要件，行为成立犯罪往往就是成立犯罪既遂……我国刑法不同于上述刑法，它并未规定对预备犯、未遂犯的处罚只限于分则的特别规定，而是在总则中规定原则上处罚所有犯罪的预备、未遂、中止。规定罪与罚的分则性条文不是针对犯罪既遂，而是针对犯罪成立的。犯罪成立并不等于犯罪既遂，而是包括预备、既遂、未遂和中止四种形态。所以，'刑法分则以既遂为模式'的观点是没有法律根据的。"①

笔者认为，对于未遂犯的处罚采取何种规定的方式，与刑法分则是采取既遂模式还是成立模式并无必然的联系。例如，在俄罗斯，其刑法总则规定，原则上处罚预备犯、未遂犯、中止犯。其刑法典第 29 条（完成的犯罪与未完成的犯罪）、第 30 条（犯罪预备和犯罪未遂）、第 31 条（犯罪中止）规定了对未完成形态的犯罪原则上要处罚，此外，第 66 条还规定了对于未完成形态的犯罪如何具体处罚。但是，刑法理论无异议地认为刑法分则的规定是以犯罪既遂为模式的。又如，《意大利刑法典》也仅在总则中规定了对未遂犯原则上一律处罚，《意大利刑法典》第 56 条第 1 款规定：

---

① 赵秉志主编：《犯罪总论问题探索》，法律出版社 2003 年版，第 389 页。相同观点见张明楷：《犯罪论原理》，武汉大学出版社 1991 年版，第 466 ~ 467 页。

“实施毫不含糊地表明旨在犯罪的、适当的行为的，如果行为尚未完成或者结果尚未发生，对犯罪未遂负责。”但其刑法理论对“刑法分则的规定是以犯罪既遂为模式”并无异议。正如有学者所指出的：“对未遂犯的处罚采取何种立法体例，同刑法分则中的具体犯罪是以犯罪既遂还是以犯罪成立为标准，是两个不同性质的问题。对未遂犯等的处罚是采取概括规定的方式（只在刑法总则中规定处罚未遂犯的一般原则），还是采取概括规定与特别规定相结合的方式（在总则中明确规定处罚未遂犯以分则有特别规定者为限），会导致处罚范围的不同。……我国刑法与大陆法系的某些立法例在对未遂犯等未完成犯罪的处罚问题上所采取的规定方式之间的差异，只能表示我国刑法对未遂犯等的处罚范围不如后者规定得那样明确，这种差异实际上也只是立法技术层面的差异，而这与刑法分则的规定是以犯罪成立为模式还是以犯罪既遂为模式并无关系。”①

更退一步讲，如果以我国刑法处罚犯罪预备和未遂得出我国刑法分则是以犯罪成立模式构建的，那么，是否因为我国刑法不仅处罚单独犯，还处罚共同犯罪，就说我国刑法分则还以共同犯罪为模式构建的呢?② 有学者从反面指出：“如果仅仅因为刑法在总则当中规定了犯罪预备、未遂、中止的处罚，因此认为刑法分则是以既遂为模式，那么，是否可以认为，由于刑法在总则当中也规定了共同犯罪的成立要件及处罚标准，因此，分则是以单独犯为立法模式呢？答案显然只能是否定的。我们随处可见的是刑法分则对各种必要共犯作出了特别规定”③。但问题是，难道刑法分则不是原则上对单独犯进行规定的吗？即使刑法中有一些关于必要共犯的规定，也只能说这种规定是一种例外的规定，并且，对于其中的各共犯人

① 王志祥：《危险犯研究》，中国人民公安大学出版社 2004 年版，第 222 页。

② 何荣功：《实行行为研究》，武汉大学出版社 2007 年版，第 8 页。

③ 胡东飞：《危险犯的形态及其法条适用》，载《西南政法大学学报》2005 年第 6 期。

的刑事责任，也均特别作了规定，无须适用刑法总则关于共同犯罪的规定进行处理。

3. 承认刑法分则的规定是以既遂为模式，是否可以排除在特殊的情形下，刑法分则对具体犯罪的未完成形态，如犯罪预备、犯罪未遂、犯罪中止的法定刑作出特别的规定呢？

刑法总则对于未完成形态的犯罪，原则上是比照既遂犯来处理的，因此，对于未完成形态的犯罪的刑罚适用，必须结合刑法总则的规定进行。但是否在特殊情形下，刑法分则可以对于未完成形态的犯罪的刑罚作出特别的规定，如果这种假定成立的话，刑法分则以犯罪既遂为模式的将会不被承认，或者说，只是不被完全承认。[①] 有学者指出："当刑法需要强调对某种未遂犯特别处罚的时候，完全可以规定比按既遂犯从宽时所处刑罚更重的独立法定刑。这样规定的必要性和优点在于：它杜绝了对此类未遂犯作更大减轻处罚的可能"[②]。

从我国刑法总则关于共同犯罪的处罚的规定来看，在共同犯罪中，对于从犯，应当从轻、减轻处罚或者免除处罚。但刑法分则对某些犯罪的从犯则规定了独立的罪名，也规定了独立的法定刑，这实际上也就是排除了刑法总则关于从犯的处罚之规定的适用。例如，刑法第 358 条规定了协助组织卖淫罪，对于协助组织卖淫行为，实际上是组织卖淫罪的帮助行为，如果刑法没有规定协助组织卖淫罪，则应定为组织卖淫罪的帮助犯，依照刑法总则关于从犯的处罚原则及刑法分则对组织卖淫罪的规定进行处罚。但由于我国刑

---

① 需要说明的是，在其他国家，如日本，刑法分则也有关于未遂犯的例外规定，但其刑法理论均认为刑法分则的规定是以犯罪既遂为模式。在日本，刑法分则对未遂犯的处罚一般会列明"未遂犯，处×××"，并且，只要有"未遂"的条款存在，就存在既遂的条款。因此，日本刑法即使存在关于犯罪未遂的规定，刑法理论上也认为其刑法分则的规定是以犯罪既遂为模式。而在我国，刑法分则并未使用"未遂"这样的规定，因此，如果刑法分则存在对于部分犯罪的未遂的规定，则哪些规定是犯罪既遂、哪些是犯罪未遂，则会存在极大的争议。

② 侯国云：《对传统犯罪既遂定义的异议》，载《法律科学》1997 年第 3 期。

法对之规定了独立的罪名，也就是不再需要根据组织卖淫罪的规定来从轻、减轻处罚或者免除处罚。又如，如果没有刑法第 392 条关于介绍贿赂罪的规定，对于介绍贿赂的行为，也应当作为受贿罪或行贿罪的共犯来处理。

笔者认为，单从刑法对于原本是共同犯罪，但特别将其中某一类人的行为独立出来规定为具体的犯罪行为来看，刑法分则对未遂犯作特别规定的可能性也是存在的。但是，结合我国刑法分则的规定看，则这种推测是不合理的。例如，刑法中如果没有规定协助组织卖淫罪，则协助组织卖淫行为则应当属于组织卖淫活动中的从犯，按照刑法总则关于从犯的处罚规定，对于从犯，应当从轻、减轻处罚或者免除处罚。从刑法分则关于协助组织卖淫罪的规定来看，其刑罚的规定也是体现了这种处罚的原则的。我们可以从刑法第 358 条的规定的处理看出这一点，刑法第 358 条第 1 款规定："组织他人卖淫或者强迫他人卖淫的，处五年以上十年以下有期徒刑，并处罚金；有下列情形之一的，处十年以上有期徒刑或者无期徒刑，并处罚金或者没收财产……"第 3 款规定："协助组织他人卖淫的，处五年以下有期徒刑，并处罚金；情形严重的，处五年以上十年以下有期徒刑，并处罚金。"从刑法关于协助组织卖淫罪的刑罚规定来看，这正是将刑法总则对从犯处罚的规定与分则对组织卖淫罪的规定统一起来的结果。而我国刑法学界争论最多的则是关于危害公共安全罪的既遂标准是以"危险状态"作为既遂的标准，还是以实害结果作为既遂的标准。如果认为"造成危险状态"仅是关于未遂的规定，而"造成实害结果"才是既遂的规定，即刑法对"造成危险状态"这一未遂形态单独规定，以突出对这类危害性严重的犯罪的未遂犯的打击，防止对该罪的未遂形态的不适当的从宽处罚，结合刑法的规定来看，则未必合理。有学者指出，刑法分则对具体犯罪的犯罪预备、犯罪未遂规定的法定刑，比一般情况下对预备犯、未遂犯比照既遂犯所处的刑罚要重一些，因为有了这样的直接规定，就杜绝了对此类预备犯、未遂犯减轻或免除处罚的可能。① 根据刑法总则的规定，对于未遂犯，可以比照既遂犯从轻或者减轻处罚，实践中，根据具体的案件情况，完全可以对未遂犯不从轻、减轻处罚。对于社会危害性极大的危害公共安全犯罪，刑法分则为什么要特别规定，对这种犯罪的未遂犯作出一定“比照既遂犯减轻处罚”的规定呢？显然，与我国刑法关于未遂犯的处罚原则是相悖的。

即使要在刑法分则中对具体犯罪之未完成形态作出特别的处罚规定，也只能作出“本罪未遂的，处×××”这样概括性的规定，因为犯罪未遂是存在于犯罪着手至犯罪完成这一阶段中，而并非是一个具体确定的点。综观世界各国刑法分则对于未完成形态的处罚，对于未遂犯的规定，均是以“未遂的，处×××”这一抽象规定方式规定的，而未见具体规定“造成何种状态、何种结果的，处×××”。如果刑法分则对于具体犯罪的规定中，从自然意义的行为完成中人为地截取了一点，也应当认为这一点是犯罪既遂的标准。因为，犯罪既遂并非是自然意义上的完成，这一概念的提出，主要是为了在刑罚适用上区分完成形态的犯罪与未完成形态的犯罪。既然总则规定了对于预备犯、未遂犯、中止犯要“比照”既遂犯进行处罚，就应当认为，对于这人为地截取的一点所规定的刑罚是针对既遂犯的刑罚。

4. 从犯罪未完成形态与犯罪既遂的特征看，刑法分则的规定宜以犯罪既遂为模式

具体而言，可以从如下两个方面论证：

（1）未完成形态在犯罪的发展过程中，是由若干个点所组成的线段，而犯罪既遂这一完成形态则是静止的一个点。未完成形态的犯罪也是成立犯罪的，如果要对这若干个点进行描述，显然较之犯罪既遂这一个点而言，后者更为简便。

在犯罪的发展阶段中，犯罪预备、犯罪未遂、犯罪中止等未完

---

① 侯国云：《对传统犯罪既遂定义的异议》，载《法律科学》1997年第3期。

成形态，实际上是处于犯罪进程的线段中的一个点，虽然在具体犯罪中，这个点是确定的，但从应然性的角度看，这个点可以是具体的线段中的任何一个点。例如，犯罪未遂这一点可以是犯罪实行行为这个线段中（既遂点除外）的任何一个点，而标志犯罪完成的犯罪既遂则仅仅是一个固定点，刑法规定的犯罪既遂的标准也只能是一个点。当然，达到既遂的标准之后，社会危害性会存在程度的差异，但那只是既遂内部的社会危害性程度的划分的问题。如果说刑法分则的规定是以犯罪成立为模式，而在具体案件中，不同案件的成立点是不同的。例如，有的犯罪没有经过预备阶段，其成立点则是着手实行，有的犯罪存在预备阶段，其成立点则处于预备阶段，并且，实行阶段与预备阶段均是由无数点所组成的。但对于犯罪既遂而言，对于某一具体的犯罪，无论实践中的案件多么复杂、多样，犯罪既遂的点（标准）均是固定的。从这一角度看，刑法分则对犯罪既遂的描绘显然比对犯罪成立的描绘要容易。并且以既遂的点为参照，也可以得出犯罪是处于犯罪既遂形态还是处于犯罪未完成形态。

（2）犯罪既遂是犯罪的常态，人们在观念中对犯罪的认识一般也是以犯罪既遂为轮廓的。而对于犯罪未完成形态，其之所以为未完成，也是以犯罪既遂为比照而得出的结论。因此，从人们认识犯罪的角度看，刑法分则对于具体犯罪的规定也应当以犯罪既遂为模式。正如有学者所指出的：“法律所规定的犯罪总是来源于现实生活中的犯罪，毫无疑问，既遂犯描述的应当是社会生活中最常见的犯罪现象与犯罪形态，以既遂犯为标本规定犯罪构成和法定刑，既便于立法者评估犯罪的社会危害性以确定犯罪构成和法定刑，也符合人们通常的认识习惯和思维模式，更有利于刑法理论对它们进行规范研究。”①

① 金泽刚：《犯罪既遂的理论与实践》，人民法院出版社2001年版，第205页。

5. 基于刑事立法的简洁性要求，对于具体犯罪的既遂标准刑法可能不作明确规定，但这并不能否认刑法分则的规定是以犯罪既遂为模式

有学者以故意杀人罪为例，认为在该罪的罪状描述中并没有“被害人死亡”这一既遂标准，因此，故意杀人罪的规定不应当是以犯罪既遂为模式的，而应当包括所有的犯罪停止形态，因此，该罪的规定是犯罪成立意义上的。①

笔者曾经指出，在人们的观念中，对相当一部分犯罪的完成标准有一个大致的认识，如果这一观念是一致的，基于立法简洁性的要求，刑法分则部分没有必要特别指出。实际上，只有对具体犯罪的既遂标准，人们在观念中存在不一致的认识的情形下，或者立法者有特殊需要的情形下，才会在刑事立法中作出特别规定。例如，对于故意杀人罪这一传统的犯罪，其既遂标准是“被害人死亡”这一点，任何国家刑法理论与实务都没有任何异议。如前所述，世界上几乎所有国家均认为其刑法分则的规定是以犯罪既遂为模式，但这些国家对于具体犯罪之既遂的点一般也没有列明，对于故意杀人罪更是如此。笔者未曾见到任何一个国家的刑法关于杀人罪的规定中有“被害人死亡”一类的描述，究其原因，是由于在人们的观念中该罪的既遂标准是一致的，基于立法的简洁性没有必要特别规定。例如，在日本，其刑法分则的规定是以既遂为模式的，其刑法第255条关于杀人罪的规定：“杀人的，处死刑、无期或者三年以上惩役。”该条规定的法定刑是针对杀人罪既遂的法定刑，这在日本没有任何争议，但在罪状的描述中也可以看到，并没有规定“被害人死亡”这一既遂标准。正如有学者所言：“有些构成要件要素，并没有明文规定于构成要件要素之中，但由于学说上之通说或是沿用多年之判例，俨然有如规定于条文之构成要件要素，其产

① 笔者还将在后述第6点中从刑罚的轻重的角度论述该罪的规定是以犯罪既遂为模式的。

生往往是受立法传统的影响，在条文用字上，多力求简洁的缘故"[①]。当然，对于部分犯罪之既遂标准，立法上不作规定，也导致了实践中的困惑，如绑架罪、抢劫罪等。正如有学者所指出的："在有些犯罪中，不明示结果就会模糊既遂标准，如放火罪若不明示结果，就难于说明该罪的既遂是以行为对象烧毁为标准还是以行为对象的独立燃烧为标准"[②]。

6. 从我国刑法分则对具体犯罪所规定的刑罚来看，刑法分则的规定也应当是既遂的模式，而不可能包含了所有的犯罪未完成形态与完成形态

以具体犯罪的法定刑为例，如刑法关于故意杀人罪的规定。[③]我国刑法第232条规定："故意杀人的，处死刑、无期徒刑或者十年以上有期徒刑；情节较轻的，处三年以上十年以下有期徒刑。"在我国，不少学者认为，关于故意杀人罪的这一规定并没有明确指出该罪的既遂标准——"被害人死亡"，因此，这一规定是针对故意杀人罪的犯罪成立这一意义上的，其法定刑应当包括所有的未完成形态与完成形态。按照这种理解，故意杀人罪的预备犯至少也应当处以3年有期徒刑。[④] 这种观点显然是不切实际的，这样的话，对于未完成形态的故意杀人罪又如何适用刑法总则的规定处罚呢？因上文已论，在此，仅就刑罚轻重问题展开论述。

---

① 林山田：《刑法特论》（上），台湾三民书局1978年版，第20页。

② 李洁：《犯罪既遂形态研究》，吉林大学出版社1999年版，第70页。

③ 之所以选择故意杀人罪为视角，是因为各国关于犯罪的概念、内涵并不完全相同，也就是说各国关于犯罪的社会危害性的程度的规定并不相同，如在有的国家，甚至是盗窃价值微小的财物的行为也成立盗窃罪，但有的国家则不构成犯罪。但关于故意杀人罪的既遂标准世界各国的刑法理论与实务都没有任何异议地认为是"被害人的死亡"。再者，由于故意杀人罪的既遂标准刑法并没有明示，因此，我国刑法理论上关于刑法分则的规定是以犯罪既遂为模式还是以犯罪成立为模式，也经常是以此罪的规定而展开的。

④ 当然，如果故意杀人的预备行为属于刑法第13条规定的"情节显著轻微危害不大的"，根本不构成犯罪，也谈不上属于预备犯的问题，因而也没有动用刑罚处罚的必要性。

我们对比一下其他国家关于故意杀人罪的法定刑。日本刑法分则的规定是以既遂为模式的，日本刑法中关于杀人罪的规定共有四条（第200条已删除），第199条规定：“杀人的，处死刑、无期或者五年以上惩役。”第201条规定：“以犯第一百九十九条之罪为目的进行预备的，处二年以下惩役，但可以根据情节免除处罚。”第202条规定：“教唆或者帮助他人自杀，或者受他人嘱托或者得到他人的承诺而杀之的，处六个月以上七年以下惩役或者监禁。”第203条规定：“第一百九十九条和前条犯罪未遂的，应当处罚。”从日本刑法的规定来看，故意杀人罪既遂的法定刑最低是6个月惩役或监禁，故意杀人罪的预备犯的最低刑罚可至1个月惩役。[①] 如果说我国刑法分则的规定是以犯罪成立为模式的话，则成立故意杀人罪的最低刑罚是3年以上有期徒刑，显然较之日本刑法而言太重了。再如，意大利刑法分则的规定也是以既遂为模式的，“当行为刚一全部具备刑法分则为某一犯罪规定的基本构成要件时，犯罪即进入既遂阶段”[②]。意大利刑法关于杀人罪的规定共有六条（第575条至第580条），在此仅就意大利刑法中的杀人罪的既遂的最低刑罚作说明，不再一一介绍。《意大利刑法典》第578条第1款规定（在受遗弃情况下杀婴）：“母亲造成自己的新生儿在分娩后立即死亡的，或者在分娩期间造成胎儿死亡的，当行为是因为与分娩有关的物质遗弃或者精神遗弃引起时，处以四年至十二年有期徒刑。”从这一规定可以看出，其杀人罪（既遂）的最低刑罚为4年有期徒刑，并且根据意大利刑法总则关于犯罪未遂的规定，此种情形下的未遂还可以减轻既遂的刑罚的2/3，即杀人未遂最低仅处1年多的有期徒刑。又如，俄罗斯刑法分则也是以既遂为

---

① 《日本刑法典》第12条第1款规定：“惩役分为无期和有期两种。有期惩役为一个月以上二十年以下。”

② 陈忠林：《意大利刑法纲要》，中国人民大学出版社1999年版，第199页。

模式的，这一点可以从其刑法总则的规定看出。① 其刑法关于故意杀人罪的规定，针对一些较轻的情形（既遂形态）也是处以了较低的法定刑。《俄罗斯联邦刑法典》第 106 条（母亲杀害新生儿）规定："母亲在分娩时或分娩后立即杀死新生儿，以及母亲在被刺激的情境下处于不排除刑事责任的精神病状态时杀死新生儿的，判处五年以下剥夺自由。"第 107 条（激情杀人）规定："由于受害人的暴力、讥笑、严重侮辱，或者受害人的不法或不道德行为（或不作为）使人突然产生强烈的心理激动状态，以及由于受害人一贯的不法或不道德行为使人长期处于精神刺激的情境中而杀人的，判处三年以下限制自由，或者三年以下剥夺自由。"如果认为我国刑法关于故意杀人罪的规定是犯罪成立意义上的，则较之俄罗斯联邦刑法的规定，显然太过苛刻了。基于此，笔者认为，即使认为我国刑法分则关于故意杀人罪的刑罚过重，但也不可能和其他国家形成如此大的反差，总不至于我国关于故意杀人罪的预备犯的最低刑罚比其他国家关于故意杀人罪的既遂的最低刑罚还要高出许多。因此，从这一角度看，只有从犯罪既遂的意义上理解我国刑法分则关于故意杀人罪的规定才是合理的。

7. 承认刑法分则的规定是以犯罪既遂为模式，是从刑法评价的犯罪行为完成这一意义上而言的，从这一角度看，过失犯罪、间接故意犯罪也是存在犯罪完成（既遂）形态的

承认刑法分则的规定以既遂为模式，这似乎是要承认过失犯罪、间接故意犯罪也存在犯罪既遂形态。而对于过失犯罪、间接故意犯罪不存在犯罪未遂形态，这是刑法理论与实务的通说，而又谈何存在犯罪既遂形态呢？这种观点实际上是从犯罪未遂与犯罪既遂相对应的意义上来理解犯罪既遂的概念的。笔者认为，承认刑法分

① 《俄罗斯联邦刑法典》第 29 条（完成的犯罪与未完成的犯罪）规定："1. 如果行为人实施的犯罪行为中包含规定在本法典中的某一犯罪构成的全部要件，则是犯罪既遂。2. 犯罪预备和犯罪未遂，是未完成的犯罪。3. 未完成犯罪的刑事责任依照本法典规定的既遂犯责任的条文，并援引本法典第三十条规定来确定。"

则的规定是以犯罪既遂为模式，是从犯罪的完成形态这一意义上来理解的，即认为刑法分则的规定是关于犯罪的基本的完成形态的法定刑。对于过失犯罪、间接故意犯罪，其行为仍然有一个从产生到完成的过程，只是对其未完成形态不处罚，从这样一个角度看，过失犯罪、间接故意犯罪也应当存在犯罪既遂形态。这样理解，才有助于我们对刑法分则的规定有一个更为清楚的把握。实际上，即使在直接故意犯罪中，也并非均处罚未遂犯。虽然我国刑法总则原则上对所有犯罪（一般认为是直接故意犯罪，笔者也持此观点）的未完成形态（犯罪预备、犯罪未遂、犯罪中止）都可以进行处罚，但实际上，我国刑法分则的许多犯罪（危害性较轻的故意犯罪），其未完成形态符合刑法总则第 13 条“情节显著轻微危害不大的，不认为是犯罪”之规定，也是不存在犯罪未遂的。因此，认为刑法分则的规定是以犯罪既遂为模式，实际上是从刑法分则所规定的法定刑是关于犯罪完成形态这一角度而言的，其实质就是为了适用刑法分则对具体犯罪所规定的刑罚。“如果改变在犯罪既遂存在范围的通行见解，认为犯罪既遂存在于所有罪过形式的犯罪之中，那么刑法分则所规定的犯罪以既遂为模式这一通说就是可以成立的”①。我国台湾地区学者林山田指出：“‘刑法’分则中除关于阴谋、预备、未遂设处罚之特别规定外，其余各罪规定之形式，均属于既遂犯之形态”②。这也是从犯罪完成的角度来论述犯罪既遂的，而并非是与犯罪未遂相对应的角度来论述的。质言之，作为未完成形态的犯罪未遂，必须有与其相对应的犯罪既遂；但作为完成形态的犯罪既遂，则未必有与其相对应的未完成形态——犯罪未遂。

即使是那些明确承认刑法分则是以犯罪既遂为模式的国家，如德国、日本、意大利、俄罗斯等，其刑法分则中仍然存在间接故意

① 王志祥、吴占英：《危险犯犯罪形态之辨正》，载《中国人民公安大学学报》2003 年第 4 期。

② 高仰止：《刑法总则之理论与实用》，台湾五南图书出版公司 1986 年版，第 306 页。

犯罪、过失犯罪，这也并不会对“刑法分则是以犯罪既遂为模式”这一命题带来挑战。我们谈论刑法分则的规定是以犯罪既遂为模式，是从犯罪的完整形态这一角度来理解犯罪既遂的。

四、现实的困惑及出路

（一）问题的提出

从我国刑法分则的具体规定来看，对于具体犯罪所规定的标准，如“数额较大”、“情节恶劣”等，的确可以认为是犯罪成立的标准。或者说，在实践中，对于一些规定了“数额较大”、“情节恶劣”等的犯罪，如果犯罪行为实际未达“数额较大”、“情节恶劣”，通常不作为犯罪处理。从这个角度看，这些规定均是针对犯罪成立的标准，而非犯罪既遂的标准，这也是认为刑法分则是以犯罪成立为模式的一个重要理由。刑法理论上有不少学者持此观点，“如果犯罪数额达不到定罪起点标准，就不可能构成犯罪，也不存在犯罪未遂的可能。例如，骗购外汇罪，在行为人已经着手实施骗购外汇行为但由于意志以外的原因，未能从外汇指定银行购取数额较大的外汇的情况下，由于犯罪数额未达到较大要求，故不能构成骗购外汇罪，因而当然也不存在犯罪未遂问题”①。“把刑法原来规定的‘数额较大’的犯罪成立条件理解为仅仅是既遂的成立条件（‘数额较大’被解释为属于盗窃罪的主观要件），完全是对刑法条文的误解。……盗窃罪原则上不存在未遂问题”②。接下来，笔者以盗窃罪中的“数额较大”为切入点，论证“数额较大”并非犯罪成立的标准，而是犯罪既遂的标准。

（二）盗窃罪之犯罪既遂与犯罪成立

对于盗窃罪，如果犯罪数额即行为人获取的财物数额或者被害

---

① 张军主编：《破坏金融管理秩序罪》，中国人民公安大学出版社 2003 年版，第 537 页。

② 冯亚东、胡东飞：《犯罪既遂标准新论——以刑法目的为视角的剖析》，载《法学》2002 年第 9 期。

人失去的财物数额没有达到“数额较大”的程度时，实践中一般不定罪处罚。根据最高人民法院《关于审理盗窃案件具体应用法律若干问题的解释》第3条第2款的规定，各省、自治区、直辖市高级人民法院可根据本地区经济发展状况，并考虑社会治安状况，分别确定本地区执行的“数额较大”、“数额巨大”、“数额特别巨大”的标准。而各省、自治区、直辖市公安厅则制定了盗窃罪的立案标准，均规定了一定的数额作为立案的标准，如果没有达到此程度根本不立案，也就不构成犯罪，更无从谈起构成犯罪既遂。从这个意义上而言，似乎刑法分则对于盗窃罪中的“数额较大”之规定是以犯罪成立为模式的。我国不少学者也据此认为，“数额较大”是关于犯罪成立的规定，如“以实害结果作为划分罪与非罪的标准。例如刑法（1979年刑法——笔者注）第151条规定的盗窃罪、诈骗罪、抢夺罪，必须是盗窃、诈骗、抢夺财物数额较大，才能构成犯罪”①。“刑法关于诈骗罪的数额规定中，有‘数额较大’、‘数额巨大’和‘数额特别巨大’三种数额规定，其中，数额较大就是关于犯罪构成定量标准的数额规定，即只有诈骗数额较大的财物，才能构成诈骗罪。”②

笔者认为，在这种情形下，“数额较大”既是犯罪成立的标准，也是犯罪既遂的标准，犯罪既遂与犯罪成立是统一的。如果说盗窃达到“数额较大”是盗窃罪的犯罪成立之标准，那么行为人针对“数额较大”的财物实施盗窃行为并获得“数额较大”的财物后，在成立犯罪的基础上还应当判断其属于何种停止形态，是属于预备、未遂、中止还是既遂呢？显然，没有任何人会否认构成盗窃罪既遂。德国、日本刑法仅在例外的情形下才处罚未遂犯，而我国刑法原则上处罚所有犯罪（通说是直接故意犯罪）未遂形态，似乎我国刑法较之其他国家刑法的处罚要过重，其实不然。我国刑

① 熊选国：《刑法中行为论》，人民法院出版社1992年版，第98页。

② 刘之雄：《犯罪既遂论》，中国人民公安大学出版社2003年版，第127页。

法第13条规定："一切危害国家主权、领土完整和安全……以及其他危害社会的行为，依照法律应当受刑罚处罚的，都是犯罪，但是情节显著轻微危害不大的，不认为是犯罪。"许多犯罪，刑法设定的既遂标准较低，这些犯罪行为的预备行为、未遂行为，根据刑法第13条的规定，属于"情节显著轻微危害不大的，不认为是犯罪"。因此，从这个意义上讲，刑法分则确实有相当一部分犯罪，未达"数额较大"、"情形严重"等的未完成形态不成立犯罪，因此，"数额较大"、"情形严重"等是犯罪成立的标准，但此种情形下的犯罪成立与犯罪既遂是同一意义上的。正如我国有学者所指出的，这种情形仍然也是以犯罪结果的发生作为既遂标志的，只不过同时亦是决定犯罪成立的条件，二者归于一致。① "数额犯的未遂是客观存在的，数额是犯罪构成的定量要件，数额大小决定或影响着该种犯罪构成要件是否具备，即既遂还是未遂。数额犯的数额既是犯罪成立的标准，也是犯罪既遂的标准。"② 但这也仅仅是对通常情形而言的，在特定情形下，以盗窃罪为例，行为人盗窃所得的数额即使没有达到"数额较大"的标准，也可能作为犯罪处理。最高人民法院《关于审理盗窃案件具体应用法律若干问题的解释》第1条第2项规定："盗窃未遂，情节严重，如以数额巨大的财物或者国家珍贵文物等为盗窃目标的，应当定罪处罚。"③ 根据该解释的规定，针对"数额巨大"的财物实施的盗窃行为，如果实际获取的财物的数额没有达到"数额较大"，也应当作为犯罪处理，这更说明，"数额较大"是盗窃罪犯罪既遂的标准，而非犯罪成立的标准。

---

① 史卫忠：《行为犯研究》，中国方正出版社2002年版，第172页。

② 张勇：《犯罪数额研究》，中国方正出版社2004年版，第91页。

③ 其中，"盗窃未遂"应当理解为未达"数额较大"。因为通常情形下，未达"数额较大"的盗窃行为，司法实践中一般都不作为犯罪处理，但是，此种以数额巨大的财物或珍贵文物为目标的盗窃，危害性较大，故司法解释特别指明应以犯罪论处。

（三）出路

虽然根据我国刑法总则的规定，原则上处罚所有的犯罪之未完成形态，但实际上并非如此。我们在讲未遂的时候，实际上是在两个意义上使用这一概念，一个是在成立犯罪的意义上使用这一概念，属于已经构成犯罪但未完成犯罪，即犯罪未遂；另一个是未达既遂状态，行为未完成，但并不构成犯罪，即从行为的发展进程的角度来理解，即行为未遂。我国也有学者提出，有必要建立“未遂行为”理论，使不可罚的未遂行为区别于可罚的犯罪未遂。[①] 在德日刑法中，刑法对未遂犯的处罚是例外的规定，它们所指的“未遂”也包括两种情形：一种是刑法对之进行处罚的未遂（犯罪未遂）；另一种是刑法对之不进行处罚的未遂（行为进程意义上的未遂）。例如，德日刑法理论中经常会提及，“本罪的未遂，不处罚”，这其中的未遂，显然是从行为进程的角度而言，而非成立犯罪之基础上的犯罪未遂。从我国刑法的规定来看，虽然我国刑法原则上处罚所有的未遂行为，但刑法第 13 条对犯罪有量的要求，因此，并非所有的未遂行为均构成犯罪，只有社会危害性达到一定程度的未遂行为才构成犯罪未遂。“从我国现实的司法实践来看，也并不是对所有的犯罪类型都要处罚未遂犯，相反地，只是在少数的犯罪类型中，作为例外，才处罚未遂犯”[②]。因此，对于部分犯罪而言，在我国，犯罪既遂与犯罪成立也是同一意义上的。[③] 最高人民检察院刑法修改小组 1989 年 10 月 12 日的刑法修改报告也说明了此点：“经济犯罪的未遂问题，在司法实践中问题较多。经济犯罪，或者说涉及财产内容的犯罪，在未遂问题上与一般的刑事犯罪有所不同。经济犯罪有没有未遂，未遂的要不要处理等问题在实践中较难解决。其主要原因是我国刑法中没有规定哪些罪的未遂要处

---

① 曾粤兴：《犯罪未遂若干问题研究》，载《金陵法律评论》2002 年秋季卷。

② 黎宏：《刑法总论问题思考》，中国人民大学出版社 2007 年版，第 420 页。

③ 例如，盗窃罪的未遂原则上是不处罚的，故意伤害罪的未遂实践中一般也是不作为犯罪来处理的。

罚。在总则中规定了一般性条款，容易理解为所有的直接故意犯罪都有未遂，而且要处罚，但实践中这是不可能的。由于法无实据，所以实际中走向反面，对绝大多数的经济犯罪的未遂都没有处罚，诸如贪污罪中的‘侵而未占’、挪用罪中的‘挪而未用’，受贿罪中的‘要而未收’，盗窃罪中的‘盗而未取’等等，都是这样”。还有学者指出：“凡是刑法在罪状中规定特定结果或情节严重要素的渎职罪，特定结果或情节严重都应当解释为犯罪成立必备的要素；没有发生特定结果或达到‘情节严重’标准的，不应当认定成立犯罪，在故意犯罪中也不应存在‘成立犯罪而构成未遂犯’的余地”①。

的确，由于我国刑法分则对于具体犯罪作了量上的规定，并且，根据量的不同区分了不同幅度的法定刑。例如，盗窃罪中就有“数额较大”、“数额巨大”、“数额特别巨大”的规定。这些不同的量的要求，实际上就是在犯罪既遂的内部依据危害性程度不同所作的划分，这种定量的模式之规定，其最低的要求即是犯罪既遂的标准在量上的要求。“分析一下我国刑法分则的规定，可以发现，刑法分则对每一种犯罪都是采用最低标准规定犯罪构成，对超越最低标准的犯罪加重处罚的方法加以规定”②。这样，许多犯罪的犯罪既遂之点也就定得比较低，在实践中一般也是以这样的规定作为犯罪成立的标准，如果没有达到刑法对此量的最低要求，一般也不作为犯罪处理。从此意义上可以说，无论在立法上，还是司法实践中，许多犯罪的犯罪既遂之标准与犯罪成立的标准是统一的。因此，对于刑法分则的部分犯罪，刑法分则的规定既是以犯罪成立为模式，也是以犯罪既遂为模式，但这种犯罪成立是犯罪既遂意义上的。

---

① 肖中华：《渎职罪法定结果、情节在构成中的地位及既遂未遂形态之区分》，载《法学》2005 年第 12 期。

② 侯国云：《“构成要件说”作为犯罪既遂判定标准的不合理性》，载《河南师范大学学报》（哲学社会科学版）2006 年第 2 期。

第四节　犯罪既遂与犯罪构成、犯罪成立

刑法分则是对具体犯罪构成的规定，如果说犯罪既遂的标准是犯罪构成要件，似乎与我国刑法理论的通说不一致。我国刑法理论的通说均是在犯罪成立的意义上理解犯罪构成的，从这一角度看，刑法分则规定的应当是犯罪成立的标准，而不是犯罪既遂的标准。并且，在我国，犯罪成立与犯罪既遂是两个的不同概念，行为成立犯罪并不等于构成犯罪既遂，犯罪构成既然是犯罪成立的标准，又怎么可能是犯罪既遂的标准呢？我国不少学者对“犯罪构成要件”作为犯罪既遂标准的批判也是围绕此点展开的。犯罪既遂、犯罪构成、犯罪成立的内涵是什么？其相互之间处于何种关系？搞清这些问题对于厘清犯罪既遂的标准具有重要的作用。

一、犯罪构成概说

犯罪构成又被称作构成要件，这一概念来源于中世纪意大利纠问式诉讼程序中的 Corpus Dilicti 概念。该概念意指经审问后所证实的犯罪事实，后被传到德国，适用于普通法时代，其意义是用于证明客观犯罪事实的存在。直到 19 世纪初，德国学者费尔巴哈和斯鸠贝尔开始将这一概念赋予实体法的意义。费氏从罪刑法定原则出发，指出犯罪构成要件就是违法行为中所包含的各个行为的或事实的诸要件的总和，当违法行为包含依法属于某罪概念的全部要件时，就认为它是犯罪。[①] 构成事实不过为各种犯罪呈现于外部之轮廓，亦即客观的违法类型。

因为有法官随心所欲的危险，所以“怎样保护个人权利”这一考虑就形成所关注的核心。“可以被惩罚的，必须得是在存在着

① ［前苏联］A. H. 特拉伊宁：《犯罪构成的一般学说》，中国人民大学出版社 1958 年版，第 15 页。

客观构成要件的场合”这一要求从此开始作为宣言而出现。[①] 构成要件的起源是政治性质的，可归结到法治国的国家观。费尔巴哈从为了相互保障安全而缔结的国家契约出发得出结论说，只有威胁国家安全的行为才可科处刑罚。他否定先验的刑罚根据，认为只在具有和目的性相一致的根据时，才可被处罚。对于经常的超越国家契约限制的刺激，必须使用“归根结底也免不了会带来刑罚”的制止性的不快感与之针锋相对，刑罚的目的尽在于此，其本质是消极的。只有外部安全的存在所要求的，才应当并且也可以处罚。构成要件尤其具有阻止或限制统治者和法官随心所欲的意义，费尔巴哈从这里推导出刑法的根本原则，即（1）科处刑罚要以有刑罚法规为前提；（2）科处刑罚由于被威吓过的行为的存在而受到制约；（3）受到法律威吓的行为被法律上的刑罚所制约。[②]“在法治国家，保障国民自由的重要之处，是由刑罚法规的构成要件来表示的。贝林格从罪刑法定主义上求得构成要件理论的依据，也是这种意义。为了保障自由，要求犯罪的个别化、明确化。从这一点看，构成要件实际上具有规制故意的内容的机能。构成要件性故意以表象、认容犯罪事实即符合构成要件的客观事实为要素。其次，从构成要件演绎出的行为规范，作为一般国民的行为标准，服务于对犯罪的抑制（一般预防），同时，也间接地担负着作为矫正特定犯罪人的犯罪性的指针的任务（特别预防），这就是构成要件的维持秩序机能”[③]。

基于此，必须要以一个观念性的形象来指导法官按此规定来认定犯罪，同时，也应当让包括犯罪行为人在内的普通民众对犯罪的模式有所了解。正如有学者所指出的：“犯罪构成是由立法者和刑法理论家共同建构的一种模型。模型的粗疏轮廓由立法者完成，而

---

① ［日］泷川幸辰：《犯罪论序说》，王泰译，法律出版社 2005 年版，第 33 页。

② ［日］泷川幸辰：《犯罪论序说》，王泰译，法律出版社 2005 年版，第 33 页。

③ ［日］大塚仁：《刑法概说（总论）》，冯军译，中国人民大学出版社 2003 年版，第 116 页。

对模型作精细补充和完善，使之能够清晰辨认的工作则是相应时期注释刑法理论的历史重任”①。其实，无论是在我国、大陆法系还是英美法系的犯罪认定体系中，都是以完整意义上的危害行为作为规制对象的，只是不同的国家因民族思维方式及价值观念的差异而对同一事物采取的分析判断方法有所不同。② 可以认为，犯罪构成（构成要件）实际上就是犯罪的轮廓，对于具体犯罪而言，也有其具体的构成要件，也即具体的轮廓，法官必须据此来认定犯罪。

我国刑法中的犯罪构成理论直接来源于前苏联的犯罪构成理论，而前苏联的犯罪构成理论又来源于德国，接下来，笔者将论述前苏联、俄罗斯、德国、日本的犯罪构成理论及其与犯罪既遂、犯罪成立之间的关系，以期检验我国刑法中的犯罪构成理论，对犯罪构成、犯罪既遂、犯罪成立之间的关系作一较全面、清晰的分析。

二、前苏联、俄罗斯刑法中的犯罪既遂与犯罪构成、犯罪成立

我国刑法中的犯罪构成理论直接来源于前苏联，对于前苏联的犯罪构成理论的研究，将有助于对我国的犯罪构成理论进一步地认识。并且，对俄罗斯刑法中的犯罪既遂与犯罪构成、犯罪成立的研究，也是对前苏联相关问题的发展趋势的进一步把握。基于此，笔者对前苏联及俄罗斯的相关理论一并阐述。

（一）前苏联

在前苏联，论及犯罪构成的概念及其意义等抽象方面的问题，一般也认为犯罪构成是犯罪成立意义上的，将犯罪构成作为判断行为是否构成犯罪的标准，从罪与非罪这一意义上来认识犯罪构成。例如，“犯罪构成就是刑事法律规定的危害社会行为，即犯罪要件的总和……犯罪构成的意义在于，只有在查明了某人行为中的一切犯罪要件之后，才能确认他所实施的犯罪和担负责任的性质与范围

① 冯亚东、胡东飞：《犯罪构成模型论》，载《法学研究》2004 年第 1 期。

② 冯亚东、胡东飞：《犯罪构成模型论》，载《法学研究》2004 年第 1 期。

的根据。只有刑事法律才能在犯罪行为与不是犯罪的行为之间划出一条界限；全体公职人员和公民都必须遵守法律的规定。根据刑法条文，只有符合犯罪构成的行为才能被认为是犯罪，这样，对刑事案件的审判就充分体现了社会主义的法制原则”①。而根据前苏联刑法的规定，原则上处罚未完成形态的犯罪，犯罪成立后可能存在包括犯罪既遂在内的多种犯罪停止形态。

但问题是，在论述具体的犯罪构成要件的内容的时候，或者结合刑法分则的规定谈论犯罪构成的内容时，则又在犯罪既遂的意义上论述犯罪构成。例如，“一般来说，分则的每一个刑法规范都包括了实行犯直接实施的某个实现终了的犯罪要件。然而，对刑法所保护的社会关系进行的侵犯行为，在预先犯罪的活动过程中（预备犯罪和未遂犯罪）就已经完成。这种犯罪不仅由实行犯，而且由其他共犯（组织犯、教唆犯和帮助犯）一起完成。无论在预先犯罪的活动中，还是在组织犯、教唆犯和帮助犯的行为中，都没有该人有意实施或者参与实施的某个犯罪构成的全部要件”②。在论述故意犯罪的停止形态这一问题时，更是将犯罪构成等同于犯罪既遂。例如，“实施犯罪阶段的概念是故意犯罪发展的一定阶段，即预备犯罪、未遂犯罪和既遂犯罪。前两个阶段是预先的，或者是没有实现终了的犯罪活动。这两个阶段与既遂犯罪不同，它们的特点是没有全部实现刑法典分则条文规定的犯罪构成要件：没有全部完成该犯罪构成客观方面的行为，或没有产生危害社会的结果。在完成既遂犯罪构成时，犯罪人的行为中有犯罪构成的一切要件，包括法律规定的危害社会的结果”③。又如，虽然承认预备行为也成立

① ［前苏联］H. A. 别利亚耶夫、M. N. 科瓦廖夫主编：《苏维埃刑法总论》，马改秀、张广贤译，曹子丹校，群众出版社 1987 年版，第 78 页。

② ［前苏联］H. A. 别利亚耶夫、M. N. 科瓦廖夫主编：《苏维埃刑法总论》，马改秀、张广贤译，曹子丹校，群众出版社 1987 年版，第 199 页。

③ ［前苏联］H. A. 别利亚耶夫、M. N. 科瓦廖夫主编：《苏维埃刑法总论》，马改秀、张广贤译，曹子丹校，群众出版社 1987 年版，第 199 页。

犯罪，但却认为预备犯不完全具备犯罪构成，“预备行为是实施犯罪的一个阶段。这时，某人的故意行为表现为寻求实施犯罪的工具、制定实施犯罪的计划、物色同伙以及实施其他以创造犯罪条件为目的，但不属于该犯罪构成客观方面的行为”①。这显然是存在问题的，既然认为犯罪构成是罪与非罪的依据，不完全符合犯罪构成又怎么可能构成犯罪呢？前苏联系刑法理论对未遂犯也是持同样的观点，即认为犯罪未遂也是构成犯罪的，但并不符合犯罪构成的全部要件。“未遂行为和既遂犯罪的区别在于犯罪人没有全部完成犯罪的客观方面：没有发生法律规定的结果，或者只完成该犯罪构成客观方面的部分行为”②。既然未遂犯已经构成犯罪，又怎么可能不符合犯罪构成呢？通过这些论述我们发现，在对犯罪构成的内容进行阐述时，前苏联刑法理论是在犯罪既遂的意义上谈犯罪构成的，或者说是完整的犯罪构成，刑法分则对于具体犯罪的构成的规定也是犯罪既遂形态这一意义上的，“犯罪构成的结构以及刑法典分则的规范，对这种犯罪构成客观方面要件的表述，对于区别既遂犯罪和未遂犯罪具有决定的意义”③，“当犯罪人的行为具备法律规定的犯罪构成的要件，而犯罪人的故意正是实施该犯罪时就是既遂犯罪”④。这样一来，犯罪构成（或者说是标准的犯罪构成）就不是犯罪成立意义上的，而是犯罪既遂意义上的。

通过对前苏联刑法理论的回顾，我们发现，其犯罪构成理论存在明显的矛盾：一方面承认构成要件是罪与非罪的区分功能，即在犯罪成立与否的意义上使用犯罪构成；另一方面又在犯罪完成形态

① ［前苏联］H. A. 别利亚耶夫、M. N. 科瓦廖夫主编：《苏维埃刑法总论》，马改秀、张广贤译，曹子丹校，群众出版社1987年版，第204页。

② ［前苏联］H. A. 别利亚耶夫、M. N. 科瓦廖夫主编：《苏维埃刑法总论》，马改秀、张广贤译，曹子丹校，群众出版社1987年版，第208页。

③ ［前苏联］H. A. 别利亚耶夫、M. N. 科瓦廖夫主编：《苏维埃刑法总论》，马改秀、张广贤译，曹子丹校，群众出版社1987年版，第208页。

④ ［前苏联］H. A. 别利亚耶夫、M. N. 科瓦廖夫主编：《苏维埃刑法总论》，马改秀、张广贤译，曹子丹校，群众出版社1987年版，第215页。

上使用犯罪构成，认为犯罪构成是区分犯罪既遂与未完成形态的犯罪之依据。正如我国有学者对特拉伊宁的犯罪构成理论所作的批判："其是建立在这样两个命题之上的：其一，缺乏犯罪结果的犯罪不具备犯罪构成，因而不存在犯罪。但是，他们同时认为，某些危害社会行为若缺少犯罪结果，只是不构成既遂罪，仍可成立犯罪，如犯罪未遂。这样，其间就存在一个明显的理论矛盾，因为依照其命题，未遂缺少犯罪结果就是不具备犯罪构成，应当排除刑事责任的，但却仍被视为犯罪行为。其二，犯罪成立等同于犯罪既遂。但是，同样在未遂问题上，其理论承认其成立犯罪，却非犯罪既遂，矛盾亦然。若想使其论证的内容达到统一，要么放弃犯罪结果是构成犯罪的必要要素的观点，要么公开承认犯罪未遂不具备犯罪构成。"①

（二）俄罗斯

如果说前苏联仅仅是在刑法理论上提出了"犯罪构成"这一概念，那么，俄罗斯刑法则在立法上明确提出了"犯罪构成"这一概念。《俄罗斯联邦刑法典》第8条规定："刑事责任的根据是，实施了包含本法典所规定犯罪构成的全部特征的行为。"

在俄罗斯，同前苏联一样，将犯罪构成作为犯罪成立的充分条件，是刑事责任的唯一根据。"犯罪构成范畴的意义在于它作为刑事责任根据的作用，即犯罪构成是确定某一个行为人承担刑事责任的根据，只有在查明行为的一切要件之后，才能确认行为人所实施的犯罪的性质和承担刑事责任的性质。如果缺少其中任何一个要件，尤其是子系统要件，都会导致整个犯罪构成的崩溃，刑事责任便不会产生"②。

但在对犯罪构成要件进一步展开时，其并非是指犯罪成立意义上的，而是从犯罪既遂的层面论述的。例如，在俄罗斯刑法中，犯

① 史卫忠：《行为犯研究》，中国方正出版社2002年版，第79页。

② 赵微：《俄罗斯联邦刑法》，法律出版社2003年版，第24页。

罪构成有四个要件：犯罪客体、犯罪客观方面、犯罪主体、犯罪主观方面。在每一个要件之下都有许多要素，如客观方面包括行为、结果等。但问题是，对于客观方面下的具体要素，并不是犯罪成立所必需的。例如，在故意杀人罪中，其客观方面有危害结果，即被害人死亡，但这一结果仅仅是杀人罪既遂的要件，而不是杀人罪预备、未遂、中止的要件，即使是故意杀人罪的实行行为这一客观方面的要素，也并非成立故意杀人罪所必需的。例如，故意杀人罪的预备犯就不需要实行行为这一要件。在犯罪停止形态这一问题上，俄罗斯刑法则更是倾向于将犯罪构成（或者说完整意义上的犯罪构成）等同于犯罪既遂。例如，“所谓犯罪既遂，也可以称作完成的犯罪，就是指犯罪人实施的犯罪行为具有刑法典分则规定的某一犯罪构成全部特征的犯罪”[①]。“如果所实施的行为含有刑法典分则具体规定的犯罪构成的全部要件，则犯罪是既遂犯罪”[②]。A. B. 纳乌莫夫教授认为：“所有犯罪预备的行为都形成犯罪预备的客观方面，然而它们不包含在即将发生的犯罪的客观方面之中……预备犯罪的构成具有特殊的客观方面特征”。既然认为预备犯不具备犯罪的客观方面，当然也就不符合犯罪构成，那么预备犯又怎么能构成犯罪呢？对于未遂犯，也认为是不符合犯罪构成，但却仍然构成犯罪。例如，“与犯罪预备不同，犯罪未遂的行为已经直接作用于犯罪的对象，具有给犯罪客体造成损害的现实危险，所实施的行为是即将发生或已经发生的犯罪客观方面的一部分；与犯罪既遂不同，犯罪未遂没有将犯罪进行到底，犯罪行为没有实施完了是犯罪未遂区别于犯罪既遂的主要客观特征”。既然未遂犯没有完全符合犯罪客观方面的要件，也就是不符合犯罪构成，又怎么可能构成犯罪呢？

① 赵微：《俄罗斯联邦刑法》，法律出版社2003年版，第80页。

② ［俄］斯库拉托夫、列别捷夫主编：《俄罗斯联邦刑法典释义》（上册），黄道秀译，中国政法大学出版社2000年版，第60页。

从俄罗斯刑法学界关于犯罪构成、犯罪成立、犯罪既遂的关系来看，在对犯罪构成的概念、意义作解释时，是将犯罪构成同犯罪成立等同起来的。但在对犯罪构成作具体内容上的阐述时，在对犯罪停止形态与犯罪构成之间的关系阐述时，则将犯罪构成与犯罪既遂在同一意义上展开论述。而犯罪成立与犯罪既遂并不是等同的概念，行为成立犯罪后可能出现包括犯罪既遂在内的多种犯罪停止形态，这使犯罪构成的理论陷入了矛盾和混乱之中。

三、德国、日本刑法中的犯罪既遂与犯罪构成、犯罪成立

前苏联系的刑法理论，在一定程度上是来源于德国刑法理论，日本刑法理论中的犯罪构成也直接来源于德国，因此，有必要认识一下德日刑法中的犯罪构成、犯罪成立、犯罪既遂之间的关系。

在德日刑法理论中，构成要件并不是犯罪成立的充分条件，在行为符合构成要件后，还要进一步判断行为是否具有违法性、有责性后，才能判断行为是否构成犯罪，因此，其所谓的构成要件与前苏联、俄罗斯的犯罪构成不是同一意义上的。① “构成要件与犯罪成立条件的关系，则基本上形成了一致意见。德日刑法理论的通说认为，要成立犯罪必须具备构成要件符合性、违法性与有责性三个条件。因此，构成要件不是犯罪成立条件的全部，符合构成要件只是成立犯罪的条件之一”②。从这一角度看，德日刑法中的构成要件与我国及前苏联、俄罗斯刑法中的犯罪构成含义上是不同的。但从构成要件的内容看，均包括了犯罪发展进程形态所包括的要素。从这一意义上看，在认识犯罪停止形态这一层面，德日刑法中的构成要件与我国及前苏联、俄罗斯刑法中的犯罪构成是一致的。

在德日刑法学中，由于刑法原则上仅处罚既遂犯，处罚未遂犯

---

① 当然，构成要件作为犯罪行为的定型，符合构成要件的行为一般被推定为符合违法性、有责性，只是在例外的情形下才会阻却违法性、有责性，从而不构成犯罪。

② 张明楷：《外国刑法纲要》，清华大学出版社 1999 年版，第 73 页。

则被视为例外的规定。因此，犯罪成立与犯罪既遂是同一意义上的，犯罪既遂也即是犯罪成立。“构成要件”作为犯罪既遂的标准似乎没有任何争议，[①] 犯罪构成、犯罪既遂、犯罪成立是相同意义上的。[②] 在德日刑法学中，虽然对构成要件理论形成了不同的学说，行为构成要件说认为，构成要件是与法的价值判断相分离的、纯粹形式的、记述的、价值中立的行为类型，这种意义的构成要件，使犯罪类型的外部轮廓变得明确，以实现刑法的保障机能；违法类型说认为，构成要件是从众多的行为中，将值得作为犯罪给予特别处罚的类型性的法益侵害与威胁，以法的形式规定下来的东西，在此意义上说，构成要件是违法行为的类型，是违法性的存在根据；违法有责任类型说认为，刑法各条所规定的特殊的、类型的违法、有责的行为，即是构成要件。[③] 但从犯罪行为的发展进程角度而言，构成要件的内容也即犯罪既遂的内容，仅仅是剔除了与犯罪进程无关的而为犯罪成立所要求的违法性、有责性。

由于德日刑法学中的构成要件是犯罪既遂形态意义上的，因此，对于未遂犯与构成要件符合性之间的关系是怎样的，不得不通过各种理论来进行修正。例如，将既遂犯的构成要件称为基本的构成要件，而将未遂犯的构成要件称为修正的构成要件。“刑法分则以及其他各种刑罚法规所分别规定的具体犯罪的构成要件，就是基本的构成要件。与此相对的修正的构成要件，则是刑法总则就未遂犯、共犯对基本构成要件进行修正而形成的构成要件。基本的构成要件是关于既遂犯并且单独犯的构成要件，未遂犯与共犯的构成要

---

① 当然，这并不是说行为符合构成要件就等同于犯罪既遂，只是从犯罪发展的进程的角度出发，行为符合犯罪构成与犯罪既遂是同一意义上的。

② 需要说明的是，在德国、日本，即使对于未遂犯的处罚是例外的规定，但未遂犯也是成立犯罪的。严格来讲，犯罪成立也不是等同于犯罪既遂，只是说原则上犯罪成立等同于犯罪既遂。也正是基于此，在德国、日本，犯罪成立与犯罪既遂这两个概念之间一般不作区分。

③ 张明楷：《外国刑法纲要》，清华大学出版社 1999 年版，第 74～77 页。

件则是以基本的构成要件为前提，基于实质的必要性与政策的理由而扩大处罚范围，就行为的发展阶段或复数行为者的参与形态进行的部分修正。这种修正作为一种一般规定，都设定在刑法总则中。例如，杀人未遂并不符合杀人罪的构成要件，但由于刑法总则设有处罚未遂犯的规定，这一规定对刑法分则规定的杀人罪要求发生死亡结果的构成要件进行了修正，杀人未遂便符合这种修正了的构成要件”①。还有的学者则从构成要件的符合与构成要件的充足的角度来理解既遂犯的构成要件与未遂犯的构成要件。“例如，未遂犯的构成事实，符合构成要件，但没有充足构成要件。既遂犯以充足构成要件为条件，未遂犯则只需要符合构成要件，而不必充足构成要件。因此，不充足构成要件是可以成立犯罪的，但不符合构成要件则不能成立犯罪”②。具体而言，对犯罪未遂在构成要件上的修正主要有如下学说：第一是“修正构成要件说”，认为犯罪的成立本应完全符合构成要件，才具有可罚性，如不完全符合构成要件则本不具有可罚性，但得依刑法对犯罪未遂的规定来修正分则各条的构成要件，使未遂具有可罚性。第二是“刑罚扩张原因说”，认为犯罪行为已完成阶段的既遂犯，是给予刑罚的原因，至于犯罪行为未完成阶段的预备、未遂等，都不是给予刑罚处罚的原因。法律之所以予以处罚，是由于将对既遂犯的刑罚扩张及这些犯罪的缘故。第三是“类型说”，认为犯罪是在法律上规定其应受处罚的类型行为，犯罪类型可分为独立类型与非独立类型；刑法分则规定的是独立类型，总则对犯罪未遂的规定属于非独立类型。第四是“特种现象说”，认为犯罪未遂是一种特殊的现象形式。③ 虽然德日刑法理论中修正的犯罪构成也遭到了不少学者的反对，如“在某种意

① 张明楷：《外国刑法纲要》，清华大学出版社 1999 年版，第 79 页。

② 张明楷：《外国刑法纲要》，清华大学出版社 1999 年版，第 90 页。

③ 史卫忠：《行为犯研究》，中国方正出版社 2002 年版，第 59 页。

义上，的确可以那么看。但是在论及犯罪的成立时，那样看并不妥当”①。但笔者认为，德日刑法学是从犯罪既遂的意义上来理解构成要件的，而未遂犯的构成要件显然是与既遂犯不同的，因此，不得不对未遂犯的构成要件进行修正。应当说，这种修正是必要的，至于如何修正更为妥当，则是另一回事。正如有学者所指出的：“在德日刑法理论中，既遂犯就是指‘充足’了刑法分则所规定的构成要件的全部要素。而未遂犯虽然符合这一构成要件但相对于既遂犯来说欠缺某一个要素，因而才被称为‘修正的构成要件’。在德日刑法理论中以构成要件要素的齐备与否来划分‘基本的构成要件’与‘修正的构成要件’并没有不妥之处”②。但前苏联、俄罗斯刑法中的构成要件是犯罪成立意义上的，而不是犯罪既遂意义上的，其犯罪构成是区分罪与非罪的标准。而未遂犯本身就是成立犯罪的，对未遂犯的构成要件根本就不用修正，因为原则上所有的未遂行为都是构成犯罪的。③

四、我国刑法中的犯罪既遂与犯罪构成、犯罪成立

在明确了国外关于犯罪既遂、犯罪构成、犯罪成立的关系之后，有必要重新审视我国刑法中的相关问题，以期明确有关犯罪既遂在内的诸多问题。

（一）我国现行刑法理论通说中的犯罪既遂与犯罪构成、犯罪成立

我国刑法理论关于犯罪既遂、犯罪构成、犯罪成立的诸多认识，存在一些不可克服的矛盾，这种状况，直接制约了犯罪既遂理论的发展，这也直接涉及构成要件能否作为犯罪既遂的标准。因此，有必要先了解一下我国刑法理论中相关问题的研究现状。

---

① ［日］大塚仁：《犯罪论的基本问题》，冯军译，中国政法大学出版社 2003 年版，第 62 页。

② 吴振兴主编：《犯罪形态研究精要》(I)，法律出版社 2005 年版，第 331 页。

③ 我国也存在同样的问题，接下来的内容笔者将具体论述。

1. 犯罪成立与犯罪构成

在犯罪成立的标准上，我国刑法理论采用了犯罪构成要件说。我国刑法理论实际上还是承袭前苏联的刑法理论，认为犯罪构成的功能在于区分罪与非罪，从各种教科书关于犯罪构成概念的表述来看，我国刑法理论一致地认为犯罪构成是区分罪与非罪的唯一标准。例如，"犯罪构成是刑法规定的，反映某一行为的社会危害性及其程度，而为该行为成立犯罪所必须具备的一切客观要件和主观要件的有机整体"①。"犯罪构成是我国刑法所规定的、决定某一行为成立犯罪所必需的一切客观要件和主观要件的有机统一的整体(有机统一体)"②。"犯罪构成是指依照我国刑法的规定，决定某一具体行为的社会危害性及其程度而为该行为构成犯罪所必需的一切客观要件和主观要件的有机统一"③。

2. 犯罪成立与犯罪停止形态

在我国，根据刑法总则的规定，原则上所有的犯罪（直接故意犯罪）的未完成形态均构成犯罪（情节显著轻微、危害不大不认为是犯罪的除外）。因此，行为成立犯罪并非构成犯罪既遂，而是可能成立多种犯罪停止形态。因此，在我国，不少学者认为，犯罪成立与犯罪停止形态是两个层面的问题，犯罪成立是解决行为的定性问题，即罪与非罪；而包括犯罪既遂在内的犯罪停止形态理论解决的是量上的问题，即犯罪行为处于何种阶段。因此，在中国，犯罪成立与犯罪既遂是完全不同层次的两个概念。刑法学界的通说一般是将犯罪成立与犯罪构成等同起来，行为符合犯罪构成也就是成立犯罪，至于犯罪行为是处于何种停止形态，则并不是犯罪构成要件理论所要解释的问题，而是在犯罪成立之后由犯罪停止形态这一理论来完成的。可以说，通说基本上认为犯罪既遂与犯罪成立、

① 张明楷：《刑法学》，法律出版社2003年版，第121页。

② 马克昌主编：《犯罪通论》，武汉大学出版社1999年版，第70页。

③ 高铭暄主编：《中国刑法学》，中国人民大学出版社1989年版，第75页。

犯罪构成是两回事，不是一个层面的问题。例如，有学者指出，“犯罪构成作为成立犯罪的规格、标准，它首要解决的当然是犯罪成立的问题，即回答行为是否成立犯罪？成立何种犯罪？成立几个犯罪？这是犯罪构成的功能所在。但犯罪的形态是多种多样的，如故意犯罪有犯罪预备、犯罪未遂、犯罪中止、犯罪既遂等形态。这些形态的犯罪均以行为具备犯罪构成为前提，即在具备犯罪构成的前提下，才可能出现犯罪的不同形态。而形态如何，并非犯罪构成所要解决的问题，不可将犯罪构成与犯罪形态混为一谈”①。“犯罪构成，其功能在于明确犯罪成立的标准，而不是确定犯罪是否既遂，或者说，犯罪构成各要件的齐备，只是表明行为成立犯罪，而不是说犯罪已经既遂。而犯罪既遂则是一种犯罪的进程形态，它所要说明的是在具备犯罪构成的基础上犯罪是否达到完成状态，是用以解决量刑问题的。如果将这两者混为一谈，必然导致刑法理论上的悖论”②。也即，“我国刑法理论对犯罪的评价是分两步完成的：第一步是犯罪构成符合性评价，第二步是犯罪形态符合性评价”③。

3．犯罪构成与犯罪既遂等犯罪停止形态

我国刑法理论在论述犯罪停止形态这一问题时，将构成要件分为基本的构成要件与修正的构成要件。“所谓基本的犯罪构成，是指刑法条文就某一犯罪的单独犯的既遂状态所规定的犯罪构成。由于刑法分则条文主要是以单独犯的既遂状态为标准来规定各个具体犯罪的构成要件的，所以，基本的犯罪构成由刑法分则条文所直接规定……所谓修正的犯罪构成，是指以基本的犯罪构成为前提，适应犯罪行为的各种不同犯罪形态，而对基本的犯罪构成加以某些修改变更的犯罪构成。例如，适应故意犯罪过程中的未完成形态而分别规定的预备犯、未遂犯、中止犯的犯罪构成”④。从这个意义上

① 张明楷：《犯罪论原理》，武汉大学出版社 1991 年版，第 125～126 页。

② 刘之雄：《犯罪既遂论》，中国人民公安大学出版社 2003 年版，第 23 页。

③ 刘之雄：《犯罪既遂论》，中国人民公安大学出版社 2003 年版，第 24 页。

④ 马克昌主编：《犯罪通论》，武汉大学出版社 1999 年版，第 89 页。

来讲，标准的犯罪构成是适应犯罪既遂形态（完成形态）的，只是由于刑法总则对之进行了修正之后，才可以适应未完成形态，也即修正的犯罪构成。

例如，“根据我国刑法‘主客观要件相统一’的原则，理论上一般把各种犯罪构成要件首先划分为两大类，即客观要件和主观要件，这是第一层次的划分。在第一层次的划分之下，再进一步划分出犯罪构成的四个方面的要件，即在客观要件之下划分出犯罪客体和犯罪客观方面；在主观要件之下划分出犯罪主体和犯罪主观方面，这是第二层次的划分。最后，在第二层次的划分之下，再划分出若干个组成犯罪构成要件的基本单位的各单个构成要件，即在犯罪客体中划分出犯罪客体和犯罪对象；在犯罪的客观方面中划分出危害行为、危害结果（包括危害行为与危害结果之间的因果关系）、犯罪的时间、犯罪的地点、犯罪的方法、犯罪的特定前提；在犯罪主体中划分出刑事责任能力、法定年龄、自然人、特定身份、单位；在犯罪的主观方面中划分出犯罪的故意、犯罪的过失、犯罪的目的等等，这是第三层次的划分”①。“许多直接故意犯罪虽以某种特定的危害结果为要件，但这种构成结果的有无，并不是区分犯罪成立与否的标准，而只是区分犯罪完成形态与未完成形态的标志”②。“在直接故意犯罪中，犯罪目的所追求的并为犯罪构成中客观要件所要求的特定危害结果的是否发生是区分犯罪既遂和未遂的显著标志。对于直接故意犯罪而言，有无危害结果的发生，并不影响犯罪的成立，但有无危害结果的发生，却直接影响到犯罪既遂的成立与否”③。在这个意义上，构成要件就不局限于区分罪与非罪的功能，而且具有区分不同的犯罪停止形态的功能。“犯罪预备、未遂和既遂一样，都是具备犯罪构成全部要件的，只是犯罪构

① 马克昌主编：《犯罪通论》，武汉大学出版社1999年版，第88页。

② 高铭暄、马克昌主编：《刑法学》，北京大学出版社、高等教育出版社2000年版，第79页。

③ 杨兴培：《犯罪构成原论》，中国检察出版社2004年版，第245页。

成要件的具体内容不同而已。而犯罪构成要件的不同内容，也正是划分犯罪预备、犯罪未遂和既遂的根据”①。

基于上述分析，我国刑法理论中关于犯罪既遂、犯罪构成、犯罪成立的相关观点可以概括为：（1）行为成立犯罪后可能出现包括犯罪既遂在内的多种犯罪停止形态，而非犯罪既遂一种停止形态。（2）对于犯罪构成，刑法是在两个意义上使用的。第一，在罪与非罪的意义上。认为犯罪构成是决定行为是否成立犯罪的要件。第二，在犯罪停止形态意义上。认为标准的犯罪构成应当是以犯罪既遂的要件为标准的，而未完成形态的犯罪则符合修正的犯罪构成。其中存在的矛盾便是：在不同的意义上使用犯罪构成这一概念。这样一来，矛盾便凸显：既认为犯罪构成是犯罪成立的要件，又认为犯罪构成是犯罪既遂的要件，而犯罪成立与犯罪既遂并不是等同的概念。我国不少学者对此也提出了质疑，如“学者一方面力图把未完成形态犯罪负刑事责任的根据统一在‘行为符合犯罪构成’这一正确的命题之下，另一方面却又将构成要件是否齐备作为犯罪既遂形态与其他未完成形态相区别的标准，认为未完成形态犯罪是要件不齐备即不完全具备的犯罪。这种矛盾不能说不是显而易见的：如果说未完成形态犯罪负刑事责任的根据为犯罪构成，而犯罪构成又是‘刑法所规定的成立各种犯罪所必需的主客观要件的有机整体’、‘犯罪构成中各种要件是缺一不可的’，那么不禁要问的是，未完成形态犯罪作为‘要件不齐备’的犯罪，它或它们的刑事责任根据还能说是‘行为符合犯罪构成’吗？”② 在我国，如果将犯罪构成定位于犯罪成立意义上的，即罪与非罪的区分标准，那么，预备犯、未遂犯、中止犯当然是成立犯罪的，根本不用再修正构成要件，而我国刑法理论的通说却认为预备犯、未遂犯、

① 曾宪信、江任天、朱继良：《犯罪构成论》，武汉大学出版社 1988 年版，第 149 页。

② 肖中华：《犯罪构成及其关系论》，中国人民大学出版社 2000 年版，第 268 页。

中止犯是符合修正的构成要件。正如吴振兴教授所指出的："但在我国，在犯罪成立意义上，'犯罪构成'不可能存在修正形式"①。在德国、日本，犯罪既遂与犯罪成立是相同意义上的，将构成要件定位于犯罪成立（犯罪既遂）这一层面，又要对预备犯、未遂犯、中止犯进行处罚，当然需要对这些未完成形态的犯罪的构成要件进行修正。而在我国，犯罪构成本来就是定位于犯罪成立（包括犯罪完成形态、未完成形态）这一层面的，为什么预备犯、未遂犯、中止犯的构成要件是修正的构成要件呢？

（二）对相关理论的反思

我国刑法理论的通说一方面认为，任何行为要成立犯罪都必须具备犯罪构成的全部要件，另一方面又认为，预备犯、未遂犯、中止犯虽然不具备犯罪构成的全部要件，但也成立犯罪，这一缺陷是十分明显的。不少学者也提出了一些观点来对此进行适度的修正。例如，肖中华教授在犯罪构成的要件之下提出了犯罪构成要件的要素，即要素是构成要件的具体内容，② 并指出："应当坚决摒弃把犯罪完成形态的要件与犯罪未完成形态要件说成是不同要件的看法，以是否具备某一犯罪的基本构成要件要素作为区分犯罪完成形态与未完成形态的标准，而不是齐备构成要件本身。亦即，把区别犯罪完成形态与未完成形态的标准定位于'构成要件'这个层次是不妥当的，而应深入到要件要素层次中。要件是否齐备，是解决犯罪是否成立的问题，行为缺少犯罪的任何一个要件，都将无犯罪构成之余地，更谈不上犯罪是什么形态这样一个本来就要以犯罪成立为讨论前提的问题了。但是，行为符合犯罪构成，亦即构成要件齐备的情况下，并不等于犯罪的基本构成要件要素就齐备了。所谓'基本构成要件要素齐备'，即是指刑法所规定的犯罪构成的典型

① 吴振兴主编：《犯罪形态研究精要》（I），法律出版社2005年版，第331页。

② 这实际上也就是将犯罪构成要件作了层次上的划分，我国关于犯罪构成的理论基本上都进行了这样的理解。

形态——犯罪既遂形态成立所必备的要素。"[①] 也即将犯罪构成划分为要件与要素两个层面，要素是位于要件之下的，所有的犯罪均应符合高层次构成要件，而不同停止形态的犯罪是在具体的要素层面存在差异。还有的学者认为："犯罪预备状态、犯罪未遂状态、犯罪中止状态和犯罪既遂状态，在涉及犯罪构成主客观基本要件的规定要求时，具有同一性。它们之间的彼此区别主要在于犯罪构成内部要件要素方面的差异"[②]。但问题是，"要素"是"要件"的必要组成部分，在缺乏犯罪构成要素的情况下，又怎么可能符合构成要件呢？对于预备犯、未遂犯、既遂犯，既然要素不同，组成要素的要件又怎么可能相同呢？难怪有学者对此提出质疑："既然犯罪构成要件要素是组成犯罪构成要件的元素，是组成犯罪构成的最基本因素，那么，在完成罪与未完成罪的构成要件要素本身有所不同的情况下，又怎么可能出现构成要件及犯罪构成相同的现象呢？换而言之，犯罪构成要件要素与犯罪构成之间是部分与整体的关系，而部分的不同必将带来整体的差异，这是一个显而易见的道理……在主张完成罪与未完成罪具有同一的犯罪构成及要件的情况下，企图从构成要件要素方面寻找完成罪与未完成罪的区别，可以说是从根本上搞错了解决问题的方向。"[③] 如果说，构成要件的要素并非是构成要件的必备内容，那么哪些要素是必备的内容，哪些要素又是选择的内容呢？这样，构成要件还能作为一种"标准"为认定犯罪提供指导吗？这又使构成要件理论陷入新一轮的矛盾之中。

笔者认为，犯罪构成（或者说标准的犯罪构成）应是定位于犯罪既遂，而非犯罪成立。具体而言，笔者拟从如下方面进行阐述：

---

① 肖中华：《犯罪构成及其关系论》，中国人民大学出版社 2000 年版，第 272 ~ 273 页。

② 杨兴培：《犯罪构成原论》，中国检察出版社 2004 年版，第 331 页。

③ 王志祥：《危险犯研究》，中国人民公安大学出版社 2004 年版，第 210 页。

1. 从犯罪构成本身的特点看，犯罪构成应是针对犯罪既遂形态

我国的构成要件的理论是来源于前苏联的犯罪构成理论，而前苏联的犯罪构成理论是来源于德国的构成要件理论。该理论提出的背景是指明犯罪的类型、轮廓，以便于实践中正确认识具体的犯罪。而犯罪的类型、轮廓显然是针对犯罪完成形态的，将犯罪的轮廓定位于抽象的、空洞的犯罪成立，显然是不适宜的。如果将犯罪构成定位于犯罪成立这一层面，无助于人们更加完备把握各种犯罪的特征，更何况大量犯罪的认定也不是就停留在确定犯罪已经成立之时。“鉴于实际生活中的犯罪绝大多数是停止在既遂形态的犯罪，故立法者总是把既遂犯的构成要件作为认识犯罪构成的基础，这完全符合我们认识事物的规律。所以一些教科书把犯罪构成要件等同为该种犯罪的既遂形态成立的全部要件，这是可以理解的”①。并且，对于未完成形态的犯罪，之所以认为其是“未完成”，也是以既遂犯为参照的。

试想，如果将（基本的）构成要件定位于犯罪成立这一层面，以具体犯罪为例，故意杀人罪中成立犯罪的起点应具备什么条件呢？通常而言，在故意犯罪阶段中，最初出现的是犯罪预备阶段。因此，应当将成立犯罪的标准定位于犯罪预备，但什么是故意杀人罪的预备呢？恐怕是难以用一个确定的内容来说明的，它既可以是购买凶器的行为，也可以是约请同伴的行为。这样，构成要件还能作为一种犯罪的模型为司法实践中认定处理犯罪提供一个准确的依据吗？并且，还有相当一部分的故意杀人案件不经过预备行为而直接进入实行阶段。因此，将犯罪构成仅定位于犯罪成立这一层面，根本不具有可操作性。存在于我们观念中的犯罪行为应当是一个完整的、标准的犯罪行为，就故意杀人罪而言，应当是行为人将被害人杀死这一整体行为，这才能说是具有一定的定型性，也能较好地

① 金泽刚：《犯罪既遂的理论与实践》，人民法院出版社2001年版，第66页。

指导司法人员认定、处理犯罪，也才符合犯罪构成这一概念的由来。

2. 德日刑法中的犯罪成立与犯罪既遂的关系对我国的启示

在德日刑法中，犯罪构成是区分犯罪成立与否的唯一根据，也即区分罪与非罪的根据，[①] 在德国、日本，刑法原则上处罚的都是完整意义上的犯罪（既遂犯），未完成形态的犯罪是作为例外才被规定下来的。因此，犯罪构成实际上也是区分犯罪既遂与否的标准，从这个意义上来讲，德日刑法中的构成要件在区分犯罪成立与否及犯罪既遂与否的意义上是同一的。当需要对未遂犯、预备犯、中止犯进行处罚时，它们则认为这是对犯罪构成要件的例外修正，从这一角度看，犯罪构成与犯罪既遂、犯罪成立是同一意义上的。因此，在德国、日本，可以说，犯罪构成是犯罪成立的必备要件，犯罪构成也是犯罪既遂的要件。

但在我国，既认为犯罪构成是区分罪与非罪的唯一依据，又认为标准的犯罪构成是既遂罪的犯罪构成，进而认为未完成形态的犯罪符合修正的构成要件，则是不适宜的。因为在我国，犯罪成立与犯罪既遂是不同的，行为成立犯罪后可能出现包括犯罪既遂在内的多种停止形态。我国刑法理论中，将犯罪构成等同于犯罪成立，很可能是在引入“犯罪构成”这一概念时出现了偏差。如果说，在我国构成要件是区分罪与非罪的唯一标尺，是犯罪成立意义上的，但由于我国刑法认为所有的预备犯、未遂犯、中止犯都是成立犯罪的，那构成要件的内容到底是什么呢？从这个角度看，构成要件似乎成了区分犯罪预备与非罪行为的界限（因为犯罪预备在犯罪行为发展的初始阶段），这种构成要件仅仅需要犯罪预备行为的内容就可以了（在此，还暂且不论有的犯罪行为不经过犯罪预备这一阶段），那这样的内容到底是什么呢？同样的一个买刀行为，既可

---

① 在此，只是就犯罪行为的发展进程来说明构成要件与犯罪成立的关系。在德国、日本，行为符合构成要件后，还要符合违法性、有责性才成立犯罪。

以是故意杀人罪的预备行为，还可以是故意伤害罪、抢劫罪、抢夺罪的预备行为。这样，构成要件的定型性、指导性的功能又将何在呢？如果将构成要件定位于区分罪与非罪的意义这一层面上，那么构成要件内部又存在什么要素呢？例如，故意杀人罪中，根本不需要被害人死亡这一结果，连故意杀人行为（实行行为）都不需要了（因为故意杀人罪的预备行为也是构成犯罪的）。这样，构成要件的内容又必将陷入一个空洞的概念之中，这样一个空洞的概念又谈何来区分罪与非罪呢？例如，行为人买了一把刀，在准备去杀人的时候即被人制止，这时候成立故意杀人罪（犯罪预备），罪与非罪的标准就成了预备行为；而行为人动辄行凶杀人的案件中，根本没有杀人的预备行为，在实施杀人的行为过程中即被人制止，此时，我们恐怕要认为是否着手实施了实行行为才是罪与非罪的标准。如此一来，犯罪构成的内容究竟是什么？如此飘浮不定的犯罪构成还谈何指导刑事司法实践？我们在运用犯罪构成的时候，对于某人拿刀去寻找被害人的路上被人制止的案件，我们为什么会认为其是故意杀人罪的犯罪预备，而不是抢劫罪、故意伤害罪的犯罪预备呢？这显然是因为其主观上具有一个完整的犯罪构成，即将被害人杀死。

在我国，如果将犯罪构成定位于犯罪成立这一层面，罪与非罪的最基本的区分应当是犯罪预备与非罪的区分，构成要件原则上应当是针对预备犯的构成要件的，因为犯罪预备阶段的社会危害性较之实行阶段小，也即预备犯的危害性较未遂犯、既遂犯小。但奇怪的是，我国学者也效仿德日学者的分类，将既遂犯的构成要件视为基本犯的构成要件，将预备犯、未遂犯、中止犯的构成要件视为修正的构成要件。如果将构成要件视为区分罪与非罪的唯一标准，预备犯、未遂犯、中止犯当然是成立犯罪的，为什么要对其构成要件进行修正呢？相反，既遂犯的构成要件倒应成为修正的构成要件（因为既遂犯在犯罪成立的这一线段中已经走出了很长一段距离了，也就是说，犯罪既遂已经超出“成立犯罪”很长一段距离，实施预备行为就可以认为成立犯罪)，真不明白，怎么在我国既遂犯的构成要件又变成了标准的、基本的构成要件，反倒是努力来修正预备犯、未遂犯、中止犯的构成要件。再如，在德日刑法中，犯罪成立与犯罪既遂是同一意义上的，构成要件作为区分罪与非罪这一层面的问题，实际上也就是区分犯罪既遂与否的功能，构成要件就是犯罪行为完成形态的类型，这样，犯罪构成当然可以成为一种犯罪的定型，表明犯罪的轮廓；在我国，如果将构成要件定位于区分罪与非罪这一层面，由于犯罪成立包括多种未完成形态和完成形态，那么构成要件又将如何成为犯罪定型呢？我们又如何从犯罪构成可以窥到具体犯罪的轮廓呢？连具体犯罪的轮廓都不知道，这种构成要件还能发挥认定犯罪的功能吗？不结合我国的实际，盲目照抄照搬德日刑法学中的构成要件理论，笔者认为，这恐怕是我国现行的犯罪构成理论存在诸多的困惑的原因之所在。“就犯罪构成与犯罪既遂的关系而言，表面上看，成立标准说强调犯罪构成的作用，实质上这是犯罪构成过于简单化的表现。犯罪构成是基础，犯罪既遂是最充分实现了的犯罪构成”①。

3．犯罪构成不仅具有区分罪与非罪的功能，也具有区分犯罪停止形态的功能

基本的犯罪构成是针对犯罪既遂形态的，刑法总则对未完成形态犯罪的处罚规定，形成了修正的构成要件，从这一意义看，犯罪构成的不同内容决定了不同的犯罪停止形态。行为成立犯罪无非是呈现完成形态与未完成形态，基本的犯罪构成与修正的犯罪构成共同具有区分罪与非罪的功能。

基本的犯罪构成是犯罪的完整形态，是针对犯罪既遂而言的，而罪与非罪并非仅是犯罪既遂与否，那实践中，罪与非罪是依据何种标准进行判断的呢？

实践中对于具体案件的判断，实际上都是在以某种犯罪既遂的

---

① 吴振兴主编：《犯罪形态研究精要》(I)，法律出版社2005年版，第272页。

形态为指导的，看这个具体案件与既遂形态之间相对比，其区别在哪里。由于刑法已经对构成要件（既遂形态）进行过一定的修正，规定了犯罪预备、犯罪未遂、犯罪中止，某种行为是否构成犯罪，实践中的判断表现为这种行为是否与刑法规定的某种犯罪既遂形态相同。如果不同，其区别在哪里？如果是符合刑法总则规定的修正的构成要件（犯罪预备、犯罪未遂、犯罪中止形态），则照样可以成立犯罪。例如，如果没有实行行为，而只有预备行为的话，根据总则对构成要件所作的修正，将其认定为是预备犯；如果与刑法规定的犯罪既遂形态相比，只是既遂所要求的结果没有发生的话，则将其认定为未遂犯或中止犯。行为人的行为无论是处于犯罪预备的状态，还是处于犯罪未遂、犯罪中止等未完成形态，其在主观方面也都是以构成要件的内容（既遂形态的内容）为指导而进行犯罪活动的，某人在家里磨刀霍霍，我们只有探知其目的是为了实现具体犯罪的既遂形态（将被害人杀死），我们才能将其认定为故意杀人罪。

无论是从处理具体案件的角度，还是从行为人的角度看，在思维中人们都是以犯罪既遂形态这一完整形态为指导的，根本不存在空洞的区分罪与非罪的标准的构成要件。具体而言，罪与非罪无非就是犯罪预备、犯罪未遂、犯罪中止、犯罪既遂与非罪的区分问题。但问题是，犯罪预备、犯罪未遂、犯罪中止这些未完成形态的犯罪，为什么说其未完成呢？显然是以犯罪既遂形态为参照的。离开了犯罪既遂形态的指导，构成要件的内容将是混乱的、空洞的，其内容与要素将是飘浮不定的，又谈何指导我们去认定罪与非罪呢？从这一角度看，笔者认为，标准的犯罪构成应当是犯罪既遂的定型，刑法总则对犯罪构成要件作了一定的修正，形成了修正的犯罪构成要件。如果实践中的行为既不符合完整的犯罪构成要件，又不符合修正的犯罪构成要件，就不构成犯罪，从这个意义上来讲，犯罪构成要件具有区分罪与非罪的功能，是认定犯罪的唯一根据。正如有学者所阐述的：“构成要件的功能除了区分罪与非罪以外，还包括区分完成罪与未完成罪、重罪与轻罪、此罪与彼罪等。如果仅局限于在区分罪与非罪的层面理解构成要件，便意味着把基本的犯罪构成中能够起到区分完成罪与未完成罪等作用的构成要素剔除出构成要件的范围。而这样一来，便陷入了自相矛盾的境地：一方面认为既遂条件不属于构成要件，另一方面又不能否认既遂条件对于具备了基本犯罪构成的犯罪而言，也是成立犯罪所不可缺少的”①。“实际上，关于刑事责任的承担，不仅有着质的问题即应否承担以及承担什么性质的刑事责任，而且也存在着量的问题即承担多大刑事责任。换句话讲就是存在定罪和量刑两方面的问题，解决其根据所在均离不开对犯罪构成的分析。也正基于此，刑法学界普遍采取了对犯罪构成进行分类的方法，以便有利于解决刑事责任的承担问题，如基本的犯罪构成与修正的犯罪构成、独立的犯罪构成与派生的犯罪构成、叙明的犯罪构成与空白的犯罪构成等。所有这些，均表明犯罪构成的意义并非仅仅在于决定犯罪的成立，确切地讲，应该是，其意义是为刑事责任的承担提供了根据”②。“行为实现构成要件之内容者，为既遂，仅有实现之可能性即危险，而未至实现者，则为未遂。是既遂与未遂，均系构成要件相当性之样态”③。这一点，在德日刑法理论中也是成立的。例如，日本刑法理论中，也认为构成要件具有犯罪停止形态的判断的功能，“构成要件不仅指导违法性和责任的内容，而且也规制未遂犯、共犯以及罪数”④。综上，“犯罪构成是犯罪形态的实质内容，犯罪形态是犯罪构成的特定形式”⑤。

---

① 王志祥：《危险犯研究》，中国人民公安大学出版社2004年版，第212页。

② 史卫忠：《行为犯研究》，中国方正出版社2002年版，第86页。

③ 陈朴生：《刑法专题研究》，台湾三民书局1988年版，第389页。

④ ［日］大谷实：《刑法总论》，黎宏译，法律出版社2003年版，第82页。

⑤ 姜伟：《犯罪形态通论》，法律出版社1994年版，第6页。

4．司法实践中，行为是否成立犯罪与成立何种犯罪停止形态的判断不是分步进行的

不少学者认为，犯罪构成仅仅是区分罪与非罪的标准，而犯罪既遂属于犯罪的停止形态，犯罪既遂与犯罪构成之间并没有必然的关系，进而反对将“犯罪构成要件说”作为犯罪既遂的标准。他们认为，罪与非罪的认定与犯罪停止形态的认定是分两步进行的：第一步，根据行为是否符合构成要件来判断行为是否成立犯罪；第二步，在行为成立犯罪的基础上，根据犯罪停止形态的理论，再判断行为属于何种犯罪停止形态。例如，“犯罪构成是指犯罪成立，解决罪与非罪的问题，这是一个质的问题。犯罪既遂应该是在犯罪成立的基础上，解决量刑的问题，而这是一个量的问题。犯罪既遂应有独立于犯罪构成的意义”①。“犯罪构成与犯罪形态是性质不同的两回事——犯罪构成所讲的都是行为成为犯罪所需要的法定事实条件，不涉及行为成为犯罪之后呈现何种形态的问题，而犯罪形态是指行为成为犯罪之后的状态；犯罪构成理论和犯罪形态理论前后相继、紧密相连，构成理论在前，形态理论在后，因为只有行为成为犯罪，然后才有犯罪形态可言”②。“司法实践中，在对某一行为定罪时，既要解决犯罪的性质问题，也要解决犯罪的形态问题。事实上，实践中无一例外的都是分为两个阶段、采用两个不同的标准进行的。在第一阶段用犯罪构成理论解决行为构成什么罪，然后再在第二阶段用犯罪形态理论解决该犯罪是既遂还是未遂”③。

从理论研究的角度，作这样的区分或许有一定的意义，但实践中对具体案件的处理真的是这样的吗？从犯罪行为进程角度来看，或许是分两步进行的，以故意杀人案件为例，某甲欲杀其仇人乙，

① 李居全：《关于犯罪既遂与未遂的探讨》，载《法商研究》1997 年第 1 期。

② 胡家贵、陈瑞兰：《关于犯罪形态的几个问题》，载《政法论坛》1997 年第 6 期。

③ 侯国云：《“构成要件说”作为犯罪既遂判定标准的不合理性》，载《河南师范大学学报》（哲学社会科学版）2006 年第 2 期。

从其准备凶器的那一刻起，就应该属于成立犯罪，在此基础上，如果其行为仅在准备凶器阶段就被迫停止下来，则属于预备犯；如果其已经实施了杀人的行为，但由于他人的制止而未将被害人杀死，则构成未遂犯；如果将被害人杀死，则构成既遂犯。但是，在司法实践中，呈现在司法人员面前的是犯罪的最终形态，司法人员对案件的处理是从客观到主观进行的。例如，在发现被害人的尸体之后，确定具体的犯罪嫌疑人，并且查明其客观上实施了致人死亡的行为，并且主观上存在故意，就可以认为构成故意杀人罪，并且处于既遂状态，在认定行为构成故意杀人罪和犯罪行为处于既遂状态其实是一次性完成的。如果脱离犯罪的停止形态而先是直接判断行为是否构成犯罪，即是否成立犯罪，那么，犯罪构成要件的内容包括哪些呢？犯罪构成要件的内容无非是预备犯、未遂犯、中止犯、既遂犯的构成要件的内容，脱离具体的犯罪停止形态的构成要件是空洞的，又怎么可能指导我们去判断行为是否构成犯罪呢？显然，将犯罪成立与否的判断与犯罪处于何种停止形态的判断割裂开来的做法仅仅是一种理论上的设想，在实践中不具有可行性。“许多情况下犯罪成立与犯罪形态的确定是同一、同时过程的两个不同方面”①。将罪与非罪的判断与犯罪停止形态的判断区分开来，进而将犯罪构成仅定位于罪与非罪的判断，忽略了犯罪构成在犯罪停止形态判断中的作用，是不承认犯罪构成作为犯罪既遂的标准的一个重要原因。

综上，可以发现，我国刑法理论之所以在犯罪构成这一问题上出现矛盾，原因在于没有注意到犯罪成立这一概念在我国与德国、日本的不同。我国在引入犯罪构成这一概念时，没有注重我国刑法总则对于未完成形态的处罚原则，进而将我国刑法中的犯罪成立与德日刑法中的犯罪成立等同起来，这是不承认犯罪构成要件作为犯罪既遂的原因之所在。在德国、日本，对未完成形态的犯罪的处罚

① 肖中华：《犯罪构成及其关系论》，中国人民大学出版社2000年版，第274页。

是例外的，因此，犯罪成立与犯罪既遂是同一意义上的，作为犯罪成立要件的构成要件是在犯罪既遂这一层面上而言的。[①] 而我国在引入犯罪构成这一概念时，仍然将犯罪构成定位于犯罪成立这一层面，导致犯罪构成出现不可避免的矛盾，因为我国刑法原则上处罚犯罪的未完成形态，犯罪成立已不仅仅是犯罪既遂，还包括所有的未完成形态的犯罪。从构成要件理论的发展历史来看，其是作为一种犯罪的类型、模型，因此，基本的犯罪构成宜认定为是犯罪既遂这一层面。在我国，仅将犯罪构成定位于罪与非罪的区分功能，将使犯罪构成的内容变得捉摸不透，有违犯罪构成这一概念的由来。

（三）我国刑法中的犯罪既遂与犯罪构成、犯罪成立之再认识

基于前述认识，笔者认为，在我国，犯罪构成与犯罪既遂在内容上具有一致性，对于犯罪既遂、犯罪构成、犯罪成立三者之间，可以将其关系概括为如下几点：

1. 我国刑法原则上处罚所有的犯罪未完成形态，犯罪成立后，可能存在包括犯罪既遂在内的多种犯罪停止形态，犯罪成立与犯罪既遂不是等同的概念

对于部分犯罪，其未完成形态属于“情节显著轻微危害不大的，不认为是犯罪”，则仅存在犯罪既遂这一停止形态，对于这些犯罪而言，犯罪成立与犯罪既遂是同一意义的。

2. 标准的犯罪构成是犯罪既遂意义上的，通过刑法总则对未完成形态犯罪的规定，对既遂罪的构成要件内容进行变更，则形成了对预备犯、未遂犯、中止犯的修正的犯罪构成

基于此，基本的犯罪构成与修正的犯罪构成共同具有区分不同犯罪停止形态的功能。而行为成立犯罪后无非出现犯罪既遂与犯罪

---

① 当然，从严格意义上来说，由于在德国、日本，也有不少的未遂犯是成立犯罪的，因此，犯罪成立与犯罪既遂不是等同的概念。但是，其刑法理论与实践均将犯罪成立等同于犯罪既遂，即在狭义上使用犯罪成立这一概念。而在我国，犯罪成立这一概念是在广义上使用的，即认为行为成立犯罪后，可能出现所有的犯罪停止形态，而非犯罪既遂一种。

预备、犯罪未遂、犯罪中止等犯罪停止形态，这些停止形态的认定均需要以基本的犯罪构成或修正的犯罪构成为指导，从这一角度看，犯罪构成具有区分罪与非罪的功能。

第五节 犯罪既遂标准的特征

本章以上部分的内容中，笔者已经论证了犯罪既遂的标准应采构成要件说。但问题是，基于立法技术的要求，刑法分则中对于具体犯罪之犯罪构成要件的规定并不是十分明确的。这其中当然有一些是基于总则已经作了规定，如犯罪主体，但关于具体犯罪之既遂标准，有许多并没有明确的规定，这也导致了“犯罪构成要件说”在认定具体犯罪之既遂问题上显得有些乏力。实际上，这并非是“构成要件说”本身所存在的问题，而是由犯罪既遂标准的特征所决定的，本节内容中，将对犯罪既遂标准的特征进行论述。

一、犯罪既遂标准的层次性

以犯罪构成要件作为犯罪既遂的标准，并不表明犯罪既遂的判断就到此为止。“把犯罪既遂界定为构成要件要素的充足，只是一个形式层面的说法”①。这也是不少学者认为“构成要件说”太过抽象，不易处理实践中的问题的原因。正如有学者所指出的：“犯罪构成要件齐备说试图从超越犯罪目的和犯罪结果的层面上理解犯罪既遂，建立起一种能适用于各种故意犯罪的犯罪既遂理论，其初衷是好的。但这一主张并不可取。如果说前两种主张还能为某些犯罪的既未遂划分提供一定程度的帮助，那么，这一主张不仅对犯罪既遂的认定没有多少实际价值，而且还导致了诸多理论上的混乱。”② 但犯罪构成要件作为形式层面的犯罪既遂的标准，是罪刑

① 黄荣坚：《刑罚的极限》，台湾元照出版公司1999年版，第216页。

② 刘之雄：《犯罪既遂论》，中国人民公安大学出版社2003年版，第22页。

法定原则的必然要求，“法益这种实质的标准可能导致对刑法规范的任意解释与扩展，因此，它要想发挥作用是也只能是在对构成要件的解释中展开，即必须限于现行刑法分则规范所规定的构成要件以内”①。诚然，仅以“犯罪构成要件”作为犯罪既遂的标准，由于刑法分则对构成要件内容规定的不明确性，构成要件的内容将难以正确把握，但这不是“构成要件说”本身所存在的问题，实际上，犯罪构成要件说只是向我们提供了这样一个信号，犯罪既遂的标准应当以刑法的规定为准，应当充足刑法所规定的犯罪构成要件，这是一个宏观层面的犯罪既遂的标准。“说犯罪未得逞就是指行为没有完全具备某个犯罪的构成要件，绝对是没有问题的。但是，‘犯罪构成要件说’是以行为人开始实施具体犯罪的客观行为为前提的，因此，在‘未得逞’的认定上，也必然存在过于讲究形式而难以准确地认定犯罪‘未得逞’问题”②。“在界定了犯罪构成要件之后，还必须进一步思考，刑法规定这一款犯罪、设定相应的法定刑究竟是要保护些什么利益，即相应条款的保护法益是什么？以及，该条、款之规定是在行为发展的哪一个阶段上对行为进行否定性评价的，并进而确定行为发展到什么阶段就构成对相应条款保护法益的实质性的、完整性的侵害，继而确立相关犯罪的既遂点”③。在德国、日本，无争议地认为犯罪既遂的标准是构成要件的实现，但对于犯罪既遂的具体形态，又有结果实现、行为完成等具体标准，如“如果行为人主观上已决定实现全部构成要件的行为，但该行为未造成外界的符合构成要件的改变，因此缺少犯罪既遂所必需的客观结果，即为犯罪未遂”④。

---

① 吴振兴主编：《犯罪形态研究精要》（I），法律出版社2005年版，第304页。

② 黎宏：《刑法总论问题思考》，中国人民大学出版社2007年版，第434页。

③ 米传勇：《犯罪既遂标准新论——修正的构成要件齐备说之提倡》，载《法律适用》2005年第9期。

④ ［德］弗兰茨·冯·李斯特：《德国刑法教科书》，徐久生译，法律出版社2000年版，第329页。

在犯罪构成要件这一层面之下，刑法中又是如何规定具体的犯罪既遂的标准呢？这实际上是关于刑法分则是如何具体规定构成要件的内容，涉及的是犯罪既遂的形态划分的问题。例如，立法者是以实害结果作为犯罪既遂的点，还是以危险结果作为犯罪既遂的点，抑或是以行为的完成作为犯罪既遂的点？从这一角度看，这些具体的既遂标准实际上是构成要件说的具体细化。例如，在俄罗斯，即使刑法已经明确规定了犯罪既遂的标准是犯罪构成要件的实现，但如何理解构成要件的实现，实际上也就是对犯罪既遂的具体标准的把握问题。“按照俄罗斯刑法学家 A. B. 纳乌莫夫的说法，犯罪既遂与否的标准主要依靠犯罪客观方面的构成特征，如果是实体的犯罪构成，则必须是发生了犯罪的实际危害结果的才能成立既遂；如果是形式的犯罪构成，只要实施了刑法分则条文规定的犯罪行为，即使没有发生犯罪的实害结果，也可以成立犯罪的既遂。同样，对于危险犯的犯罪构成来讲，只要犯罪人实施的犯罪行为对法律保护的利益造成现实的危险的威胁的，就成立犯罪既遂，否则，如果危险的威胁不是现实的，或者尚没有出现危险，便不能构成犯罪的既遂”①。在德国、日本，刑法理论也基于具体犯罪之既遂标准，将犯罪分为结果犯与行为犯，结果犯又可分为实害犯与危险犯。这实际上是对构成要件这一标准的具体细化，即第二层次的标准。即使明确了上述第二层次的标准，但如何判断具体的标准，仍然会存在一些具体的标准，即下一层次的标准。例如，刑法中的故意杀人罪，其犯罪既遂之标准是“被害人死亡”这一结果的出现，但如何认定死亡，又有“脉搏终止说”、“呼吸终止说”、“综合判断说”、“脑死说”等不同的标准。又如，关于盗窃罪的既遂的标准，是行为人窃取相应数额的财物，② 但如何判断“窃取”，仍然存在不同的学说，如“失控说”、“控制说”、“失控说 + 控制

① 赵微：《俄罗斯联邦刑法》，法律出版社 2003 年版，第 80 ~ 81 页。

② 我国刑法规定了另一种情形，即多次盗窃。

说”等。

在我国，关于犯罪既遂的标准之所以存在很大的争议，笔者认为，这在很大程度上是由于没有认识到犯罪既遂的标准层次性这一特征，各种学说由于不是在一个层面对话，当然会得出不同的结论。的确，对于我国刑法分则规定的犯罪，其既遂之标准，有的是要求犯罪目的的实现，有的是要求危害结果的发生，有的是要求危害行为的完成。但这些均是犯罪构成要件的具体要求，这些标准之间的争论与构成要件说之间并非处在同一层面的。实际上，即使是承认构成要件作为犯罪既遂标准的其他国家，如何认定具体犯罪之既遂，仍然存在争议，但这种争议，也只是对于具体犯罪之构成要件的理解的争议。因此，关于犯罪既遂的标准的争议，实际上也就是对构成要件内容的不同理解所造成的。

二、犯罪既遂标准的法定性

虽然刑法中未出现“犯罪既遂”这一概念，但各国刑法均对犯罪未遂作了规定。犯罪未遂是与犯罪既遂相对而存在的，从这一角度看，犯罪既遂应当是一个法定的概念。如前所述，犯罪既遂的标准如何设定，是由立法者来决定的，当然，立法者不能随意决定犯罪既遂的标准，而应当符合一定的规律。从这样一个角度看，对于具体犯罪的既遂，不能脱离立法的规定来论述，而不是自然意义上的行为完成。例如，即使是相同的罪名，不同国家刑法的规定也各不相同，其犯罪既遂的具体标准也各不相同。

但是，在承认犯罪既遂的标准的法定性之基础上，结合刑法分则的规定来看，具体犯罪的构成要件并非均在分则中规定出来，尤其是关于犯罪既遂的标准这一客观方面的要件。基于此，不少学者甚至认为犯罪既遂的标准只是一种理论上的推测罢了。“由于法定刑的设置是以既遂罪为模式的，便认为法律所规定的罪状也就是对既遂犯的构成要件的描述。如果从应然的角度看，这种推论具有合理性：既然法定刑是以既遂罪为标准设置的，作为其适用前提的构成要件罪状中就应当包含犯罪的既遂条件。然而，事实并非如此。对于存在犯罪进程形态划分的犯罪而言，刑法分则对其法定刑和构成要件罪状是采取二元态度的：虽然法定刑是以既遂形态为标准设置的（这是以刑法总则关于犯罪未完成形态的刑罚规定为参照所作的推论），但关于构成要件的罪状描述中通常并不指明犯罪的既遂条件。所以，犯罪既遂的实质标准并非'法定的'构成要件要素"①。"'根据法律的规定'或'有关理论'确定出作为犯罪构成要件的结果，或者推定出一个标志犯罪完成的结果，但法律的规定在哪里，有关的理论又在哪里呢？……有的犯罪的既遂形态也是不关注犯罪结果如何的，我们不应该硬要找出一个这样的结果来"②。"既然法律未作明文规定，又何以知道某种犯罪以何种危害结果为构成要件，从而属于'结果犯'；何种犯罪以何种危险状态为构成要件，从而属于'危险犯'；……这种解释实际上等于承认，犯罪构成要件齐备说所主张的犯罪既遂标准并不是法定的构成要件，而是基于主张者对法律规定的理解，只不过是假借了法律规定的名义。既然如此为什么不从刑法理论上去探求犯罪既遂的实质内涵，而要在'法定要件'这一自己设下的樊篱中作困兽犹斗呢？"③"所谓犯罪既遂要件充足的构成要件要素不过是一种理论上的理解"④。正如这些观点所言，具体犯罪之既遂标准由于在刑法中没有明确规定，因此，可以说犯罪既遂的标准是带有理论性的推断。但这种理论性必须以法定性为前提，即必须结合刑法的规定推断。即使在刑法理论上探寻具体犯罪既遂的标准，也不能脱离刑法的规定来进行。正是由于犯罪的既遂标准具有"不成文"性，才需要通过刑法理论揭示犯罪既遂的基本内涵以及各种具体犯罪在立法上的既遂标准究竟是什么。再者，如前所述，犯罪既遂的标准是具有

① 刘之雄：《犯罪既遂论》，中国人民公安大学出版社2003年版，第34～35页。

② 金泽刚：《犯罪既遂的理论与实践》，人民法院出版社2001年版，第39页。

③ 刘之雄：《犯罪既遂论》，中国人民公安大学出版社2003年版，第28～29页。

④ 刘之雄：《犯罪既遂论》，中国人民公安大学出版社2003年版，第34页。

层次性的，刑法分则对于具体犯罪的规定不可能将每一层次的标准都具体加以规定，从而与实践中的具体案件对号入座。我们在实践中应当是从刑法目的、法益保护等角度出发，在刑法规定的基础之上来推断具体犯罪之既遂。例如，即使在实践中均一致认同“死亡”为故意杀人罪的既遂标准，但各国立法都没有明确标出“死亡”。“由于立法技术的需要，危害结果的损害性质及程度在分则条文中没有明确叙述，但根据该法条对罪名和罪状的基本规定，就能够理所当然地和准确无误地将构成要件结果推论出来。例如，故意杀人罪，法条虽然没有明叙构成要件结果，但任何人都知道，成立故意杀人罪的既遂必须是已经把被害人杀死”①。“将某种危害行为评价或规定为犯罪，立法者总是要考虑它所引起的结果因素的。至于那些法律条文没有明确规定犯罪结果的犯罪，并不意味着实践当中这类犯罪行为不会引起犯罪结果，只是一旦行为人实施这类犯罪行为，其犯罪结果非常明显，或者出于立法技术上的考虑，特别是受犯罪构成的特殊性所限，法律没有必要把犯罪结果都一一表述出来，如故意杀人罪”②。但如何认定“死亡”，仍然是刑法理论与实践的重要工作。刑法理论上存在不同的学说，如“脑死说”、“心脏停止跳动说”、“脉搏终止说”、“呼吸停止说”等。

三、犯罪既遂标准的解释性

刑法的适用离不开解释，作为刑法适用中的重要部分——犯罪既遂的认定也不例外。试图通过立法的规定将犯罪既遂的具体标准在刑法中规定出来，以期和实践中的具体案件机械地对号入座，是不现实的。赵秉志教授早就指出，在犯罪未遂的认定中，应当充分发挥司法解释的功能。③ 在刑法分则对具体的构成要件没有作明确

---

① 赵延光主编：《中国刑法原理》，武汉大学出版社1992年版，第186页。

② 金泽刚：《犯罪既遂的理论与实践》，人民法院出版社2001年版，第35页。

③ 赵秉志：《犯罪未遂的理论与实践》，中国人民大学出版社1987年版，第328页。

的表述的情形下，需要运用刑法理论来解释犯罪既遂的标准，即使刑法已经对犯罪既遂的标准（前文所说的第二层次的标准）作了规定的情形下，如何适用，也是需要进行解释的。“法益是立法者设定构成要件的出发点和指导思想，是构成要件的中心概念，只有法益才能决定该犯罪构成所有的客观的和主观的特征，只有借助法益才能决定该犯罪构成所有的客观的和主观的特征，只有借助法益这一概念我们才能理解到底立法者设定犯罪构成意图对法益进行何种程度保护。因此，充分发挥其对构成要件的解释机能，有助于我们更好地区分既未遂形态，尤其在不以某一特定结果作为犯罪成立条件的行为犯场合，法益解释论机能的发挥具有特殊的意义”①。在实践中，对于如何运用刑法理论对犯罪既遂的标准进行解释，应当注意如下方面：

1．刑法解释应当贯穿于犯罪既遂的标准的每一层次

犯罪既遂的标准是具有层次性的，将构成要件作为犯罪既遂的标准，仅仅是一个宏观层次的标准。在刑法分则没有将具体的构成要件内容明文规定的情形下，需要运用刑法理论对之进行解释。即使刑法中已经规定了犯罪既遂的标准，如何理解、适用仍然是需要进一步解释的。例如，关于盗窃罪的标准，即使认为“窃取数额较大的财物”，但如何认定，仍然是需要判断的。例如，究竟是采取“失控说”、“控制说”还是“失控＋控制说”。之后，还得根据被盗物品的体积、所处的位置等来具体认定。可以说，在承认犯罪既遂的标准具有层次性之前提下，实践中具体认定犯罪既遂的标准时，应当将刑法解释运用于全部过程。

2．犯罪既遂标准之解释与刑法目的之间的关系

刑法的目的是保护法益。犯罪既遂的标准，从形式上看是为了适用刑法分则对具体犯罪所规定的完整化的刑罚，使其与犯罪未完成形态在刑罚适用上区别对待；从实质上看，在于判断犯罪行为是

① 吴振兴主编：《犯罪形态研究精要》（I），法律出版社2005年版，第304页。

否达到了刑法所要求的对法益侵害或威胁的完成状态。“每一个具体的刑法规范都是为了保护某种特定的利益。只有从犯罪对刑法保护的利益的危害程度上来理解犯罪既遂与犯罪未完成形态的划分，才是符合刑法的基本精神的”①。“犯罪的侵害法益是与刑法的保护法益相对应的，只有从立法目的的角度理解，才具有特定内涵和定罪意义上的规范价值。”②“犯罪的既遂是以法律保护的客体即刑法法益为考察基点，在法定意义上的价值评判”③。因此，在对于具体犯罪之犯罪既遂标准进行解释时，必须结合刑法保护法益的观点来进行，即必须探寻刑法所意欲保护的是什么。如何认定刑法规范所欲保护的法益，仍然是需要具体判断的。例如，有学者指出：“就逻辑上包含的结果来说，标志犯罪既遂的特定结果需要根据犯罪行为和犯罪客体、对象的特点进行具体分析。……（1）盗窃、抢夺、抢劫、掠夺、获取型行为的结果犯，要求行为人控制、取得或占有犯罪人侵害的对象，才成立犯罪既遂。（2）损毁、损坏、破坏、毁灭型行为的结果犯，要求犯罪人的行为对犯罪对象造成严重损害，使其失去部分或全部价值，才成立犯罪既遂。（3）杀害、伤害型行为的结果犯，要求犯罪行为造成被害对象严重受伤或死亡，才能成立犯罪既遂。（4）骗取、拐骗型行为的结果犯，如拐骗儿童、招摇撞骗、骗取出境证件等。这些结果犯要求发生受害人遭受蒙骗后，服从犯罪人的意志，自愿交出所骗之物或让犯罪人控制被骗对象的结果，才标志其犯罪既遂的成立”④。当然，立法者意欲保护的法益是什么，并非可以很容易地得出。例如，对于抢劫罪，刑法理论上对其犯罪既遂的标准就存在诸多不同的观点，有人认为，应以行为人是否占有了他人的财物为标准；有人认为，应以

---

① 刘之雄：《关于故意犯罪既遂标准的再思考》，载《法商研究》1998年第6期。
② 刘之雄：《犯罪既遂论》，中国人民公安大学出版社2003年版，第116页。
③ 吴振兴主编：《犯罪形态研究精要》（I），法律出版社2005年版，第302页。
④ 金泽刚：《犯罪既遂的理论与实践》，人民法院出版社2001年版，第82页。

行为是否侵害了他人的人身权利为标准。[①] 这些不同的观点，究其实质，就在于对刑法所保护的法益的理解，或者说刑法设定该罪打算保护何种法益、如何保护。这些不同的观点，直接影响对具体案件的刑罚适用。最高人民法院《关于审理抢劫、抢夺刑事案件适用法律若干问题的意见》的出台，才为这一争论画上了句号。该解释第 10 条规定："抢劫罪侵犯的是复杂客体，既侵犯财产权利又侵犯人身权利，具备劫取财物或者造成他人轻伤以上后果两者之一的，均属抢劫既遂……"这一标准，实际上也是结合法益保护对刑法规定的一种解释。

即使明确了刑法中规定具体犯罪欲保护的法益，由于现实生活中的行为的多样性，如何认定具体案件是否达到既遂，仍然是需要解释的。以具体犯罪为例，在盗窃罪中，如何判断行为人是否"窃取"了财物，必须进行具体判断。在日本刑法理论中，"行为人盗窃形状、体积小的财物时，由于容易取得、控制，因此，只要行为人将财物置于自己身上，如拿在手上、夹在腋下、放入口袋、藏入怀中时，即使行为人还没有离开盗窃场所，也认定为盗窃既遂。行为人盗窃大体积、大重量的财物时，由于财物难以搬出，故一般认为只要行为人将该财物置于可能搬出的状态时，就是既遂"[②]。在日本，对于盗窃罪，通说与判例均采取"取得说"。"一般情况下'取得说'是妥当的，但具体而言，还是应当综合考察（1）财物的大小；（2）运出的难易程度；（3）是否处于他人的支配领域之内等因素之后再作判断"[③]。在我国古代刑法中，也有这方面的规定。唐律《贼盗》五十三有"公取窃取皆为盗"之条。

---

① 赵秉志主编：《刑法争议问题研究》（下卷），河南人民出版社 1996 年版，第 350 页下。

② 张明楷：《未遂犯论》，法律出版社、日本成文堂出版社 1997 年版，第 144 ~ 146 页。

③ ［日］西田典之：《日本刑法各论》，刘明祥、王昭武译，武汉大学出版社 2005 年版，第 103 页。

所谓公取，是指“行盗之人，公然而取”；所谓窃取，是指“方便私取其财”。不论公取或私取，“器属之物，需移徙；阑圈、系闭之物，需绝离常处；放逸、飞走之属，需专制，乃成盗”。这是说一般的物品，器具，必须转移离开作案的原处；用阑圈关养或用绳索拴系的马、牛、蛇、骡等必须使之离开关养、拴系的地方，对可以飞翔或奔跑的鹰、犬，必须使其置于自己的控制之中，才算盗窃行为的完成。① 又如放火罪，在德国、日本等国，放火行为导致目的物烧毁时，是放火罪的既遂。德国、日本等国刑法都使用了“烧毁”一词，但怎样理解“烧毁”的概念，则还存在不同的观点：“独立燃烧说”、“丧失效用说”、“重要部分燃烧说”、“毁弃说”。究竟采取哪一学说，各国刑法理论还是从本国建筑物等具体情况出发的。例如，欧洲大陆国家的建筑物多为砖石结构，放火行为要使目的物独立燃烧，通常要经过相当长的时间，放火行为使建筑物丧失效用不一定是容易的事情。于是，采取独立燃烧说，既不会导致放火罪没有未遂的余地，也不会导致放火罪都是既遂。而日本的建筑物多为木质结构，放火行为很容易引起目的物独立燃烧。如果采取独立燃烧说，恐怕放火罪就不会存在未遂。因此，日本刑法理论以往一般不赞成独立燃烧说。由于日本建筑物的建材与结构正在发生变化，现在又有人主张独立燃烧说；此外，日本的判例一般采取独立燃烧说。② 但最近，在日本，有关“烧毁”如何判断，由于新型的建筑物又产生了新的争议，“最近，有关烧损概念的论争围绕阻燃性建筑物也产生了新的争议。对于最近不断增加的阻燃性（难燃性）建筑物，根据媒介物火力的大小不同，很多情况下尽管建材或混凝土墙壁剥落，从而失去了作为房屋的效用，但却并未达到独立燃烧的程度。为此，又有学者提出了新效用说：放火行为尽管尚未达到建筑物本体独立燃烧的程度，但如果因媒介物的火

① 高绍先：《中国刑法史精要》，法律出版社 2001 年版，第 362 页。
② 张明楷：《外国刑法纲要》，清华大学出版社 2007 年版，第 643 页

力而使建筑物丧失效用，也应该认定达到既遂”①。

世界各国刑法分则之所以对相当部分犯罪之既遂标准不作具体规定，一方面是基于立法简洁性的要求，有些犯罪之既遂标准无须列明，如故意杀人罪；另一方面，由于犯罪既遂的标准是一个实质解释的问题——法益保护，而法益侵害的大小、有无又可能随着时间的推移、社会生活的变化而变化，因此，立法上不作规定或仅作笼统的规定，将犯罪既遂的认定留给刑法解释。有学者基于此认为，既然刑法上没有明确规定犯罪既遂的标准，则应当认为，犯罪既遂的标准并不是法定的，并认为刑法分则的规定不是犯罪既遂的标准而是犯罪既遂的标准。例如，“退一步讲，就算如论者所言，故意杀人罪是传统的犯罪，由于学说上之通说或多年之判例，立法者没有必要将死亡结果作为既遂的构成要件要素明文规定，那么，对于我国刑法分则大量存在的没有规定犯罪结果的其他故意犯罪，如洗钱罪、劫持航空器罪，若我国刑法分则果真以既遂为模式，规定的是既遂的构成要件，为什么对这些非传统犯罪仍不规定其既遂的犯罪结果呢?”② 笔者认为，对于相当一部分犯罪，之所以不在刑法中规定具体的既遂标准，是留待司法实践中结合法益保护的观点来进行具体的解释。再者，犯罪既遂的标准能用一个明确无误的指标来说明吗？许多犯罪的既遂要求使用的均是概括性的语词，如“数额较大”、“数额巨大”，而留待实践中具体解释。这是因为社会生活在不断变化，如果规定了具体的数额，将难以适应不断变化的社会生活。

---

① ［日］西田典之：《日本刑法各论》，刘明祥、王昭武译，武汉大学出版社 2005 年版，第 207 页。

② 苏彩霞、齐文远：《我国危险犯理论通说质疑》，载《环球法律评论》2006 年第 3 期。

第二章　犯罪既遂的范围

笔者在第一章中指出，刑法分则的规定是以犯罪既遂为模式的，从适用刑法分则对具体犯罪所规定的完整化的刑罚的角度看，在所有的犯罪中均存在犯罪既遂这一犯罪停止形态。“既遂并不一定作为未遂的对称，犯罪的完成状态是客观存在的，这无论是对故意犯罪，还是过失犯罪，都没有例外。在法律意义上，符合刑法分则规定的某项犯罪构成的行为就是犯罪既遂。犯罪的完成形态，是犯罪的常态，是处罚犯罪的标准形态。如果否认过失犯罪没有既遂，就意味着过失犯罪不是刑法分则规定的标准犯罪形态，等于将过失犯罪打入另册”①。“从法理上讲，既然犯罪构成作为过程而存在，应当认为任何犯罪构成都有其完成形态”②。但是，并非所有犯罪均存在犯罪完成形态与未完成形态的区分，对于这些犯罪，刑法根本不处罚其未完成形态。对于此类犯罪而言，只有罪与非罪的判断，这种意义上谈其存在犯罪既遂也仅仅是适用刑法分则规定的完整的刑罚而言的，其不存在与其相对的犯罪未完成形态。③ 但刑法中哪些犯罪存在与犯罪既遂相对应的犯罪未遂形态，也即刑法处罚哪些犯罪的未完成形态，刑法理论上存在不同的观点，这将直接涉及对于具体犯罪行为的未完成形态是否需要处罚的问题。本章中，笔者所论及的犯罪既遂的存在范围，即是与犯罪未遂相对应的

① 姜伟：《犯罪形态通论》，法律出版社 1994 年版，第 108 页。

② 何秉松：《犯罪构成系统论》，中国法制出版社 1995 年版，第 334 页。

③ 当然，从犯罪行为的发展进程看，任何行为的发展都是一个过程，因此，也就存在完成形态与未完成形态之区分，但许多犯罪的未完成形态无须动用刑罚处罚，根本谈不上存在犯罪未遂等犯罪未完成形态。

犯罪既遂的存在范围，实质上也即犯罪未遂的存在犯罪。从这一意义上理解，也就是为了区分哪些犯罪仅处罚其完成形态，哪些犯罪既处罚其完成形态，又处罚未完成形态。正如有学者所指出的："犯罪既遂是与犯罪未遂相对应的一种犯罪进程形态，而犯罪进程形态的划分，是以犯罪发展过程中阶段的划分为基础的。这就意味着，只有当犯罪可以划分为不同的发展阶段的时候，犯罪既遂概念的存在才是有意义的"①。"犯罪既遂是与犯罪未遂相对应的一种犯罪过程形态，而犯罪过程形态的划分，是以犯罪发展过程中阶段的划分为基础的。这就意味着，只有当犯罪可以划分为不同发展阶段的时候，犯罪既遂概念的存在才有意义，而可以从发展阶段上进行划分的犯罪仅限于直接故意犯罪"②。

关于犯罪既遂、未遂的存在范围，一般是围绕着罪过形式而展开的，即犯罪未遂是存在于哪种主观罪过的犯罪之中。③ 从世界各国的立法来看，虽然基本上都承认直接故意犯罪存在犯罪的未完成形态，但对于其他罪过形态的犯罪是否存在未完成形态的犯罪，我国刑法学界通说认为，过失犯罪和间接故意犯罪不存在犯罪未遂形态。④ 但也存在一些反对观点，认为在间接故意犯罪与过失犯罪中也存在犯罪未遂形态。

---

① 刘之雄：《犯罪既遂论》，中国人民公安大学出版社 2003 年版，第 88 页。

② 刘宪权主编：《中国刑法理论前沿问题研究》，人民出版社 2005 年版，第 179 页。

③ 为何会围绕罪过形式展开，主要是基于不同罪过形式下的未完成形态的处罚的必要性、可行性及行为的定型性等。

④ 高铭暄主编：《刑法学原理》（第二卷），中国人民大学出版社 1993 年版，第 270 页。

第一节 各国关于犯罪既遂范围的立法与学说

一、我国关于犯罪既遂范围的立法与学说

从与犯罪未遂相对应的角度来界定犯罪既遂的范围，实质上也就是关于犯罪未遂的存在范围的判断。从刑法对犯罪未遂的规定来看，与犯罪未遂相对应的犯罪既遂也仅能存在于直接故意犯罪之中。首先，从刑法对犯罪未遂的性质之规定看，间接故意犯罪不存在犯罪未遂。刑法第23条第1款规定："已经着手实行犯罪，由于犯罪分子意志以外的原因而未得逞的，是犯罪未遂。"从"犯罪分子意志以外的原因"、"未得逞"这两者结合起来看，显然，行为人的行为都是具有直接指向犯罪结果的目的性的，因此，应当认为是针对直接故意犯罪而言的。而在间接故意犯罪、过失犯罪中，行为人对于犯罪结果的发生是听之任之、排斥的心理态度，怎么可能是出现"由于犯罪分子意志以外的原因"而"未得逞"？其次，对于犯罪预备，刑法第22条第1款规定："为了犯罪，准备工具、制造条件的，是犯罪预备。"从这一表述上看，行为人有明确的行为目标，并且朝着目标准备工具、制造条件，这显然是针对直接故意犯罪的。因此，从我国立法来看，犯罪未遂仅存在于直接故意犯罪之中。

通说认为，犯罪既遂、犯罪未遂仅存在于直接故意犯罪之中。"犯罪进程形态上的立法评价是仅以直接故意犯罪为对象的。只有对直接故意犯罪而言，才会有立法上的犯罪预备、犯罪未遂、犯罪中止存在的余地，而与这些犯罪的未完成形态相对应的犯罪既遂概念才得以成立"①。主要原因在于：第一，作为犯罪完成形态的犯罪既遂，是与犯罪的未完成形态相对而言，是相比较而存在的概

① 刘之雄：《犯罪既遂论》，中国人民公安大学出版社2003年版，第88页。

念。既然过失犯罪和间接故意犯罪从主客观统一上看不可能有犯罪的未完成形态，则其完成形态就失去了存在的意义与可能。第二，过失犯罪和间接故意犯罪不符合犯罪既遂的含义。犯罪既遂在主观方面实现了法定的犯罪意图。而过失犯罪的行为人主观上并无犯罪意图，在构成犯罪时也谈不上实现了其犯罪意图；间接故意犯罪在主观上的放任心理，不符合犯罪既遂所包含的实现了特定犯罪意图的追求心理。① 但是，刑法理论上的反对观点仍然存在，不少学者认为间接故意犯罪存在犯罪未遂形态，甚至有学者认为过失犯罪也存在未遂形态。这种脱离立法规定的观点是否合理，本章第二节、第三节将进一步具体介绍。

我国有学者指出，对于间接故意犯罪，不能以结果的发生作为定罪的根据，如果行为人是放任他人的死亡，但仅造成了伤害结果的，也应当认定为是故意杀人罪（间接故意）的未遂，这种观点即承认间接故意犯罪存在犯罪未遂。例如，“从司法实践来看，间接故意杀人多数是那些心狠手毒、随身携带利器的犯罪分子，动辄放肆地朝他人要害部位行凶，不管对方死活的情况。在主观上，他们对死亡结果持放任态度；在客观上实施了足以致人死亡的行为。在这种情况下，如果发生了死亡结果，就构成间接故意杀人既遂；如果被害人由于犯罪人意志以外的原因被抢救未死，应以间接故意杀人罪未遂论处”②。“以危害结果逆推行为人主观心理活动与因果关系发展进程的这种做法不科学”③。还有的学者进一步指出：“意志—行为—结果，三者在时间上有着严格的相继性；结果的具体形态如何，绝不可能倒过来再去影响或改变意志的内容，也不可能去决定已经由该意志所确定了的行为的性质。这是一个不容颠倒的逻

① 高铭暄主编：《刑法学原理》（第二卷），中国人民大学出版社 1993 年版，第 270～274 页。

② 欧阳涛等：《谈谈如何正确区分杀人罪和伤害罪》，载《法学研究》1980 年第 3 期。

③ 赵辉：《论间接故意犯罪的中止》，载《中国刑事法杂志》2005 年第 1 期。

辑关系。……在间接故意犯罪有无未遂的讨论中，部分持‘无未遂’观点的同志提出一种‘结果决定性质’的论点，即在处理涉及间接故意犯罪的案件时，一律按既遂处理，其行为的性质按实际发生的结果来确定，发生了什么结果就定什么罪。这种论点，违背了客观上犯罪行为本身的发展规律，颠倒了事物间的相继关系，在逻辑上是无法立论的。”① 不少学者还通过举例来论证间接故意犯罪存在犯罪未遂。例如，“装卸工王某在行驶的卡车上用绳子套取路旁行人取乐。他将绳子一头拴在车厢板上，一头挽成活套，套中路旁一骑自行车的女青年的颈部。该女青年当即被拉倒在地，拖拽而去。危急中她死死抓住绳子不放，使颈部最初未被完全勒紧。卡车上另一装卸工见状大声呼喊停车，司机听到喊声后才将车停住。这时该女青年已被拖了四十多米远，昏迷过去，经及时抢救才幸免于死。这是一个典型的间接故意犯罪案——用活绳套套中颈部用力拖拽可能致人死亡，这是每一个有正常思维能力的人都能够预料的；而王某为了寻求刺激，竟故意从行驶的卡车上用活绳套套人，放任死亡结果的发生。这种间接故意杀人的心理状态显然是其意志中的主导倾向，在这种倾向支配下实施的行为的性质当然得由这种倾向的内容来确定。该女青年之所以没有死，完全是由于王某意志以外的原因所决定，即‘女青年死死抓住绳子，使颈部最初未被完全勒紧’、‘另一装卸工大声叫喊，司机及时停车’、‘及时抢救’等原因。这些原因可以说是同王某的犯罪意志没有任何联系，当然也就不应该影响其行为的间接故意杀人罪的性质”②。“某甲以杀害其妻的直接故意在饭菜里下毒，适逢其妻女友某乙来与其妻共进午餐。甲以间接故意的心理态度让某乙一起进餐。某乙与甲妻一起中毒后经他人救活。该观点认为某甲的杀人未遂包括两部分，即为对

---

① 冯亚东：《罪与刑的探索之道》，中国检察出版社 2005 年版，第 62 ~ 63 页。

② 冯亚东：《罪与刑的探索之道》，中国检察出版社 2005 年版，第 66 页。

其妻的直接故意未遂和对某乙的间接故意未遂"[①]。"在出于放任的间接故意心理而实施犯罪，没有造成任何结果的情况下，因为间接故意犯罪没有未遂形态，所以，该行为就不构成犯罪。但是，这样理解的话，是不是有造成定罪量刑上的不平衡之嫌，值得探讨。如在向牵着狗的人射击的案件中，如果目的是射击人而放任狗被杀的话，就是直接故意杀人罪；如果目的是杀狗而放任人被射中的话，就是间接故意杀人罪。在子弹从人和狗的中间穿过，二者均未被射中的场合，应该说，就客观的危险来看是完全一致的，都直接威胁到了人的生命安全，但为什么只有前者构成犯罪（杀人未遂），而后者不构成犯罪呢？这恐怕是难以理解的"[②]。

二、外国关于犯罪既遂范围的立法与学说

关于犯罪既遂的存在范围，其他国家的立法规定并不完全一致，刑法理论上的观点也不一致。以下，笔者拟对外国立法及理论上关于犯罪既遂的范围作一介绍。

（一）德国

在德国，1532 年的《加洛林纳法典》第 178 条设未遂犯之规定，以"恶意"（犯意、故意）为要素，即以"恶意"之主观的要素，为其概念要素之主观化。《德国刑法典》第 22 条规定："行为人已直接着手实现构成要件，而未发生行为人所预期的结果的，是犯罪未遂。"从"预期"一词的含义来看，间接故意犯罪不存在犯罪未遂。此外，第 23 条（未遂的可罚性）第 1 款规定："重罪的未遂一律处罚；对轻罪的未遂的处罚以法律有明文规定为限"。结合刑法的具体规定来看，"重罪"、"法律明文规定处罚未遂的轻罪"也仅限于故意犯罪。

德国刑法理论将故意分为三种类型：（1）蓄意。蓄意意味着

① 何秉松主编：《刑法教科书》，中国法制出版社 1997 年版，第 352 页。

② 黎宏：《刑法总论问题思考》，中国人民大学出版社 2007 年版，第 417 页。

行为人追求符合构成要件的行为，或者追求构成要件中提前规定的结果，或者追求上述两者。在蓄意的情况下，占支配地位的是故意的意志因素。（2）直接故意。直接故意意味着行为人确切地知道存在特定的构成要件或其行为将实现此等特定的构成要件，尤其是他确实预先就知道将产生符合构成要件的结果。（3）间接故意。间接故意是指，行为人认为法定要件的实现是有可能的，且实际上实现了法定构成要件。[①] 从刑法理论上关于间接故意的概念看，在德国，间接故意犯罪必须要实现法定的构成要件，而其刑法分则的规定是以犯罪既遂为模式的（当然，对于不存在犯罪既未遂之分的犯罪，是指犯罪的完成形态），因此，对于间接故意犯罪而言，一般认为不存在犯罪未遂。德国文献上不乏持肯定见解者，认为间接故意和未遂不兼容，未遂犯只存在于直接故意，而在实务中则基本上持否定见解，认为间接故意行为亦能成立未遂犯，但并未直接说明间接故意能成立未遂犯的理由，而是将问题的重点置于既了未遂的中止犯是否成立上面。[②]

对于过失犯罪，一般认为，“过失犯罪因行为人不具有实施犯罪的决意，而不存在过失未遂”[③]。德日刑法理论通说均否认过失犯有成立未遂之必要及可能，理由是：（1）未遂犯成立具有“意图”要件，而所谓的意图只能存在于故意犯而不能存在于过失犯；（2）过失犯在本质上即是无视注意义务而导致结果发生，亦即过失之成立系因行为人对于防止结果发生之用心态度不足，故无成立未遂犯之余地；（3）虽然法条上已明定未遂犯之处罚应有特别规定，但基于性质上不容许及刑事政策之要求，实定法上并未规定过

---

① ［德］汉斯·海因里希·耶赛克、托马斯·魏根特：《德国刑法教科书》，徐久生译，中国法制出版社2001年版，第358～362页。

② 许玉秀：《当代刑法思潮》，中国民主法制出版社2005年版，第288页。

③ ［德］汉斯·海因里希·耶赛克、托马斯·魏根特：《德国刑法教科书》，徐久生译，中国法制出版社2001年版，第616页。

失未遂犯之处罚，因此，有关过失犯未遂之讨论即无实益。①

（二）日本

《日本刑法典》第八章专章规定了未遂罪。第43条规定："已经着手实行犯罪而未遂的，可以减轻处罚，但基于自己的意志中止犯罪的，应当减轻或者免除处罚。"第44条规定："处罚未遂的情形，由各本条规定。"从刑法分则的规定来看，没有处罚过失犯罪未遂的规定，犯罪未遂也仅存在于直接故意犯罪之中。

在日本，过失犯是否存在犯罪未完成形态，存在否认说与肯定说两种学说，前者认为，过失犯是根据结果的发生而开始个别化的，不考虑未遂犯，这是历来的通说；后者认为，虽然同故意的场合不同，但过失的场合也有实行行为，既有着手实行，就可以考虑过失犯的未遂，如牧野英一、木村龟二、团藤重光曾持此观点。②大谷实认为："过失犯也有实行行为，因此，在虽然具有实行行为但没有发生结果的场合，应看成是过失犯的未遂，所以，肯定说为妥。但是，现行法上没有处罚过失犯的未遂的规定"③。"既然在过失犯中也应该区别实行行为和结果的观念，那么，在理论上就可以肯定其未遂。只是，因为现行刑法不处罚过失犯的未遂，所以，实行上不成为问题"④。平野龙一指出："过失犯应可考量成立未遂犯，只因现行法未设规定，故无研酌之必要而已。且以现行法对于未遂犯之成立要求应以故意犯为前提，其更无斟酌之余地。但如就论理上全未发生结果之轻情形，亦当可个别考量过失之情形。只以因均先就一定之结果予以预定而非予以个别化考量而已。但此与故意之情形同，即如未预设特定之结果时，则有无认识即无法确定，

① 廖正豪：《过失犯论》，台湾三民书局1993年版，第140～141页。

② ［日］木村龟二主编：《刑法学词典》，顾肖荣、郑树周译，上海翻译出版公司1991年版，第300页。

③ ［日］大谷实：《刑法总论》，黎宏译，法律出版社2003年版，第279页。

④ ［日］大塚仁：《刑法概说（总论）》，冯军译，中国人民大学出版社2003年版，第116页。

此时亦无法考量个别的故意，因此，在现实未发生结果之情形，应可予以个别化，就此点而言，故意与过失应无如何之差别。”①

在日本，实务中也有承认间接故意犯罪存在犯罪未遂的判例，如1986年福冈高等裁判所有关杀人案件的判例。被告人以未必的杀人故意用水果刀向被害人的颈部刺了一下，并刺到了气管内。见到被害人口中大量流血后，被告人感到惊愕，同时觉得事态严重，便采取用毛巾敷住伤口使之止血等措施，被害人没有死亡。原审认定为杀人罪的障碍未遂，但福冈高等裁判所1986年3月6日的判决认定为杀人罪的中止犯。②

（三）意大利

《意大利刑法典》第56条第1款规定：“实施毫不含糊地表明旨在犯罪的、适当的行为的，如果行为尚未完成或者结果尚未发生，对犯罪未遂负责。”从该款的规定“毫不含糊地表明旨在犯罪”来看，犯罪未遂仅存在直接故意犯罪中。

意大利刑法学界对于该条文的理解则是一致的意见，认为过失犯罪没有未遂形态。因为，（1）不论从哪个角度理解，未实施完毕或未引起犯罪结果的过失行为，都不能理解为“指向实施犯罪的行为”。（2）刑法中没有明文规定过失行为可以构成犯罪未遂的条款，认为过失行为也有未遂形态的观点，违背《意大利刑法典》第42条第2款关于过失行为只有法律有明文规定的才构成犯罪的规定。③“只有故意犯罪的未遂行为才有可罚性，因为未遂行为指向明确性，是过失行为不可能具有的特征”④，意大利刑法理论界

---

① 廖正豪：《过失犯论》，台湾三民书局1993年版，第139页。

② 张明楷：《未遂犯论》，法律出版社、日本成文堂出版社1997年版，第374页。

③《意大利刑法典》第42条第2款规定：“如果某人在实施行为时不是出于故意，不得因被法律规定为重罪的行为受到处罚，被法律明确规定为超意图犯罪或者过失犯罪的情况除外。”

④ ［意］杜里奥·帕多瓦尼：《意大利刑法学原理》，陈忠林译，法律出版社1998年版，第305页。

多数人认为，犯罪未遂的主观方面只能是直接故意，因为一个人是否“指向”犯罪，只能以行为人所追求的目标为参照的对象。在间接故意的情况下，未遂的“犯罪”显然不可能是行为人意图实施的“犯罪”，认为间接故意也有未遂形态，只能是适用类推的结果。[①]“只有与行为人所希望发生的犯罪结果才应该作为确定行为指向的参照物，而间接故意是一种不直接指向犯罪结果的故意形态。因此，间接故意不存在未遂形态”[②]。

但是，司法实践中占统治地位的意见认为，所有的故意犯罪都有未遂形态，间接故意也不例外。因为，（1）行为人主观上是否包含实施犯罪的意志，是认定犯罪未遂的主观标准，间接故意的主观内容中包含行为人有意实施犯罪的一致因素，是一个不争的事实。（2）《意大利刑法典》第56条关于犯罪未遂是“明确指向……犯罪的行为”的规定，是指行为的客观性质，而不是关于犯罪的主观要件的规定。如果行为人已知自己的行为可能引起犯罪结果（尽管这种结果不是行为人追求的目标），并在接受这种结果发生的前提下实施犯罪行为，即使危害结果实际上并没有发生，也没有任何理由否认行为在客观上具有指向犯罪的“明确性”。[③]

（四）俄罗斯

《俄罗斯联邦刑法典》第30条第3款规定：“故意实施的犯罪行为（或不作为），如果由于行为人以外的情况而未将犯罪进行到底的，是犯罪未遂。”从该法条的规定来看，立法上已经明确将犯罪未遂的范围限定在故意犯罪之中。

目前，俄罗斯无论在刑法理论上还是在司法实践中，都主张犯

① 陈忠林：《意大利刑法纲要》，中国人民大学出版社1999年版，第210～211页。

② ［意］杜里奥·帕多瓦尼：《意大利刑法学原理》，陈忠林译，中国人民大学出版社2004年版，第271页。

③ 陈忠林：《意大利刑法纲要》，中国人民大学出版社1999年版，第211页。

罪未遂形态主观上只能由直接故意构成。[1] 1992年12月22日，俄罗斯最高法院《关于审理故意杀人罪的审判实践》的全体会议决议指出："杀人未遂罪只能是基于直接故意"，1999年1月27日，最高法院《关于审理杀人罪的审判实践》的全体会议决议强调指出："如果说杀人罪可以基于直接故意实施，也可以基于间接故意实施，那么杀人罪的未遂只能基于直接故意而实施。"[2]

（五）英美法系国家

在英美法系国家的刑法中，对于犯罪未遂的规定并不完全一致。英国1981年8月27日实施的《犯罪未遂法》第1条第1款规定："意图实施本条规定的犯罪，并且实施了超出预备犯罪阶段的行为，构成该罪的未遂。"美国《纽约州刑法典》规定："犯罪未遂就是行为人怀有犯罪意图而实施了接近完成该罪的行为。"《伊利诺伊州刑法典》规定："犯罪未遂就是行为人怀有特定的犯罪意图而实施了接近完成组成该罪的实质步骤的行为。"《加拿大刑事法典》第24条规定的未遂的定义是：（1）任何人计划犯罪并为实施计划而作为或不作为，无论依当时之情况是否可能犯罪，为犯罪未遂；（2）未遂犯罪者之作为或不作为是否单纯为犯罪预备，以及是否太遥远以至不能构成犯罪，系法律问题。尽管关于未遂的定义不明确或不一致，但从上述几个法定定义及英美法系刑法学者对于未遂承担刑事责任的论述中看，在未遂必须具备"犯罪意图"及"犯罪行为"这两个因素上是没有分歧的。犯罪意图应包含两层内容：第一层次，实施某一犯罪的打算，即对自己实施某一行为的认识；第二层次，若某种犯罪的定义要求某种结果是由被告的行为造成的情况下，必须证明被告对这种结果有希望、追求的意志因素。也就是说，构成未遂罪，行为人必须具备明知自己实施的行为

① ［俄］库兹涅佐娃等主编：《俄罗斯刑法教程》（上），黄道秀译，中国法制出版社2002年版，第368页。

② 赵微：《俄罗斯联邦刑法》，法律出版社2003年版，第88页。

且希望行为的结果发生的直接故意。[1] 此外，也存在承认直接故意以外的罪过形式存在犯罪未遂的立法例。美国《模范刑法典》规定的未遂的定义是：足以确证犯罪意图的将达到完成犯罪的实质性步骤的作为或不作为。明确规定除了希望故意与轻率故意外，实施了行为就算既遂的举动犯也可能存在犯罪未遂，不作为情况下也有犯罪未遂。[2]

美国司法实践中，也确实有对间接故意犯罪、过失犯罪的未遂进行处罚的案例。"根据大陆法和英美法的传统观念，只有目的故意（希望故意）才有未遂犯罪。但是《模范刑法典》关于未遂的定义却包含明知故意（相当于我国刑法中的间接故意——笔者注）情况下的犯罪未遂，这也许是绝无仅有的规定。例如，被告人为了破坏竞争者的实验飞机，在该飞机中放了定时炸弹，希望它在空中爆炸；当然他也认识到（明知）飞机的驾驶员会被炸死。炸弹失灵没有爆炸。根据《模范刑法典》的规定，被告人构成两个罪：破坏飞机未遂，杀人未遂。前一个未遂是目的故意的未遂，后一个未遂是明知故意的未遂"[3]。

此外，从其他国家刑法的相关规定来看，一般将犯罪未遂限定在直接故意犯罪中。例如，《泰国刑法典》第 80 条规定："着手犯罪行为但是没有完成或者虽完成但是没有达到其目的的，是未遂犯。未遂犯，应当依其所犯罪的刑罚的三分之二处罚。"第 81 条第 1 款规定："意图发生法定的犯罪结果而着手实行，因为其采用的手段或者犯罪的对象，确实没有发生结果的可能的，视为未遂犯，应当依照不多于其法定刑的二分之一处罚。"《瑞士联邦刑法典》第 18 条第 1 款、第 2 款关于故意的规定："1. 如本法未作其他明确规定的，故意之重罪或轻罪始受处罚。2. 有意识地实施重

---

① 赵秉志主编：《英美刑法学》，中国人民大学出版社 2004 年版，第 91 ~ 92 页。

② 赵秉志主编：《英美刑法学》，中国人民大学出版社 2004 年版，第 91 ~ 92 页。

③ 储槐植：《美国刑法》，北京大学出版社 2005 年版，第 108 页。

罪或轻罪的，是故意犯罪。”第 21 条第 1 款关于未遂犯的规定：“1. 行为人在开始实施重罪或轻罪后，未将其违法行为实施终了的，从轻处罚。”第 22 条第 1 款关于实施终了的未遂的规定：“犯罪行为已经实施终了，但重罪或轻罪的结果未发生的，可对行为人从轻处罚。”《西班牙刑法典》第 16 条第 1 项规定：“未遂犯是指罪犯通过其外部行为故意直接实施某项犯罪，其实施的全部或者部分行为客观上可能造成结果，但因罪犯作为以外的原因没有造成犯罪结果。”《澳大利亚联邦刑法典》规定，对于未遂罪，蓄意和明知是与企图实施的犯罪的每一个行为要素有关的过错要素。此外，《蒙古国刑法典》、《尼日利亚刑法典》均将犯罪未遂限定在直接故意犯罪之中。

从各国的刑法来看，只要对犯罪未遂的概念作了实质性的描述，都将犯罪未遂的范围限定在故意犯罪之中。有的国家刑法总则虽然对于犯罪未遂没有作明确的规定，认为对未遂犯的处罚是刑法分则的例外规定，但从分则的规定来看，对于未遂犯，也仅限于故意犯罪。由于许多犯罪行为根本不可能由过失实施，并且过失行为的危害性相对于故意犯罪而言要小，因此，世界各国，对于过失犯罪基本上都是例外规定，更谈不上对于过失犯罪的未遂的规定。几乎各国刑法理论与实务的通说均认为，犯罪未遂仅存在于直接故意犯罪之中，而不可能存在于间接故意犯罪、过失犯罪之中。[①] 原因

---

① 这里谈犯罪未遂存在于直接故意犯罪，并不是说所有的直接故意犯罪均存在犯罪未遂形态。从各国的立法例来看，关于未遂犯的处罚，有三种方式：（1）概括式规定，即只在刑法总则中说明对未遂犯如何处罚，如我国；（2）特别规定，即仅在分则对于有处罚必要的直接故意犯罪之犯罪未遂进行特别说明，如日本；（3）概括式与特别式相结合，如德国。在第二种模式下，也仅是对部分直接故意犯罪的未遂进行处罚。在概括式的模式下，如我国，虽然原则上对所有的直接故意犯罪的未完成形态进行处罚，但由于这些行为属于“情节显著轻微危害不大的”，不认为是犯罪，因此，也并非所有的直接故意犯罪均存在犯罪未遂形态，如实践中盗窃罪、故意伤害罪一般不处罚其未遂形态。至于在我国，哪些直接故意犯罪存在犯罪未遂形态，立法上没有明文规定，只能借助于刑法第 13 条之“情节显著轻微危害不大的，不认为是犯罪”来具体认定。

何在？笔者认为，主要是两个方面的原因。首先，从处罚的必要性看。同直接故意犯罪相比较，间接故意犯罪与过失犯罪没有直接的“法敌对”意思，主观恶性较小，基于刑法谦抑主义，一般应当限制处罚的范围及幅度。间接故意犯罪虽然也属于故意犯罪的一种类型，但其主观恶性较小，各国刑法理论也在间接故意与有认识的过失（过于自信的过失）的区分上费尽了心思，这一点也说明，间接故意与过失之间存在很大的类似性，法敌对意识较弱，处罚的必要性不大，这也是为什么在司法实践中，对于间接故意犯罪的处罚要比同种犯罪的直接故意犯罪的处罚要轻许多的原因。基于刑法谦抑的要求，各国对于过失犯罪的处罚都限于刑法的明文规定，也即属于例外规定，对于过失犯罪的未遂，更是没有作任何规定。因此，对于间接故意犯罪、过失犯罪规定犯罪未遂并处罚，显然是不符合刑法谦抑精神的。其次，从诉讼的角度看，在行为人出于轻率的故意、过失的情形下实施某种行为，行为人的主观上没有明确的指向性，在没有造成结果的情况下，不易探知行为人的内心存在轻率、过失。行为人完全可以论证自己尽了相当的、必要的注意义务，凭借了一定的客观条件、自身能力等，才没有导致危害结果的发生。当然，刑法理论与实践中反对的声音仍然在一定范围内存在。例如，意大利司法实践中认为所有的故意犯罪均存在犯罪未遂形态，在美国，司法实践中有关于间接故意犯罪未遂的案例。韩国刑法学者李在祥认为，未遂犯与既遂犯的故意相同，当既遂犯只要求间接故意时，未遂犯具备间接故意就够了。① 但是，从法益保护的角度看，对于一些重大的法益间接故意、过失行为，如果没有造成结果就不处罚，显然是不利于保护法益的。② 因此，对于间接故

---

① ［韩］李在祥：《韩国刑法总论》，韩相敦译，中国人民大学出版社 2005 年版，第 316 页。

② 在我国刑法已经明确规定了犯罪未遂仅能存在于直接故意犯罪这一前提下，无论如何都不可能处罚所谓的间接故意犯罪、过失犯罪的犯罪未遂，这是罪刑法定原则的当然要求。

意犯罪、过失犯罪的未完成形态刑法如何介入，值得研究。

第二节　犯罪既遂与间接故意犯罪

从各国刑法理论与实务来看，对于间接故意犯罪不存在未完成形态已经基本上达成了一致的意见。但是，反对者的声音仍然在小范围之内存在着，荷兰、挪威、英国、美国等国有部分学者认为间接故意犯罪存在犯罪未遂。[①] 在刑法理论上，即使刑事立法规定了犯罪未遂仅存在于直接故意犯罪之中，仍有学者认为间接故意犯罪可以存在犯罪未遂。在我国，也有不少学者认为间接故意存在犯罪未遂。[②] 还有学者举例说明间接故意犯罪存在中止犯，“行为人在山上打猎时，看到野兽旁边有牧童伫立，基于一种放任心理，行为人开枪朝野兽射击，结果竟将牧童打伤，生命垂危，假设此时行为人积极采取抢救措施，将牧童送至医院抢救，而使其脱险了。若否认间接故意可成立中止犯，故对行为人只能视为无罪。这样处理显然宽纵了不法行为人，故我们认为，我国刑法界通说在间接故意犯罪可否成立犯罪中止问题上所持的观点不妥”[③]。我国台湾地区学者余振华指出，未遂犯中行为人必须具有实现构成犯罪事实之决意，此种主观犯意包括直接故意与间接故意。[④] 前述已指出，实践中也存在对间接故意犯罪的未遂进行处罚的案件。

为什么刑法理论和实务中仍然存在间接故意犯罪之犯罪未遂的

---

① 储槐植：《美国刑法》，北京大学出版社 2005 年版，第 105 页。

② 许鹏飞：《比较刑法纲要》，商务印书馆 1936 年版，第 136 页；高铭暄主编：《新中国刑法学研究综述（1949—1985）》，河南人民出版社 1986 年版，第 330 页；冯亚东：《罪与刑的探索之道》，中国检察出版社 2005 年版，第 61 ~ 66 页。

③ 张庆方：《论犯罪中止》，载《刑事法律问题专题研究》，群众出版社 1998 年版，第 176 ~ 177 页。

④ 余振华：《刑法深思 · 深思刑法》，台湾元照出版公司 2005 年版，第 106 页。

支持者，其理由何在，这种做法是否合理，有必要进一步研究。①

一、间接故意犯罪之未完成形态的危害性

刑法规定了对未遂犯、中止犯可以减免处罚，对于主观恶性较小的间接故意犯罪，如果没有达到犯罪完成形态，而仅仅是处于“未遂”的，基于刑法谦抑主义，也完全可以不对之进行处罚。至少，绝大多数的间接故意行为，如果没有造成实际损害的，可以免除处罚。正如有学者所指出的：“认为所有的故意犯罪都存在未遂和预备形式，都要予以处罚，这也不是不可以的。20 世纪 30 年代的德国就有学者提倡这种主张。但是，这种主张显然和第二次世界大战以后国际社会所通行的客观主义刑法学的立场及谦抑主义的思潮不相吻合，因此，在国外刑法学中，没有什么市场”②。因此，即使从行为进程的意义上看，间接故意犯罪行为也存在未完成形态，但通常这种未完成形态的行为的社会危害性较小，立法者完全可以对其作非罪化处理。对于间接故意犯罪而言，虽然行为人主观上放任的并不是实际造成的结果，如行为人基于放任他人死亡的心理实施了一定的行为，结果造成被害人轻伤，此种情形下，由于死亡结果没有发生，刑法基于其主观上放任心理的危害性较小，完全可以对这种行为只追究伤害结果的刑事责任，而对于放任死亡的心理不作评价。并且行为实施的阶段中，直接故意犯罪的未遂均是经过他人的制止或者由于客观原因而无法进行才停止的，而如果不是由于其意志以外的原因，犯罪行为仍然会朝着既定的路线行进，导致法益的重大侵害；而在间接故意犯罪中，行为人本身就没有明确的指向性，在放任行为实施完毕后，如果没有造成实害结果，行为人一般也不会像直接故意犯罪那样，继续实施相应的犯罪行为。因

---

① 需要说明的，由于我国刑法明确规定犯罪未遂仅存在于直接故意犯罪中，以下所述均是理论上的论证。在实践中，基于罪刑法定，不能对间接故意犯罪之未完成形态进行处罚。

② 黎宏：《刑法总论问题思考》，中国人民大学出版社 2007 年版，第 426 页。

此，各国刑法理论与实务考虑到间接故意犯罪的未完成形态的社会危害性较小，通常对之不予处罚。

但从法益保护的角度看，针对重大法意的间接故意行为，其未完成形态仍然具有相当的社会危害性，如果不处罚其未完成形态，则不利于保护法益。刑法的重要机能之一是法益保护，法益保护机能具体表现为：（1）通过对抽象地侵害一定法益的行为设定刑罚，防止一般国民侵害法益（一般预防）；（2）通过对现实已经发生的犯罪科处刑罚，防止犯罪人重新侵害法益（特殊预防）。[①] 其中，一般预防的功能在很大程度上可以说是对于法益的提前保护，以防止法益受到侵害。对于法益的保护，刑法有必要在法益受到实际侵害之前予以介入，刑法中对于犯罪预备、犯罪未遂的处罚即是如此。对于间接故意犯罪，如果不承认其未完成形态，而仅在造成了犯罪结果（主要是指实害结果）的情形下，才对之进行处罚，这种事后的惩罚机能，显然是不利于对法益的保护的。尤其是对于一些涉及重大法益的间接故意犯罪，如果待到实害结果已经发生时再进行处罚，损失已经不可避免，并且是重大损失。从这一角度看，有必要对一些间接故意犯罪，在其未完成阶段也即犯罪结果发生之前的阶段予以适度地处罚，以期更好地保护法益。从现有的关于肯定间接故意存在犯罪未遂的理论与实践来看，一般也仅是承认对于涉及重大法益的间接故意行为，处罚其未完成形态。[②] 当然，对法益的保护并不是无原则的，并非只要对法益造成了实害或危险的行为均值得动用刑罚处罚，而必须达到刑罚处罚的必要性。在间接故意犯罪中，虽然行为人主观上没有明确的目标指向性，其主观上是一种放任的心理态度，较之直接故意犯罪而言，其仍然是具有一定

① 张明楷：《外国刑法纲要》，清华大学出版社 2007 年版，第 6 页。

② 从处罚的必要性的角度看，像诸如一般的间接故意杀人，如果没有造成被害人伤亡结果的，从民众的法感情上看，也没有必要加以处罚。因此，间接故意犯罪的未完成形态针对的仅仅是社会危害性十分重大的犯罪，数量也是十分有限的，如危害公共安全的犯罪。

的主观恶性的，反映了行为人对法益漠不关心，并且在这种心理的支配下实施了相应的行为。通常情形下，这种放任的心理如果没有造成法益侵害，就没有必要动用刑罚处罚，但当放任行为针对的是重大法益的情形下，其主观恶性及客观危害性都不容忽视。对于这种行为，在造成重大的损害结果之前，如果不进行处罚，难以实现对法益的提前保护，甚至可能鼓励人们实施对法益的放任行为，这对于法益的保护是十分不利的。

二、处罚间接故意犯罪之未完成形态的不具可行性

从以上论述可知，对于间接故意犯罪以结果发生才追究刑事责任的做法是不利于法益保护的，特别是对于重大法益持放任心理的行为，刑法应当适度提前介入，毕竟这种行为具有一定的危害性。但问题是，如何对重大法益进行提前保护？仅规定间接故意犯罪存在未遂形态，就可以发挥此等效果吗？从实际操作层面来看，为了提前保护法益而承认间接故意犯罪存在未遂犯等未完成形态，不具有可行性，甚至还可能阻碍合法行为的顺利进行。

1. 对于间接故意犯罪中，在犯罪结果（通常是实害结果，也包括危险结果）没有出现之前，难以探寻行为人的主观内容

在间接故意犯罪中，行为人的主观方面根本没有明确的目标指向性，我们根本无从知晓行为的发展进程，也根本无从知道是否将会对法益造成危险、侵害，行为根本就不存在一个定型性可供我们参考，我们又从何去认定其是否已经着手而构成犯罪未遂呢？我们将无从判断间接故意犯罪的着手始于何时，或许只有当间接故意的行为已经实施完毕之后，我们才知道，法益面临了巨大的危险，差点就出现了实害结果，仅仅从这一点上看，只有在出现某一固定的结局（如危险状态的产生、实害结果的出现等）的情形下，我们才能够正确认定间接故意并对之处罚。例如，A、B 两人在路上走，身旁有一小狗，甲正用枪瞄准小狗，但由于小狗离 A、B 很近，如果认为此时是间接故意的着手，并认定其构成故意杀人罪未

遂（间接故意），这显然是不现实的，因为甲完全可以说，他现在只是瞄准，等A、B走后才开枪。但如果有证据得知甲是去准备杀A，当然可以制止其行为，并认定为故意杀人罪未遂（直接故意）。我国有不少学者对此予以赞同。“例如，某人在打猎时，认识并放任了打中他人的结果，但其开枪的结果恰恰打中兽而未打中人，既然未发生危害社会的事实，我们有什么根据证明行为人具有危害社会的心理”①。“例如，行为人在用枪瞄准一只山猪时，同时预见可能射中追山猪的人，而以即便射中人亦在所不惜地故意开枪，幸而未中人，对于人是否曾经有间接故意的致死行为，根本无从证实，既然只中山猪，而未中人，不但不会认为行为人有伤害人的故意，甚至可能嘉许行为人为神枪手，那个可能存在的间接故意杀人或伤害未遂即被隐藏起来。……间接故意的对象，都是一种随附的效果，可能伴随着不法行为，也可能伴随着合法行为，如果实际上不发生，则不会引起重视，因为‘副产品’不是‘必须’或‘应该’存在的，它的不存在不会被在意”②。赵秉志教授也指出，承认间接故意犯罪存在犯罪未遂形态，会给司法实践中证据的收集、审查和判断人为地造成困难，并易于导致轻信口供。③“目的是与希望结果发生的意志相联系的，在放任的情况下，行为人对已经认识的结果持一种容忍的态度，因此不可能存在一定的目的，也就不会出现因目的未实现而未遂的情形。更为重要的是，间接故意犯罪由于其犯罪的性质所决定，其行为的犯罪性应当根据一定的犯罪结果加以确认。当这种犯罪结果未发生时，其行为即无犯罪性，这就是所谓结果无价值，由此不同于行为无价值的直接故意犯罪”④。

再者，当今社会是一个具有高度风险的社会，许多合法的行为本身都具有造成危害结果的可能性，如一些科研活动、合法的危险

---

① 姜伟：《犯罪形态通论》，法律出版社1994年版，第134页。

② 许玉秀：《当代刑法思潮》，中国民主法制出版社2005年版，第289页。

③ 赵秉志：《犯罪未遂形态研究》，中国人民大学出版社2008年版，第219页。

④ 陈兴良：《本体刑法学》，商务印书馆2001年版，第484页。

行为等。如果承认间接故意犯罪之犯罪未遂，由于间接故意之未遂在实践中又难以证明，这极易导致将一些合法行为，在其行为的初始阶段，就被作为间接故意犯罪的未完成罪处罚。

2. 间接故意犯罪中，行为人主观上没有明确的目标指向性，而是对多种可能出现的结果均持放任的态度，在没有发生具体的结果之情形下，以哪一可能之结果定罪是成问题的

在间接故意的犯罪意志中，本身就存在着对多种可能性结果的认识，那么客观上不管发生了哪种“可能”，都在犯罪人意志的预料之中，都是其犯罪意志的实现，所以也就无从谈起“未遂”了。有学者指出：“在间接故意犯罪中，犯罪意志对其行为所可能引起的最大危害结果的认识，便也是该意志对行为之犯罪性质的认识；而作为这种自觉的意志和行为之主体的犯罪人，当然也应该对自己这种具有社会意义的行为所能够引起的最大危害结果负责。在客观上这种极限结果由于犯罪人意志以外的原因没有出现，并不应该影响法律对这种意志和行为的定性评断”①。但问题是，何为“最大危害结果”，如何认定“最大危害结果”，特别是当“最大危害结果”并没有实际出现时，如何进行判断，是一个十分困难的问题。“间接故意在主观上谈不上确定的犯罪目的，危害结果是否发生以及哪一种‘可能’的危害结果发生，均为行为人的放任心理所包含和接受。也就是说，任何一种‘可能’的危害结果都会被行为人所认可，这些‘可能’之间在行为人的心理上具有‘平等’的地位，并不能说哪一种‘可能’是‘间接故意犯罪意志中的主导倾向’，更不能仅仅根据哪一可能的危害结果比较而言更加严重，就将其说成是‘间接故意犯罪意志中的主导倾向’”②。承认间接故意犯罪存在未遂形态，会导致刑事责任不合理地扩大和加重。所谓扩大，是指会把本来不应为罪的未发生任何实际危害结果的间接故

① 冯亚东：《罪与刑的探索之道》，中国检察出版社2005年版，第67页。

② 赵秉志：《犯罪未遂形态研究》，中国人民大学出版2008年版，第215页。

意认定为间接故意犯罪未遂而处以刑罚；所谓加重，是指会把本来应该按照故意伤害罪处罚的间接故意犯罪认定为间接故意杀人未遂而加重其刑罚。[①]

从诉讼的角度看，间接故意中行为人是一种放任的心理，其目标是不明确的，在没有造成具体的犯罪结果之前，难以论证行为人放任的内容是什么。对于一些间接故意犯罪的“未遂”，由于行为人主观上的“法敌对性”很弱，在具体的结果出现之前，难以认定行为人对于具体的危害结果主观上存在放任的心理。“我们对任何间接故意犯罪，都不只是根据客观结果定罪的，而是都贯彻了主客观相一致的定罪原则。因为在任何间接故意情况下，行为人都是既预见到了危害结果发生的可能性，也预见到了危害结果不发生的可能性，既预见到可能发生这样的危害结果，也预见到可能发生那样的危害结果。也就是说，发不发生危害结果，以及发生什么样的危害结果，就以什么样的危害结果定罪，没有发生危害结果就不定罪，都是既考虑了行为人的主观因素，也考虑了构成犯罪的客观因素。完全符合主客观相一致的定罪原则，绝不是客观归罪。相反，当行为人放任的危害结果未发生时，如果以间接故意犯罪未遂论处，却有主观归罪之嫌了。因为在此种情况下，实际上仅仅是根据行为人对危害结果的发生有认识并采取了放任态度，就给予定罪”[②]。

3. 如果承认间接故意犯罪的未遂，则必须认定间接故意犯罪的着手，如何认定间接故意犯罪的着手，根本不具有可操作性

“在主观上，着手是直接实现行为人犯罪意图（犯罪目的）的行为，有其一定的思想内涵”[③]。而间接故意中行为人根本没有明确的目标指向性，间接故意行为从何时开始才能被认定为着手，进

① 赵秉志：《犯罪未遂形态研究》，中国人民大学出版社 2008 年版，第 218 ~ 219 页。

② 侯国云：《间接故意犯罪也有未遂吗?》，载《云南法学》1996 年第 3 期。

③ 姜伟：《犯罪形态通论》，法律出版社 1994 年版，第 156 页。

而处罚其犯罪未遂形态，难以正确认定。“由于间接故意犯罪是一种牵连形式的犯罪（不同于牵连犯），犯罪往往都是在较短的时间内形成，所以一般都缺少与犯罪行为实施阶段相直接联系的犯罪的预备阶段，以致往往出现行为实施前的种种迹象与行为表现的状态不相一致的现象”①。即使不认为间接故意着手具有犯罪意图，但当间接故意行为一经实施便认为是犯罪未遂，恐怕有违刑法谦抑主义。

基于上述认识，寄希望于处罚间接故意犯罪的犯罪未遂来保护法益，不具可行性。“我国刑法理论界近几年才有人提出间接故意犯罪有未遂的主张，这种主张的出现与司法实践及有关立法紧密相连。具体讲，主要是近年来实践中出现了相当数量的动辄行凶、捅一刀或打一棍遂扬长而去、不计后果的案件，其中有不少无法认定为希望死亡结果发生的直接故意杀人，而确实是对死、伤结果抱着听之任之的放任态度，客观上虽然没有造成死亡结果却造成了伤害甚至终身残废的严重后果，再考虑到犯罪动机、犯罪的时间地点、犯罪手段等一系列情节，其社会危害性确实相当大而应予以严惩。但是如果结合行为人间接故意的心理和实际的伤害结果定罪，就只能定为故意伤害罪。这样，有些同志就试图通过把间接故意犯罪解释为有未遂的办法弥补立法的这一缺陷，以便将上述危害很大的情况认定为间接故意杀人未遂”②。但是，“如果承认间接故意有未遂，在实践中还会造成扩大打击面的后果，在理论上也会导致混乱”③。即使是承认间接故意存在犯罪未遂形态的学者也认为，在司法实践中追究间接故意犯罪之犯罪未遂的刑事责任，也是不现实的。

---

① 冯亚东：《罪与刑的探索之道》，中国检察出版社2005年版，第67、68页。

② 赵秉志：《犯罪未遂的理论与实践》，中国人民大学出版社1987年版，第197页。

③ 高格：《对犯罪未遂的比较研究》，载《吉林大学社会科学学报》1985年第3期。

三、问题的出路

当间接故意行为所针对的对象是重大法益时，即使没有造成刑法所要求的结果，但从法益保护的角度看，刑法有必要提前介入，这是一些学者认为间接故意犯罪存在犯罪未遂的重要原因。如前所述，对于间接故意犯罪，由于其主观心理的特点，在其行为的初始阶段，难以知晓其行为将对法益造成侵害，也缺少处罚的必要性。正如张明楷教授所指出的："处罚侵害犯的未遂，必须能够证明行为人主观上有侵害的故意；对于没有侵害故意，或者不能证明侵害故意的行为，无法以侵害犯的未遂予以处罚"①。只有当其行为已经实施完毕，并且侵害了法益或者对重大法益造成了危险时，才能正确地加以认定、处罚，处罚的对象应当是一确定的状态，或者是危险状态的产生，或者是实害结果的出现。也就是说，对于间接故意犯罪，我们不可能处罚其未完成状态的全部。从处罚的必要性上看，也只有当间接故意行为造成了对法益的重大威胁时，才值得动用刑罚处罚。笔者认为，对于间接故意犯罪的未完成形态，如果是针对重大法益的放任行为，可以将这种行为独立规定为刑法中的危险犯，即放任行为只要造成危险状态就成立犯罪既遂，而不必等实害结果出现。从处罚的必要性上看，我们也并非是要对间接故意心理下的所有行为均处罚，而只是当行为已经造成了对重大法益的侵害或危险的情形下，才有必要对之进行处罚。需要说明的是，在未对现行立法进行修改的情况下，无论如何也不能对间接故意犯罪之未完成形态进行处罚。

世界各国刑法分则的规定基本上都是以犯罪既遂为模式，刑法分则的规定就是犯罪既遂的标准。在当被保护的法益十分重大时，一般都将其既遂的标准规定在危险状态而非实害结果。这样，即使间接故意行为没有造成实害结果，也可以定罪处罚，也不至于出现

---

① 张明楷：《危险犯初探》，载《清华法律评论》1998 年第 1 辑，第 123 页。

上述所说的承认间接故意犯罪未遂所存在的诸多困惑。德国、日本刑法中有大量的关于危险犯的规定。例如，《日本刑法典》第125条（交通危险）第1款规定：“损坏铁道或者其标志，或者以其他方法使火车或者电车的交通发生危险的，处二年以上有期惩役。”第127条（交通危险致使火车颠覆等）规定：“犯第一百二十五条之罪，因而使火车或者电车颠覆、破坏，或者使船舰颠覆、沉没或者破坏的，依照前条规定处断。”其第125条与第127条是两个独立的犯罪，第125条的规定是危险犯，即以造成危险结果为犯罪既遂。此种情形下，如果行为人基于间接故意的心理，造成了危险结果的，由于构成该罪的既遂，当然可以动用刑法进行处罚，从而实现对于法益的提前保护。换言之，如果没有第125条这一规定，仅依第127条之规定，显然是难以对这种间接故意行为加以处理的。

如前所述，从我国刑法的规定来看，间接故意犯罪是不存在未完成形态的。承认间接故意犯罪的未遂犯不具有实际意义，首先，对于已经定型的犯罪未遂理论将会造成重大的冲击，同时，在实践中也不具有可操作性。既然犯罪既遂的标准是立法者的一种选择，当然，基于被害法益的重大性，立法者完全可以将一些涉及重大法益的行为，使其犯罪既遂的标准提前，这样，能较好地实现对法益的提前保护，而且，这种做法也不会在实践中带来困惑。举例说明，我国刑法中规定了破坏交通设施罪，[①] 假设该罪的既遂情形是造成实害结果，刑法没有规定造成危险状态的这一条款，那么行为人在基于放任心理的支持下，丢了一块大石头在铁轨上，足以造成火车倾覆的危险，但后来被他人搬走，没有造成实害结果，此种情形下，由于间接故意行为没有造成刑法所要求的实害结果，不作为

① 关于该罪的既遂标准，理论上仍然存在诸多的争议。笔者认为该罪的既遂标准是危险状态的出现。笔者在第一章已经论述刑法分则的规定是以犯罪既遂为模式，并且，在第三章危险犯中，笔者也论证了危险状态的出现是危险犯既遂的标志，而非犯罪成立的标志。

犯罪处理。[①] 但如果刑法将该罪的既遂标准提前至足以造成危险状态，那么，即使行为人是放任实害结果的发生，当然，危险结果的发生也应当在其放任的心理所能包括之内，如果造成此种危险结果（而不必等实害结果的出现），就可以认定为是间接故意犯罪，即破坏交通设施罪（既遂）。这种处理效果，从法益保护的角度看，与处罚间接故意犯罪的未遂达到了同样的效果，而且不至于导致理论与实践中的重大困惑，也不至于扩大间接故意行为的处罚范围，在实践中具有可操作性。

当然，从刑法的谦抑角度看，由于间接故意心理的“法敌对”意识不强，因此，间接故意犯罪没有造成实害结果的，一般不值得动用刑法来处理，仅在涉及重大的法益的时候，才有处罚的必要性。例如，我国刑法实践中也未见有间接故意杀人而构成未遂的案例，从民众的法感情而言，基于间接故意而实施对他人生命的放任行为时，一般也没有必要动用刑罚处罚。一般而言，间接故意行为只有在涉及公共安全等重大法益时，造成了危险状态，才认为有处罚的必要性，并且，必须以刑法将此种犯罪规定为危险犯为前提。

第三节　犯罪既遂与过失犯罪

当今世界各国刑法均以处罚故意犯罪为原则，处罚过失犯罪为例外，更鲜有处罚过失犯罪未遂之规定。就我国刑法的规定而言，犯罪未遂仅存在于直接故意犯罪中，而不存在于过失犯罪中。但是，赞成过失犯罪存在犯罪未遂的观点仍然在小范围内存在。如“以目的行为论为其立论之基础者，以过失犯，系由过失之心理的态度与结果及两者间之因果关系成立。故过失犯，应与故意犯同，

① 因为如果承认此种情形是间接故意犯罪的未遂，那么，该罪的未遂并非仅指造成危险状态这一种情形，只要实施了放任行为而没有造成实害结果的，均是作为未遂犯处理，这样，就不当地扩大了未遂犯的处罚范围。

亦应考虑实行行为与结果，以着手于过失行为之实行，过失行为，既亦有实行之着手，乃过失犯亦可能有未遂。既已着手于过失行为之实行，虽未发生结果，即与已着手于犯罪行为之实行而不遂之情形相当，自亦得成立未遂犯”①。这些赞成的意见，其原因何在，是否具有合理性，值得进一步思考。

一、过失犯罪之未完成形态的危害性

刑法理论上，对于过失行为，即使没有造成刑法上所要求的结果，但如果具有造成相应结果的危险性，刑法也应当介入。尤其是对于一些以实害结果的发生为完成标志的过失犯罪，刑法更有必要提前介入。

实际上，也有承认过失犯罪之犯罪未遂的立法与判例。我国封建刑法对某些严重的过失犯罪，也规定未遂处罚。例如，唐律《职制》十二“合和御药有误”条规定：“诸合和御药，误不如本方及封题误者，医绞。……未进御者，各减一等。”本罪为过失罪，未进御，即尚未送呈皇帝，显系未遂，但也要比照已进御者减等处罚。②《宋律·职制律》也承袭了这种规定。③美国也有过失犯罪未遂的案例。例如，1987 年，美国司法机关曾以过失罪对一名飞行员进行起诉。该飞行员驾驶满载旅客的飞机从美国飞往伦敦，在降落前竟忘记打开升降器。在着陆前几秒钟，地面指挥塔突然发现并迅速通知了飞行员。该飞行员连忙驾机升高，在空中盘旋一圈，放下升降器后，再次着陆，从而避免了一场惨祸。美国司法机关认为，该飞行员的这一过失，虽然由于发现及时而未造成严重后果，但其危险性极为严重，因而构成了过失犯罪。④

从上述立法与实践看，都是当过失行为针对重大法益时，才承

① 陈朴生：《刑法专题研究》，台湾三民书局 1988 年版，第 381 页。

② 高绍先：《中国刑法史精要》，法律出版社 2001 年版，第 212 页。

③ ［宋］窦仪等撰：《宋刑统》，中华书局 1984 年版，第 151 ~ 152 页。

④ 侯国云：《过失犯罪论》，人民出版社 1993 年版，第 178 页。

认过失犯罪之犯罪未遂。当过失行为针对的是重大法益时，如果非要等到实害结果的发生才动用刑罚处罚，而不承认过失犯罪的犯罪未遂，显然是不利于对法益的保护的，实践中处罚过失犯罪的犯罪未遂也说明了这一点。也正是基于此，有些学者认为犯罪未遂应当存在于所有犯罪中，“有无未遂形态，其实必须视未遂定义如何而定。一个能涵盖主观、客观理论的未遂定义是：未完全实现构成要件。如果先把未遂定义成未实现犯罪意志，则当然过失即无未遂，这等于把未遂犯定义为故意未遂犯，然后再说过失没有未遂，这是典型的循环论断：未曾走出原地，只是在原地转一圈，却说我回来了”①。因此，可以认为，承认过失犯罪之未遂的学者的主要观点在于，过失针对重大法益的行为，虽然没有造成实际损害结果，但也应当受到刑罚处罚。但对于这种情形仅通过修改刑法，承认过失犯罪存在犯罪未遂形态就能解决吗？

二、处罚过失犯罪之未完成形态不具可行性

对于过失犯罪行为，从法益的保护角度看，对于重大的过失犯罪行为，在其造成危害结果（实害结果）之前，有必要在一定的范围内进行处罚，以期更好地保护法益。但对于这种前期行为，依赖犯罪未遂理论来进行处理，不具可行性，即处罚过失犯罪之犯罪未遂在实践中不具有可操作性。

1. 在承认过失行为的前提下，对于没有造成具体结果的过失行为，在实践中如何证明其主观上存在过失

由于行为人主观上没有明确的犯罪指向性，在没有造成具体危害结果之前，难以探知行为人主观方面的内容，往往是待行为已经造成了具体的结果之后再来倒推行为人主观上存在过失。在行为实施完毕但没有造成具体结果的情形下，行为人完全可以说自己已经凭借了相应的技术、条件、能力等，从而避免了结果的发生。正如

① 许玉秀：《当代刑法思潮》，中国民主法制出版社2005年版，第357页。

有学者所指出的，“犯罪结果是过失犯的本质属性，结果发生前过失犯的实行行为没有被个别化，所以过失犯不可能有未遂成立的问题”①。“过失犯罪虽然也有时间和空间上的延续，但由于在危害后果发生之前过失行为在刑法方面是中立的，刑法也不认为过失行为的实施阶段是犯罪，所以过失犯罪不可能存在未遂形态”②。“过失犯罪当然存在犯罪结果发生前的行为的过程，只不过这是一般的行为过程，而非犯罪过程，这一点与间接故意犯罪是相似的。只有当犯罪结果已经发生以后，回过头来研究此行为才具有刑法意义。也就是说，该行为过程虽然与发生危害结果有因果关系，但在不发生危害结果的情况下，它就没有刑法意义”③。

2. 如果承认过失犯罪行为存在犯罪未遂这一状态，那么如何认定过失犯罪行为的着手，即如何将过失行为个别化

犯罪未遂是存在于着手行为至既遂状态之间的任一停止状态，对于过失犯罪，如何认定其着手，是存在疑惑的，毕竟行为人主观上并没有明确的犯罪意图。在过失行为实施的初始阶段，我们难以判断其行为的发展去向，行为是否将造成危害社会的结果。换言之，即使我们能够认定过失犯罪行为的着手，如火车还有一个小时到，此时扳道工人正在睡觉，被他人叫醒了，否则行为人将可能错过火车通过的时间。在这种情形下，虽然行为人主观上存在一定的过失，但有必要动用最严厉的法律制裁手段——刑罚去进行制裁吗?④ 从一般民众的法感情上看，显然此种行为是不值得动用刑罚进行制裁的。

---

① ［日］野村稔：《刑法总论》，全理其、何力译，法律出版社2001年版，第327页。

② ［俄］库兹涅佐娃等主编：《俄罗斯刑法教程》（上），黄道秀译，中国法制出版社2002年版，第361页。

③ 金泽刚：《犯罪既遂的理论与实践》，人民法院出版社2001年版，第20页。

④ 此外，还存在这样一种可能性，行为人本人已经准备好了在火车来临前起床，即使事先没有人叫醒他，他也可能起床。此种情形下，根本不可能成立犯罪。

对于过失犯的未遂，要进行处罚是十分困难的。正如张明楷教授所言："想在结果发生之前使过失行为个别化，几乎是不可能的。换言之，结果没有发生，就不可能确定过失行为的性质，甚至不可能确定是否过失行为。例如，行为人将他人误认为是野兽开枪射击，但没有打中。在这种情况下，我们不可能确定该行为是过失致死行为还是过失致伤行为。这一方面是因为过失犯的构成要件是开放的构成要件，刑法通常只规定了法益侵害结果，对成立犯罪所要求的注意义务的内容没有明确规定下来，故只有发生结果后才能确定过失行为的性质；另一方面乃因为结果是过失犯的要件，没有发生结果也就没有过失犯可言，在连过失犯都不成立的情况下，肯定过失犯的未遂是不尽合理的。"① "犯罪行为有故意和过失之分，但因过失以犯罪结果的发生为成立条件，因此结果发生以前的过失行为不具有个别化特征，不可能确定过失行为的性质。也就是说，危害结果不发生，即不存在实行行为，过失行为成为犯罪的实行行为是在犯罪结果出现之后的事情。因此，过失实行行为的终结判断只能发生在结果发生之后，且结果一旦发生，实行行为即刻成立"②。正因为如此，各国刑法实践中均未见过关于失犯罪未遂的案例。对于过失行为，在实践中，只有待危害结果发生，或者说，造成了一种危险状态，我们才能正确地认定行为人主观上存在过失的心理。也只有达到此程度，才有必要动用刑罚加以处罚。刑法理论上，对于过失犯罪之犯罪未遂的否定意见也是占绝大多数的，"过失行为的社会危害性不是主要表现在行为人的主观上，而是主要表现在行为的客观效果上，因而只有当过失行为造成了严重危害社会的结果时，过失行为才由错误行为转化为犯罪行为，从而具备犯罪的性质"③。"过失犯罪是否存在未遂，涉及过失行为与结果的

---

① 张明楷：《未遂犯论》，法律出版社、日本成文堂出版社 1997 年版，第 16 页。

② 范德繁：《犯罪实行行为论》，中国检察出版社 2005 年版，第 125～143 页。

③ 侯国云：《过失犯罪论》，人民出版社 1996 年版，第 127 页。

关系，即结果发生之前能否使过失行为个别化。我认为，过失犯是结果犯，如果结果未发生，则其行为的犯罪性难以证明，因而无所谓未遂可言”①。

3. 承认过失犯罪之犯罪未遂，将会对一些不应处罚的行为追究刑事责任

如果承认过失犯罪之犯罪未遂，则有可能导致将从过失行为开始实施至刑法规定的危害结果出现的整个阶段认定为是过失犯的实行行为，因此，只要行为人一经实施过失行为，则作为犯罪处理(在此姑且不论前述提及的过失心理如何证明)。但问题是，过失不同于故意，行为人主观上根本没有“法敌意”，相反，行为人主观上还是排斥危害结果的发生的，因此，即使在行为人一经实施过失行为就能证明的情形下，从刑法谦抑的角度看，也不值得动用刑罚加以处罚。从民众的法感情及刑罚处罚的必要性上看，只有当过失行为对重大法益造成了危险，才值得动用刑罚加以处罚，对于过失犯之犯罪未遂持肯定意见的学者也是这样理解的。

三、问题的出路

前述已指出，针对重大法益的过失行为，即使没有造成刑法所规定的结果，从处罚的必要性上看，在一定范围内仍然值得动用刑罚处罚，但认定为是过失犯罪之犯罪未遂则不具有可行性。从实质上看，即使承认过失犯罪存在犯罪未遂的观点，也主要是认为过失行为对重大法益造成了危险状态时，才值得动用刑罚处罚。基于此，笔者认为，在刑法中设立相应的过失危险犯，即以危险状态作为过失犯罪成立（完成）的标准，可以较好地避免承认过失犯之未遂犯所带来的诸多困惑。正如有学者所指出的：“未遂概念取决于是否违犯犯罪与违反何种犯罪的意志，若没有意志的指引、定向，一个行为可能导致何种结果，永远无法验证，因此否定过失有

---

① 陈兴良：《本体刑法学》，商务印书馆2001年版，第485页。

未遂的概念；若认为某一种行为对于他人的法益会造成极高的损害可能性，可以用危险犯的方法规范之，而不可能用未遂犯去处罚”①。

实际上，从各国刑法关于过失犯罪的刑法规定及刑法实践中可以发现，未见关于过失犯罪未遂的立法与判例。正如不宜承认间接故意犯罪的未遂一样，承认过失犯罪存在犯罪未遂形态，在理论上不具有可行性，在实践中也不具有可操作性。从各国的刑事立法的规定来看，基于对重大法益的提前保护，规定了一定数量的过失危险犯，即当行为人针对重大法益实施过失行为时，即使没有造成实害结果，也被认定为成立犯罪。这种立法模式，在较好地实现了刑法对重大法益进行提前保护的同时，在认定上也具有一定的可操作性。较之承认过失犯罪存在犯罪未遂所带来的刑法理论与实践中的困惑，这种立法模式显然具有很大的优越性。随着科学技术的进步，人类活动的复杂化，过失错误行为以及其可能造成的损害大幅度增加。于是，国外一些学者提出，法律应当规定过失的危险犯。这一理论主张为越来越多的国家和地区所采纳。如 1971 年修正瑞士刑法中规定了无意图之过失危险罪（第 225 条）、过失引起泛滥或倾崩罪（第 227 条）、过失违反建筑工程规则之危险罪（第 229 条）等。1975 年《德国刑法典》第 314 条规定：“过失决水，危及不特定多数人的生命或财产的，处一年以下自由刑或罚金。”我国台湾地区也规定了过失危险犯，如“刑法”第 189 条第 3 项规定：“行为人因过失损坏矿坑、工厂或其他相类似之场所内有关保护生命之设备，致生危险于他人生命者，处六月以下有期徒刑、拘役或三百元以下罚金”。② 在当今社会各国的刑法中，基于处罚的必要性，规定过失危险犯越来越多。如《德国刑法典》第 306 条 c 过失引起火灾之危险、第 308 条第（5）款、第（6）款之过失引爆

① 蔡圣伟：《不能未遂之研究》，台湾辅大硕士论文 1995 年，第 82 ~ 83 页。

② 赵秉志主编：《犯罪总论问题探索》，法律出版社 2003 年版，第 394 页。

炸药之危险、第312条第（6）款之过失制造有缺陷的核技术设备引起危险等。《巴西刑法典》第256条、《意大利刑法典》第450条、《瑞士联邦刑法典》第229条等。

就我国刑法关于犯罪未遂的规定而言，过失犯罪是不存在未遂犯的。即使对于过失犯罪之未完成形态要进行处罚，也不能寄希望于修改刑法，从而将犯罪未遂的范围扩大至过失犯罪中，而只能是设立过失危险犯。要承认过失犯罪之未遂犯，在实践中不具有可操作性。因为根本不能将过失行为个别化，也即根本不能确定过失犯罪之着手。退一步讲，即使能够将某种行为认定为过失行为之着手，过失行为在其着手时一般也不具有可罚性。从处罚的必要性上看，也只有当过失行为已经达到了一定的状态，如造成重大法益危险时，才具有处罚的必要性，而这种危险状态应当是处于犯罪过程中的一具体的点。因此，从法益保护的角度看，完全可以将过失犯罪之犯罪既遂之点设定在危险状态已经出现。这样，我们就再也不必纠缠于如何探寻过失犯罪之犯罪未遂，过失行为只要造成了相应的危险状态，就可以作为犯罪既遂而适用刑法分则对之规定的完整化的刑罚。例如，刑法中某罪规定了过失造成实害结果的才成立犯罪，如果承认过失犯罪未遂，似乎可以较好地保护法益，但如前所述，这在实践中不具有可行性，相反，还会带来更大的困惑，这样，反倒不利于对过失造成危险状态的行为进行处罚。但是，如果将过失犯罪的犯罪既遂之标准（或完成形态）提前至危险状态的产生，只要造成了危险状态，就可以动用刑罚加以处罚，适用完整化的刑罚，则可以避免上述困惑，同时，也较好地实现了对重大法益的提前保护。并且，作为一种具体的危险状态，在客观上也并不存在认定的难度，而不像过失犯罪之着手，在具体的危险状态或实害结果出现之前，根本不可能认定何时是着手。我国不少学者对此持赞成态度，“如果说，在高危险行业不发达的时代，对过失负责的危险犯不具有刑罚处罚的必要的话，在高危险行业高度发达的今天，通过刑法来保护社会的安全，就是势在必行。因而在现代社会，规定过失的危险犯是完全必要的"①。"对那些主观恶性比较重、损害结果虽未发生，但发生的可能性很大，且可能造成的损害巨大的严重过失行为，可考虑在分则中特别规定为危险状态的过失犯罪"②。"刑法的基本机能之一是保障机能，即排除对人的生命、身体及其他重要法益的分割以护卫法益所处之现存良好状态。过失危险犯的实质在于行为本身存在着使一特别重要的社会关系发生损害的内在根据，如果容忍其发展下去，就会使内在危险与外在条件相结合，从而对法律保护的这一特别重要的社会关系造成实害结果。而如果非要等到这一特别重要的社会关系受到现实性破坏时刑法才介入，则社会为此付出的代价太大。因此，刑法为保护社会，不得不对这类危险行为提前介入"③。"如果非要等到机毁人亡、列车颠覆、房屋倒塌再让刑法介入，显然已经太晚。对于造成了如此严重危险的过失行为，刑法实在是不应该再保持沉默"④。实际上，我国现行刑法中也有一些关于过失危险犯的立法例，如刑法第 330 条违反传染病防治法规定罪、第 332 条违反国境卫生检疫规定罪、第 334 条非法采集、供应血液、制作、供应血液制品罪。

基于此，笔者认为，在将来的刑事立法中，对于一些针对重大法益的过失行为，可以设定过失危险犯，以期更好地实现对法益的提前保护。从处罚的必要性上看，基于刑法谦抑主义，也仅限于少数涉及重大法益的过失行为，如有学者指出，可以考虑在下列两类造成严重危险的过失行为中，有选择地规定一些过失危险犯：一是危害公共安全的过失行为（包括归类于其他章节但实质上是危害

---

① 李洁：《犯罪既遂形态研究》，吉林大学出版社 1999 年版，第 244 ~ 245 页。

② 马克昌主编：《犯罪通论》，武汉大学出版社 1995 年版，第 328 页。

③ 袁中毅：《过失犯危险行为犯罪化的立法研析》，载《法学评论》1997 年第 3 期。

④ 刘仁文：《过失危险犯研究》，中国政法大学出版社 1998 年版，第 86 页。

公共安全的过失行为），二是破坏环境资源保护的过失行为。[①]“只有对重大公共安全产生重大现实威胁的危险状态才能构成过失危险犯中的危险状态，所以也不应将过失危险犯限制在业务过失犯罪的范围内。除妨害传染病防治罪和妨害国境卫生检疫罪外，还可以将失火罪、过失决水罪、过失爆炸罪和过失投放危险物质罪规定为过失危险犯”。“对过失危险状态的犯罪化要控制在一定的范围内，不宜太宽。可通过以下几个途径来实现对过失危险犯的立法限制：（1）从侵犯的客体来看，应限制在公共安全这一客体里，即过失行为严重威胁到多数人的生命、健康和重大公私财产安全。（2）从具体罪名来看，宜采用具体危险构成。”[②]

---

① 蒋建峰：《过失危险行为的犯罪化与刑法谦抑》，载梁根林、张立宇主编：《刑事一体化的本体展开》，法律出版社2003年版，第136页。

② 刘仁文：《过失危险犯研究》，载《法学研究》1998年第3期。

第三章 犯罪既遂的类型

犯罪既遂的类型，是对具体犯罪的完成标志所作的分类。犯罪构成要件说指明了犯罪既遂的标准应当以刑法规定的犯罪构成要件为准，但刑法规定的犯罪构成要件具体是什么？犯罪完成的标志是什么？如何对犯罪既遂的标志进行划分？搞清这些问题，对于具体犯罪既遂的认定具有重大的意义，尤其是刑法分则对于许多具体犯罪没有明确规定具体既遂标准的。

一些学者将犯罪既遂界定在与犯罪未遂相对的意义上，才承认犯罪既遂这一概念，① 这样一来，过失犯罪、间接故意犯罪当然就不存在犯罪既遂。此外，我国刑法总则对犯罪有一个量的要求，即“情节显著轻微危害不大的，不认为是犯罪”，因此，即使是直接故意犯罪，也有相当一部分轻罪不存在犯罪未遂形态，从这一层面上看，也就不存在犯罪既遂形态。但本章研究的目的是为了弄清犯罪完成的标志是什么，对于任何犯罪而言，均有从发展至完成这样一个过程。也正如有学者所言：“从法理上看，既然犯罪构成作为过程而存在，应当认为任何犯罪构成都有其完成形态”②。因此，笔者所指的犯罪既遂的类型所针对的犯罪，应当是对所有的犯罪所作的分类，而不仅仅是指直接故意犯罪。

① 相关观点见张明楷：《犯罪论原理》，武汉大学出版社 1991 年版，第 461 页。

② 何秉松：《犯罪构成系统论》，中国法制出版社 1995 年版，第 334 页。

第一节 犯罪既遂的类型概说

在刑法理论上，关于犯罪既遂的类型存在不同的观点。在德日等大陆法系国家，一般认为，根据犯罪既遂的标志不同，将犯罪分为结果犯和行为犯，结果犯又分为实害犯与危险犯，危险犯又分为具体的危险犯和抽象的危险犯。这一划分的标准，几乎没有多大的争议。① 也就是说，大陆法系的刑法学者一般是从构成要件要素的内容来区分不同的犯罪既遂类型，这些要素包括行为、结果，构成要件对这两个要素要求的不同决定了行为犯与结果犯概念的内容。但在我国刑法学界，由于对犯罪既遂的标准的理解不一，对于犯罪既遂的类型则存在较大的争议，通说的观点均是沿用德日刑法学者关于既遂犯的类型的划分。“刑法理论一般认为，对于举动犯而言，一着手实行便成立既遂；对于行为犯而言，只要实施了刑法分则所规定的某种危害行为，就构成既遂；对于结果犯而言，只有发生法定的犯罪结果，才构成既遂；对于危险犯而言，只要行为足以造成某种危害结果发生的危险状态，就构成既遂；对于侵害犯而言，只有当行为对刑法保护的法益造成了实际损害时，才构成既遂”②。而现今，也有不少学者开始反对传统刑法理论关于犯罪既遂形态的划分，如有的学者认为，所有犯罪的既遂都应当是实害结果的发生。行为犯、危险犯、结果犯的划分并不是以犯罪既遂的标准所进行的划分，而是从犯罪成立这一意义上考察的，如张明楷教授认为：“行为犯与结果犯、危险犯与侵害犯，是分别根据不同标准对犯罪所作的分类，故危险犯可以是行为犯，也可能是结果犯；行为犯既可能是危险犯，也可能是侵害犯。例如，非法侵入住宅

① 当然，对于犯罪既遂的类型的具体判断，仍然存在不同的观点。例如，即使认为放火罪是具体的危险犯，危险应当如何判断，仍然存在争议。但这是关于犯罪既遂的标准的层次性问题，本文第一章第五节已经阐述。

② 张明楷：《刑法学》，法律出版社2003年版，第310页。

罪，既是行为犯，也是侵害犯；伪证罪，既是行为犯，也是危险犯。所以，如果同时对上述犯罪确立不同的既遂标准，则会造成同时用几种标准认定既遂的现象。”① 有的学者则排斥危险犯作为一类独立的犯罪既遂形态，认为危险犯从只要实施一定行为，而无须发生一定的犯罪结果这一点上而言，它也完全符合行为犯的本质，因而可以归入行为犯。② 这些关于犯罪既遂的类型的不同学说，将直接影响到具体犯罪既遂形态的认定，进而影响刑罚适用。

任何犯罪行为均对外界造成了一定的结果，从此意义上看，任何犯罪行为的既遂的标志都是结果的发生，因此，所有的犯罪均是以结果的出现为犯罪既遂的标志的。但是，刑法中所规定的结果并不是整齐划一的，从刑法分则的规定看，有的犯罪既遂是要求对法益造成实际侵害的实害结果，这种即属实害犯；有的是要求针对法益造成危险的危险结果，这种即属危险犯，当然，根据危险的认定不同，又可以分为具体危险犯与抽象危险犯；还有的犯罪既遂所要求犯罪结果的认定根本难以通过结果本身来量定，行为的完成即可说明结果的发生，或者说犯罪结果是寓于行为之内的，此种情形属于行为犯。不少学者之所以不承认犯罪既遂的类型划分，究其实质，是因为不承认刑法分则的规定是以犯罪既遂为模式。笔者在第一章中已经论证刑法分则是以犯罪既遂为模式，与德日刑法理论对刑法分则的规定模式的理解一致，因此，笔者认为，德日刑法学理论关于犯罪既遂的分类完全可以为我国所用。在此，笔者不对犯罪既遂的类型划分作过多的论述，而主要对具体的犯罪既遂类型进行研究，对于反对者的责难，也将在论述具体的犯罪既遂的类型时一一回应。根据德日刑法理论的通说，犯罪既遂的类型可以作如下划分：

① 张明楷：《刑法学》，法律出版社 2003 年版，第 312 页。

② 陈兴良：《刑法哲学》，中国政法大学出版社 1992 年版，第 216 页。

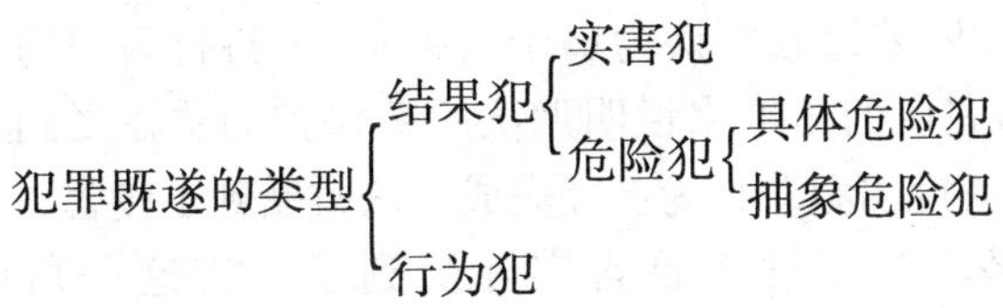

需要说明的是，有些犯罪究竟是属于哪一类犯罪既遂形态，刑法理论上也存在诸多的争议。有的犯罪的完成形态，即可以从犯罪行为完成的角度去看，也可以从法益受到侵害的角度去看，因此，究竟属于行为犯还是结果犯，可能存在一定的争议，这也说明，犯罪既遂形态的划分并非是绝对的。这种理论上的划分应当有利于犯罪既遂形态的认定，其最终的目的是为了适用刑罚分则规定的完整化的刑罚。此外，即使是同一犯罪，也有可能划分为多种类型，如刑法第 264 条第 1 款规定的盗窃罪基本罪，就有盗窃“数额较大”或者“多次盗窃”两种选择，盗窃行为具备其中一个选项便可成立既遂，这就不能笼统地说它是结果犯还是行为犯。[①] 而且，不同犯罪形态之间还可能存在交叉，“行为犯与结果犯、危险犯与实害犯，这两种划分都是对同一的事物进行的划分，不同标准的划分结果之间的竞合就是必然的，两种标准所划分出的四种犯罪形态中，均存在着相互的竞合关系”[②]。“如果坚持行为犯与结果犯、实质犯与形式犯都是对全部犯罪依不同的标准进行的划分，那么，所划分出来的犯罪就存在着竞合的可能，即行为犯中存在着形式犯、抽象危险犯、具体危险犯以及实害犯，也就是说，在行为犯中，依据保护客体所划分出来的所有犯罪形态都有存在的可能性”[③]。就具体犯罪而言，如强奸罪，认为强奸罪是行为犯在我国是通说观点，但从保护客体的角度来说，强奸犯无疑是实害犯。赵秉志教授认为强

① 金泽刚：《犯罪既遂的理论与实践》，人民法院出版社 2001 年版，第 5 页。

② 李洁：《犯罪既遂形态研究》，吉林大学出版社 1999 年版，第 6 页。

③ 李洁：《犯罪既遂形态研究》，吉林大学出版社 1999 年版，第 264 页。

奸罪属于行为犯，[①] 姜伟教则认为属于实害犯。[②] 持行为犯的学者一般是从行为的完成的角度来说明刑法所欲保护的法益受到了侵害，即行为完成就说明犯罪行为已经完成，法益受到了侵害；持实害犯的学者则是立足于法益是否实际受到了侵害这一角度而言的。[③]

第二节　实害犯

实害犯，又称侵害犯，有的时候又称为结果犯（狭义），是以发生侵害法益的结果作为犯罪既遂的标志的犯罪。实害结果，又称侵害结果，是指行为对刑法所保护的法益所造成的实际损害。从行为人方面而言，一般均以对法益造成实际侵害作为犯罪的完成，从这一个角度看，犯罪完成的典型形态应当是实害结果的发生，并且，实害结果由于其具有可量定性，通常情形下，立法者也是以实害结果的发生作为犯罪既遂的标准。“结果犯也称实害犯，是犯罪既遂最典型的形式，也是最基本的形式，指行为人的危害社会行为必须发生法定的危害结果才构成既遂的犯罪形态”[④]。

刑法理论中，关于实害犯的表述虽然各不相同，但对于实害犯是造成刑法所保护的法益的实际损害这一点没有争议。例如，各国关于犯罪既遂的类型虽然存在争议，如我国对于危险犯、举动犯是否属于犯罪既遂的形态之一就存在着不少争议，但均肯定实害犯作为犯罪既遂的一种类型。实害犯在刑法之中占据了绝大部分，即使

① 赵秉志：《犯罪未遂的理论与实践》，中国人民大学出版社 1987 年版，第 104 页。

② 姜伟：《犯罪形态通论》，法律出版社 1994 年版，第 121 页。

③ 当然，笔者认为，任何犯罪行为均需要对法益造成一定的侵害或威胁，如果对法益的侵害或威胁是通过行为来进行判断的，也即行为的完成可以说明已经侵害或威胁了刑法所欲保护的法益，就可以将该类犯罪认为是行为犯。

④ 姜伟：《犯罪形态通论》，法律出版社 1994 年版，第 119～120 页。

是其他类型的既遂犯,[①] 刑法中也有关于实害结果的规定。因此,如何正确认识实害结果及实害犯这一犯罪既遂形态,具有重要的意义。

一、实害犯是否属于犯罪既遂的类型之一

有的学者不承认实害犯是犯罪既遂的类型之一,而认为刑法中所规定的结果是犯罪成立的条件,并非犯罪既遂的标准。这种观点实际上是基于对刑法分则的规定是以犯罪成立为模式所得出的结论,将结果犯之结果定位于犯罪成立的标准是不科学的。

(一)否定说

有的学者从犯罪成立的意义上来理解犯罪结果,即认为实害犯以实害结果的发生作为犯罪成立的犯罪,而非犯罪既遂。[②] 例如,有学者认为,"实害犯是指行为人实行了构成要件的危害行为,并且实际造成了构成要件的危害结果才能成立的犯罪……无严重危害结果发生即无犯罪,是实害犯与结果犯等犯罪形态相区别的显著特点。……这也就是说,实害犯只存在犯罪完成形态"[③]。"结果犯是以法定的犯罪结果的发生为犯罪,如过失致死罪。结果发生了,行为方可成立犯罪;反之,犯罪不成立"[④]。这种观点的主要理由如下:

1. 刑法中并无明确规定哪个犯罪以实害结果的发生作为犯罪既遂的标准

有学者进一步指出,承认实害犯是以实害结果的发生作为犯罪

① 其他类型的既遂犯是指危险犯、行为犯。当然,不少学者否认危险犯作为一类独立的犯罪既遂形态,关于此点,笔者将在本章的第三节危险犯中进行具体的阐述。

② 在其他国家,如日本,由于对未遂犯的处罚是例外规定,犯罪成立与犯罪既遂是同一意义上的,认为实害犯之实害结果的发生是犯罪成立的标志还是犯罪既遂的标志均没有区别。而在我国,犯罪既遂与犯罪成立是不同意义的。

③ 梁世伟:《刑法学教程》,南京大学出版社 1987 年版,第 161 页。

④ 赵秉志主编:《犯罪总论问题探索》,法律出版社 2003 年版,第 402 页。

既遂的标准是不符合刑法规定的。“我国刑法中并没有‘必须发生法定的犯罪结果才构成既遂的犯罪’。综观整个分则条文，并无哪个犯罪以法定的犯罪结果作为既遂标志。在刑法分则中，法定的犯罪结果，即法条明文规定的犯罪结果，往往只是作为犯罪成立要件或结果加重犯的加重结果。前者如过失致死罪，在这种情况下，犯罪结果只着眼于犯罪的成立与否，而不着眼于犯罪的既遂。后者如第263条规定的抢劫罪的死亡结果，这种法定的结果也并无标志犯罪既遂的意义，而只有量刑上的意义”①。“有的以构成要件是否要求侵害具体对象为标准，其要求侵害具体对象的犯罪是为结果犯”②。

2. 从犯罪既遂的意义上区分犯罪类型，承认实害犯属于一独立的犯罪既遂形态意义不大

“采用第一种含义（认为犯罪结果的出现是犯罪既遂或犯罪完成的标志——笔者注）意义不大，仅仅解决犯罪形态问题。第二种含义的结果犯（认为犯罪结果的出现是犯罪成立的标志，不出现犯罪结果则行为根本不构成犯罪——笔者注），意义比较重要，它告诉我们哪些犯罪的成立要求犯罪结果，哪些犯罪的成立不要求发生犯罪结果。它首先解决的是犯罪成立与否的问题，同时，它还进一步告诉我们对于前者不存在既、未遂，只有在后者才有研究既、未遂的必要。”③

（二）肯定说

这种观点认为，结果犯、行为犯的划分是对犯罪既遂的标准的

---

① 伍柳村、丁跃雄：《犯罪未遂存在的范围及“犯罪未得逞”探析》，载《四川大学学报》1990年版，第4期。

② 张明楷：《刑法学》（上），法律出版社1997年版，第271页。类似的观点还见：段立文：《结果犯与举动犯术语探略》，载《现代法学》1991年第6期；夏勇：《犯罪结果的类型》，载《青年法学》1985年第1期；肖渭明：《论刑法中危害结果的概念》，载《比较法研究》1995年第4期。

③ 赵秉志主编：《犯罪总论问题探索》，法律出版社2003年版，第401~402页。

划分，刑法理论中的结果犯（实害犯）中的结果，是犯罪既遂的标准，而非犯罪成立的标准。例如，“实害犯是指构成要件的行为需要已完成侵害一定法益的犯罪”①。“实害犯系以侵害法益为其处罚之根据，即以现实侵害一定法益为其犯罪构成要件，既有侵害一定法益之意欲，并有法益之侵害，其犯罪始告完成”②。“实害犯是指行为人实施的行为必须对刑法所保护的客体造成实际的损害，始构成既遂的犯罪”③。“结果犯是指不仅实施了刑法分则所规定的构成要件行为，而且必须发生特定犯罪结果才能构成既遂的犯罪。其中的犯罪结果仅指实害结果”④。

（三）笔者之观点

犯罪既遂的类型，是对刑法分则中具体犯罪之既遂标准所作的划分。无论是否认说还是肯定说，都认为应当结合刑法的规定来认定结果犯（实害犯）。但由于刑法分则的规定是以犯罪既遂为模式还是以犯罪成立为模式存在不同的观点，因此，对刑法中所要求的结果是定位于犯罪成立还是犯罪既遂存在不同的观点。笔者在第一章已经指出，我国刑法分则的规定应当是以犯罪既遂为模式，而非犯罪成立。在此基础上所得出的结果犯，应当是定位于犯罪既遂的类型这一层面才是合理的。事实上，由于笔者认为刑法分则的规定是以犯罪既遂为模式，那么，刑法分则根本不存在以结果的出现作为犯罪成立的标志，即使是对于过失犯罪、间接故意犯罪而言，相应的结果的出现虽然是犯罪成立与否的标准，但这种情形下的犯罪成立也即犯罪的完成，从适用刑法分则的完整化的刑罚之角度看，也应当认为是犯罪既遂。具体而言，笔者对于结果犯应当作为犯罪既遂的类型之一还持有如下理由：

---

① ［日］木村龟二主编：《刑法学词典》，顾肖荣、郑树周译，上海翻译出版公司1991年版，第158页。

② 陈朴生：《刑法专题研究》，台湾三民书局1988年版，第41页。

③ 高铭暄主编：《中国刑法学》，中国人民大学出版社1989年版，第41页。

④ 史卫忠：《行为犯研究》，中国方正出版社2002年版，第172页。

1. 刑法中有关实害结果的规定并非是犯罪成立的标志，而是犯罪既遂的标志

由于我国刑法分则对具体犯罪采取了“定性+定量”的模式，对于部分犯罪之既遂的标准规定较低，因此，不少学者认为刑法分则所规定的结果是犯罪成立的标志，而非犯罪既遂的标志。例如，盗窃罪的“数额较大”之规定。笔者曾在第一章对此提出反驳，笔者认为，由于我国刑法分则的定量模式，对于一些犯罪的既遂标准定得相对过低，这样导致了相当一部分犯罪（直接故意犯罪）未达到刑法分则所规定的结果的，不作为犯罪处理，也即不处罚该类犯罪之未遂，从这个意义上讲，此种结果既是犯罪成立的标志、也是犯罪既遂的标志。但是，这只是就实践中有关具体犯罪的处理而言的，实际上，由于刑法总则原则上对犯罪的未完成形态进行处罚，从理论上讲，仍然有可能在未达刑法所要求的结果之情形下定罪处罚。例如，最高人民法院《关于审理盗窃案件具体应用法律若干问题的解释》第1条规定：“盗窃未遂，情节严重，如以数额巨大的财物或者国家珍贵文物等为盗窃目标的，应当定罪处罚。”

2. 将犯罪划分为结果犯、行为犯等，这种分类的目的无非是为了对刑法分则中的犯罪进行一番梳理，以便更好地认识犯罪，但如果将这种划分定位于犯罪成立这一层面，根本不具有实际意义

我国刑法总则对所有的故意犯罪之未完成形态均进行处罚，从这一角度看，所有的直接故意犯罪，只要实施了相应的犯罪行为，即可成立犯罪。例如，故意杀人罪，其成立的标准通常情形下而言，只要实施了预备行为即构成此罪，而无须等到具体的杀人行为的实施或被害人死亡这一结果的出现，但何谓杀人罪的预备行为，是一个确定的标准吗？并且，实践中的具体犯罪（包括故意杀人罪）也并非遵循了“预备—实行—完成”这一过程，这样一来，标准就会变化，难以称得上是“标准”了。而对于间接故意犯罪、过失犯罪，是不存在犯罪未完成形态的，因此，结果的出现即是犯罪的成立。这样一来，对于所有刑法中的所有犯罪，以其成立的标

准不同所作的划分，可以分为“直接故意犯罪”与“间接故意+过失犯罪”，这种分类又回到了根据罪过形式对犯罪进行分类，并无更大的意义。有学者进一步指出：“根据成立标准说，结果犯只限于过失犯罪、间接故意犯罪和复合罪过形式的犯罪，这势必导致有的犯罪既可以是行为犯，也可以是结果犯。如就故意杀人罪来说，直接故意杀人是行为犯，间接故意杀人是结果犯，于是该罪既是行为犯，又是结果犯。而依据成立标准说，该罪是行为犯。二者之间的矛盾是显而易见的。特别是，根据成立标准说，结果犯就没有未遂形态可言了，而且，该标准把许多直接故意犯罪排除在结果犯之外，这更难以令人信服了”①。

3. 依成立标准说来界定结果犯的概念，违背人们通行的观念

在我们的观念中，对犯罪的分类一般也不是基于犯罪成立这一层面的，而通常是立足于犯罪完成这一层面的，因为我们观念中的犯罪是犯罪的模型、轮廓，是一个完整的犯罪。即使是对于过失犯罪、间接故意犯罪而言，虽然结果是犯罪的成立条件，但从犯罪进程的角度看，只有刑法所要求的特定结果出现才能认为是犯罪行为的完成，即属犯罪既遂形态，才能对之适用刑法分则所规定的完整刑罚。正如有学者所指出的：“不管对结果犯这一概念的内涵如何理解，像（直接）故意杀人罪这类以逻辑结果的发生为既遂标志的犯罪都是结果犯的基本内容，而成立说以犯罪成立为基础定义结果犯和行为犯得出的故意杀人罪是行为犯的结论，与人们历来的观念相悖”②。

其他国家如德国、日本，对于犯罪的分类也是定位于犯罪成立这一层面，但其犯罪成立与我国犯罪成立是不同的。德日刑法中的犯罪成立与犯罪既遂通常是同一意义上的，在使用中一般并不加以

① 金泽刚：《犯罪既遂的理论与实践》，人民法院出版社 2001 年版，第 78 页。

② 黄俊平：《既遂说、成立说之选择——兼谈结果犯的定位》，载《审判研究》2003 年第 1 辑，法律出版社 2003 年版，第 176 页。

区分。因此，其关于结果犯、行为犯等的分类，实际上是立足于犯罪既遂这一层面的。而在我国，犯罪成立与犯罪既遂是两个不同的概念，不能因为其他国家的结果犯是立足于犯罪成立这一层面，就认为我国也是如此。

二、实害犯之实害结果

实害犯以造成一定的实害结果作为犯罪既遂的标志，是一最为常见的犯罪既遂类型。我国刑法分则中规定的犯罪绝大多数都是实害犯，可以说，从行为人的目的、犯罪行为的发展进程看，犯罪行为一般均直接或间接以发生实害结果为目的，① 即使是刑法中的危险犯、行为犯，② 就行为人的目的或犯罪行为的最终发展来看，一般也都是以发生实害结果为最终目的，概而言之，任一犯罪行为，任其继续发展的话，大都将造成一定的实害结果为犯罪之完成。基于此，有必要对实害结果及与之有关的问题作一较为全面的认识。

1. 实害结果具有可测量性

由于实害结果是犯罪行为对具体法益的实际侵害，较之行为的完成、危险结果的发生等，其量定十分容易。基于此，刑法中设定的犯罪原则上应当是实害犯，当然，在特定的情形下，基于对法益的提前保护，或者说某种行为所造成的实害结果太宽泛不好认定等，才设定危险犯、行为犯等犯罪既遂形态。从犯罪人的角度看，其实施犯罪行为的最终目的也是为了对法益造成实际的侵害。

从刑法分则的规定来看，犯罪完成形态意义上的犯罪既遂之实害结果，一般均是以人身或财产的实际侵害作为犯罪既遂的标准，并且，由于我国刑法分则采取定量模式的特点，对实害结果一般还

---

① 以间接发生实害结果为目的的犯罪，如教唆型、煽动型的犯罪，行为人本人并不直接实施侵害法益、造成实害结果的犯罪行为，但是希望通过被教唆者、被煽动者的行为来达到造成实害结果的目的。

② 我国不少学者否认危险犯作为一类独立的犯罪既遂形态，认为危险犯中之危险是犯罪成立的标准，而非犯罪既遂的标准。

作了量上的要求。例如，生产、销售伪劣产品罪中的具体金额就规定得十分具体，即使是作了概括性规定的，如盗窃罪、诈骗罪中，规定了“数额较大”这一标准，也都有相关的司法解释对之进行了量化。当然，由于有些犯罪的既遂标准不易用某一具体的实害结果来衡量，因此，刑法中规定了“造成严重后果”等这样概括性的实害结果作为犯罪既遂的标准。

2. 实害结果作为实害犯之既遂标准的必要性

在通常情形下，实害犯中，实害结果的发生是犯罪既遂的必要条件，要构成犯罪既遂，必须出现实害结果。例如，构成故意杀人罪的犯罪既遂，必须存在被害人死亡这一客观事实；构成盗窃罪的犯罪既遂，必须出现财物被盗这一实害结果。[①] 由于社会危害性是一个综合的指标，即使在实害犯中，实害结果的出现也非该犯罪行为的社会危害性的唯一评判要素，从这一角度看，即使出现了刑法规定的实害结果，但如果具有其他从宽处罚的情节的，也可能不构成犯罪（尤其是针对一些犯罪轻罪，或者说是那些既遂的标准定得较低的犯罪），更谈不上是犯罪既遂了。[②] 所以，从这一点看，在实害犯中，要成立犯罪既遂，必须要有实害结果的出现，但刑法所要求的实害结果的出现，并非一定成立犯罪既遂。

需要指出的是，在同一个犯罪中，刑法区分了不同的情形，有的情形是要求实害结果的出现才成立犯罪既遂，有的情形则未作此要求。例如，刑法第277条关于妨害公务罪的规定，第1款规定：

---

① 当然，根据最高人民法院《关于审理盗窃案件具体应用法律若干问题的解释》，盗窃公私财物接近“数额较大”的起点，具有下列情形之一的，可以追究刑事责任：1. 以破坏性手段盗窃造成公私财产损失的；2. 盗窃残疾人、孤寡老人或者丧失劳动能力人的财物的；3. 造成严重后果或者具有其他恶劣情节的。这种情形，构成盗窃罪，显然也属于犯罪既遂形态。这种情形虽然实害结果没有达到“数额较大”，但至少产生了实害结果，如果没有实害结果，显然是不能作为犯罪既遂来处理的。

② 最高人民法院《关于审理盗窃案件具体应用法律若干问题的解释》规定，盗窃公私财物虽已达到“数额较大”的起点，但情节轻微、并具有下列情形之一的，可不作为犯罪处理：1. 已满16周岁不满18周岁的未成年人作案的……

“以暴力、威胁方法阻碍国家机关工作人员依法执行职务的，处三年以下有期徒刑、拘役、管制或者罚金。”第2款规定：“以暴力、威胁方法阻碍全国人民代表大会和地方各级人民代表大会代表依法执行代表职务的，依照前款的规定处罚。”第3款规定：“在自然灾害和突发事件中，以暴力、威胁方法阻碍红十字会工作人员依法履行职责的，依照第一款的规定处罚。”第4款规定：“故意阻碍国家安全机关、公安机关依法执行国家安全工作任务，未使用暴力、威胁方法，造成严重后果的，依照第一款的规定处罚。”从刑法的规定来看，第4款要求造成严重后果的才构成犯罪既遂。[①] 因此，在论及实害犯时，要注意某一犯罪由于刑法的特别规定，既可能是实害犯，也可能是行为犯或危险犯。

3．基于立法简洁性的要求，对于部分实害犯之实害结果刑法并没有作明确的规定

在实害犯中，不少犯罪的实害结果刑法分则都已经作了较为明确的规定。“就刑法分则明文规定的结果来说，法律条文表述的方式多种多样，有的是造成一定的后果、损害、损失、混乱、破坏、流失等，有的是致使、导致或者引起一定结果发生，有的是‘因而发生’某种结果，还有的是‘影响’一定的结果出现，等等”[②]。但并非对所有的实害结果均作了明确的规定。在我国刑法分则中，以危害结果作为既遂标志的危害结果的犯罪可以分为两类：一类是法条明文规定作为既遂标志的危害结果的犯罪，这类犯罪的危害结果需要加以解释和判断；另一类是法条明示了标志其既遂成立的危害结果的犯罪，这类犯罪较为特殊，其作为既遂标志的危害结果无须进行解释或推理。[③]

刑法之所以不明确规定部分实害犯之实害结果，乃是基于立法

① 当然，此种情形下一般认为是造成严重结果才成立犯罪。但此时的成立犯罪也是犯罪既遂，二者是同一意义上的。

② 金泽刚：《犯罪既遂的理论与实践》，人民法院出版社2001年版，第80页。

③ 金泽刚：《结果犯的概念及其既遂形态研究》，载《法律科学》1999年第3期。

简洁性的要求。“法律是欲以极少数的条文，网罗极复杂的社会事实，为便于适用和遵守起见，条文固应力求其少，文字固应力求其短，以免卷帙浩繁，人民有无所适从之感”①。部分实害犯中，行为人实施该行为的主观目的也都是为了造成实害结果的发生，并且这种实害结果是十分确定的，甚至具有唯一性，并且这种结果都已经为人们所熟知，没有多大的争议。这主要是一些传统犯罪，如故意杀人罪，各国刑法理论与实践都认为其既遂的标准是“被害人死亡”这一结果的发生，但基于刑事立法简洁性的要求，各国的刑法几乎都没有对死亡结果的出现作出规定。正如我国台湾地区学者林山田所指出的：“有些构成要件之要素，并没有明文规定于构成要件要素之中，但由于学说上之通说或沿用多年之判例，俨然有如规定于条文之构成要件要素，或称不加规定之构成要件要素。如普通杀人罪之规定‘杀人者’，此当然包括‘他人被杀死’之不成文构成要件要素。”②“杀人罪的条文规定是，杀人者处死刑、无期徒刑或十年以上有期徒刑。法条文字的本身只是说杀人，并没有说要杀死人。换句话说，我们大可以把杀人罪文字的本身解释成所谓的行为犯，亦即只要有杀人行为，不管有没有杀死人，都可以构成杀人既遂罪。然而如同大家所知道的，所有的文献对杀人罪的解释是，杀人罪的构成要件，除了行为之外，也包括了被害人死亡结果的发生，以及二者之间的因果关系。理由很简单，如果从法益侵害状态的实现与否来作检视，那么被害人没有死亡，所谓生命法益即未遭实害，就不能说这是该当于杀人罪既遂的不法构成要件”③。

当然，我国刑事立法对于相当部分的实害犯，由于没有明示实害结果，也造成了理论上的混乱。正如有学者所言：“在我国刑法规定的犯罪中，不要说过失犯罪，就是故意犯罪中，以结果的出现

① 林纪东：《法学通论》，台湾远东图书公司1953年版，第89页。

② 林山田：《刑法特论》（上），台湾三民书局1979年版，第23～25页。

③ 黄荣坚：《刑罚的极限》，台湾元照出版公司1999年版，第220页。

作为既遂标准的犯罪也占多数，那么，是否要求对所有的犯罪均要明示犯罪结果？笔者认为，对此不应一概而论。在有些犯罪中，不明示结果就会模糊既遂标准，如放火罪若不明示结果，就难于说明该罪的既遂是以行为对象烧毁为标准还是以行为对象的独立燃烧为标准。但有些犯罪却不同，如杀人罪的规定，不明示结果，也不会发生异议，因为在这样的犯罪中，行为中已经包含着对结果的要求。也正因为如此，所以至今尚未发现哪个国家的刑法在杀人罪的规定中单独提出死亡结果的问题，就是在明确承认既遂模式的国家也是如此，如德国刑法的规定是：谋杀者，处终身自由刑，非谋杀而故意杀人者，处五年以上自由刑。日本刑法规定：杀人者，处死刑、无期或三年以上之惩役。”①

三、实害结果的多档次量刑模式与犯罪既遂

犯罪既遂在犯罪阶段的这一线段中是一个停止形态的点，但就犯罪既遂自身而言，其社会危害性也可能出现程度上的差异。例如，盗窃罪又存在不同数额的情形。我国刑法分则对于许多具体的犯罪行为，在其犯罪既遂这一形态的基础上，根据犯罪既遂的社会危害性的程度不同，区分了不同的情形并规定了不同的法定刑。这种立法模式与犯罪既遂的关系是什么，值得研究。

（一）我国刑法分则规定之模式概说

我国刑法分则对许多犯罪行为采取了定量并且分阶段的模式，也即不仅规定了犯罪既遂的标准，而且在犯罪既遂的标准之基础上，又根据社会危害性的不同，区分了不同的程度并规定了不同的法定刑。这种规定模式反映在实害犯中，便是根据实害结果的危害程度的不同，划分了不同的档次，并规定了不同的法定刑。在此，以盗窃罪为例说明此问题。刑法第 264 条关于盗窃罪的规定中，根据实害结果的社会危害程度的不同，划分为“数额较大”、“数额

① 李洁：《犯罪既遂形态研究》，吉林大学出版社 1999 年版，第 70 ~ 71 页。

巨大”、“数额特别巨大”，并规定了不同的法定刑幅度。在盗窃案件中，如果行为人基于盗窃“数额较大”财物的故意实施盗窃行为，并且也得到了“数额较大”的财物，此种情形下，构成盗窃罪并处于犯罪既遂形态没有异议。但问题是，当主客观不一致时，如行为人实施了盗窃“数额特别巨大”的财物，但实际上仅盗得“数额较大”的财物，是否也仅在“数额较大”的法定刑幅度内进行处罚，还是应当在“数额特别巨大”的这一法定刑幅度内，结合刑法总则关于未遂犯“可以比照既遂犯从轻或者减轻处罚”的规定进行处罚呢？

我国刑法分则对于具体犯罪的这种定量模式，如何将犯罪既遂、未遂贯彻于其中，值得研究。正如有学者所指出的：“这种定量模式，给未遂、既遂以及量的因素在构成要件中的地位等问题带来难以解决的理论死结”①。“在我国区分犯罪的既未遂并非易事。造成这种困难的一个重要原因在于，我国立法上既定性又定量的特点，不同于日、德、美等国立法定性、司法定量，这导致我们在讨论既未遂问题时，必须设定一个前提，即我们是在犯罪学层面上或者说纯理论上或者说应然的层面上讨论，还是从实然的角度讨论问题”②。这一问题实际上就涉及犯罪既遂、犯罪未遂之划分，以及如何与我国刑法的这种多档次量刑模式结合起来。在其他国家，刑法分则的规定并没有采取定量的模式，而是采取定性的模式，我们遇到的问题或者就不成为问题了。“所谓单纯的定性分析模式，是指立法者在规定犯罪的概念时，只对行为性质进行考察，不作任何量的分析，犯罪构成中不含数量成分。这种模式是目前世界上多数

① 储槐植：《再论我国刑法中犯罪概念的定量因素》，载《法学研究》2000 年第 2 期。

② 陈洪兵、周荣春：《犯罪既未遂疑难问题探讨》，载《山西省政法管理干部学院学报》2007 年第 1 期。

国家通行的界定犯罪概念模式"①。例如，《日本刑法典》第235条关于盗窃罪的规定："窃取他人的财物的，是盗窃罪，处十年以下有期惩役。"可见，日本刑法并没有区分不同的数额规定不同幅度的法定刑，因此，无论主观上打算盗得多少财物，客观上实施了针对多少数额的窃取行为，实际上窃取了多少财物，均在"10年以下有期徒刑"这一法定刑幅度内，司法机关综合案件的社会危害性进行量刑。例如，行为人盗得数额较大的财物，但其实施的行为是盗取"数额特别巨大"的财物，当然可以认为是犯罪既遂，考虑到行为人实施的行为具有侵害重大法益的危险，在刑罚适用时从重处罚。

（二）犯罪既遂、犯罪未遂与刑法分则阶段式模式之关系

犯罪既遂与未遂提出的最终目的是为了贯彻主客观相统一原则，从而更好地贯彻罪刑相适应原则。在这种对犯罪既遂形态作多档次的规定的情形下，如何将犯罪既遂、未遂在量刑上的区分正确贯彻，值得研究。试举例说明情况：案例一，甲在公交车上盗得他人手机，价值2000元；案例二，乙带好作案工具来到某单位的财务处，欲将该财务处的几百万元现金盗走，但由于技术上的原因，仅盗得2000元；案例三，丙带好作案工具来某单位的财务处，欲将该财务处几百万元的财物盗走，实际上也盗取了价值几百万元的财物。根据刑法关于盗窃罪的规定，对甲处以"3年以下有期徒刑、拘役或者管制，并处或者单处罚金"，对丙处以"10年以上有期徒刑或者无期徒刑，并处罚金或者没收财产"，这是不存在争议的。并且，甲、丙的数额达到"数额较大"，均构成犯罪既遂。对于乙，由于其所盗数额已经达到"数额较大"的标准，从这一角度看，虽然行为人的目的没有完全实现，但从刑法的规定来看，已经构成犯罪既遂，但如果对乙仍然处以"3年以下有期徒刑、拘役

① 储槐植、汪永乐：《再论我国刑法中犯罪概念的定量因素》，载《法学研究》2000年第2期。

或者管制，并处或者单处罚金”，则显然是不适宜的。从主观上看，乙具有侵害重大法益（几百万现金）的主观故意，客观上也实施了侵害重大法益的行为，只是由于行为人意志以外的原因未盗得“数额特别巨大”的财物，这种情形下，显然较之甲的危害性要大很多，适用“3 年以下有期徒刑、拘役或者管制，并处或者单处罚金”不太适宜。[①] 实际上，案例二的情形与案例三的情形的区别仅在于实际窃取的财物的数量不同，行为人主观上、客观上都是针对“数额特别巨大的财物”。因此，笔者认为，这种情形应当在适用案例三中的法定刑幅度，即刑法分则规定的“数额特别巨大”的法定刑，并考虑到实际仅得“数额较大”，结合总则关于未遂犯的规定，可以比照“10 年以上有期徒刑或者无期徒刑，并处罚金或者没收财产”从轻或者减轻处罚。[②] 这是主客观相统一原则与我国刑法分则对犯罪既遂形态进行多档次量刑的当然结果，只有这样才能实现罪刑相适应，真正贯彻主客观相统一原则。

这里，存在这样一个问题，我们承认乙的行为构成犯罪既遂，但在对乙适用法定刑时却又要结合刑法总则关于未遂犯的处罚原则进行处理。这看似矛盾，实际上并不矛盾，这是我国刑法分则多档次的量刑模式所得出的必然结论。盗窃罪的既遂标准是固定的，即“数额较大”，[③] 不可能由于案件的不同，在此类案件中“数额较大”是犯罪既遂的标准，在彼类案件中“数额特别巨大”是犯罪既遂的标准，否则，犯罪既遂就没有统一性了。乙行为构成犯罪既

① 如果说对乙适用甲的法定刑，那乙主观上的超出“数额较大”的部分（“数额特别巨大”减去“数额较大”）的故意、客观上超出的行为（“针对数额巨大的财物所实施的行为”减去“针对数额较大之财物所实施的行为”）又如何在量刑中得到体现呢？不少学者认为盗窃罪中的数额要求仅仅是客观的，即实际所得，但最高人民法院《关于审理盗窃案件若干问题的解释》中关于“盗窃未遂”的规定否定了这一观点。

② 换言之，如果刑法将盗窃罪的犯罪既遂设定为窃取“数额特别巨大”的财物，则完全可以适用“数额特别巨大”这一档次的法定刑，再结合刑法总则关于犯罪未遂的规定进行处罚。

③ 多次盗窃这种情形在此暂不讨论。

遂，是针对基本的构成要件而言的，其行为已经窃得“数额较大”的财物，在适用犯罪未遂进行处罚时，针对的是“数额特别巨大”这一档次的法定刑，因为乙主观上具有盗窃“数额特别巨大”的财物的故意，客观上具有也实施了针对重大法益（数额特别巨大）的财物，仅仅是由于意志以外的原因而未达“数额特别巨大”。或许有人会提出疑问，如果这样理解的话，不如直接将乙的行为认定为犯罪未遂，并适用“数额特别巨大”的法定刑，再结合刑法分则的规定来进行处罚，这样可以避免在定罪上认为乙构成犯罪既遂、在量刑上则认为处于犯罪未遂的不一致而带来的弊端。笔者认为，如果这样理解的话，犯罪既遂的判断则具有不确定性，在此案件中 2000 元是犯罪既遂的点，而在彼案件中则可能到达 100 万，犯罪既遂既然是一个标准，就不应当随着案件的变化而变化，而应当具有统一性。对案例二作以上这种理解，究其实质，是在我国现行刑法分阶段的规定的模式上，为了贯彻主客观相统一原则而得出的必然结论，这是符合罪刑相适应原则的。假设，我国刑法分则仅规定，盗窃行为达到“数额较大”的（当然，“数额巨大”、“数额特别巨大”也包括在此内），处管制、拘役、有期徒刑、无期徒刑、死刑，那么，对于上述案例二中的乙，构成盗窃罪既遂，并且由于刑法对盗窃罪规定的法定刑幅度如此之大，也可以考虑乙主观恶性较大、客观上实施了针对重大法益的侵害行为，而适用较重的刑罚，这样，便可以在坚持主客观相统一的原则上实现罪刑相适应。

提出犯罪既遂、未遂的区分的最根本的目的就是为了从主客观相统一原则出发，根据社会危害性的不同，正确量刑，以更好地实现罪刑相适应。由于我国刑法分则对于具体犯罪之既遂作了不同程度的区分，因此，刑法总则关于犯罪既遂、未遂在量刑上的差异，也应当贯彻于刑法分则对于具体犯罪之犯罪既遂的所有阶段，这是罪刑相适应原则的必然要求。不少学者认为，应当以客观上所实际造成的结果作为刑罚适用的标准，如果行为人窃取的财物达“数额较大”，无论行为人主观上、客观上是否针对“数额特别巨大”，均在“数额较大”这一档次的法定刑幅度内适用刑罚。例如，有学者指出：“（抢劫）数额较大应当认为是指从客观而言其既遂后的实际所得数额，不应当包括所谓以主客观原则认定数额巨大，否则，是将抢劫的指向数额与加重犯罪构成要件中的所得数额相混淆。因此即使行为人将数额巨大或数额特别巨大的财物作为抢劫目标，只要实际抢劫所得并未达到巨大的标准，仍应以一般抢劫罪论处。”① 这种观点，显然是没有较好地处理犯罪既遂、未遂与我国刑法分则对犯罪既遂分档次规定之间的关系，难以体现主客观相统一，有违罪刑相适应原则。日本刑法理论对于犯罪预备阶段的中止行为的处理值得我们借鉴。根据日本刑法的规定，中止犯仅存在于着手实行之后，日本刑法对中止犯“减轻或者免除刑罚”，而对于在预备阶段实行了中止行为的人，能否适用中止犯的处罚规定，刑法理论上存在肯定说与否定说。肯定说是日本刑法理论的通说。“肯定说的理由主要是：第一，如果不对预备罪的中止准用中止犯减免刑罚的规定，则会造成刑罚的不均衡。例如，倘若否认强盗预备罪可以成立中止犯，那么，对实施强盗预备行为后基于自己的意志不着手实行强盗的人，必须处 2 年以下惩役；而对着手实行了强盗行为后中止的人，反而可以免除刑罚。这就导致着手前的中止不能免除刑罚、而着手后的中止可以免除刑罚的不均衡现象……”② 这种观点，实际上就是将不符合刑法规定的犯罪中止的情形，在量刑上按照刑法关于犯罪中止的处罚原则进行处罚。而在我国，由于我国刑法分则的多档次的量刑模式，要达到罪刑相适应，将犯罪既遂、未遂在量刑上的区分贯彻于犯罪既遂的不同阶段，应当说，与日本的这种做法在实质上具有一致性。

① 周振想、林维：《抢劫罪特别类型研究》，1998 年中国刑法学年会论文。

② 张明楷：《未遂犯论》，法律出版社、日本成文堂出版社 1997 年版，第 459 页。

(三) 具体犯罪的展开——以盗窃罪为视角

我国刑法关于盗窃罪之规定，是多档次量刑模式的典型。根据数额的差异，实践中的盗窃案件可分为如下情形：

1. 行为人基于概括的故意实施盗窃行为

此种情形下，行为人主观上对于盗窃数额没有确定的故意，无论客观上盗窃多少财物均在行为人的主观意愿之内。在此种情形下，应以行为人客观上实际盗得的财物来适用法定刑，即如果是“数额较大”的财物，则适用“3 年以下有期徒刑、拘役或者管制”；如果是“数额巨大”的财物，则适用“3 年以上 10 年以下有期徒刑，并处罚金”；如果未达“数额较大”，则一般不作为犯罪处理（根据最高人民法院解释，特定情形下未达数额较大的财物也作为犯罪处理，如盗窃孤寡老人的财物)。

2. 行为人主观上欲盗窃较高档次，如“数额特别巨大”的财物，但实际上并未得到“数额特别巨大”的财物

此种情形，具体而言，又可以分为两种情形：

(1) 行为人主观上欲盗窃较高档次，如“数额特别巨大”的财物，客观上也实施了针对“数额特别巨大”的财物的行为，但并未得到“数额特别巨大”的财物，而仅得到较低“数额较大”或“数额巨大”的财物。例如，行为人主观上欲盗窃“数额特别巨大”的财物，并且客观上实施了盗窃“数额特别巨大”的财物的行为，但实际上仅得到“数额较大”的财物的行为。此种情形下符合基本形态的犯罪既遂之点——“数额较大”，在犯罪形态的认定上可以认定为是犯罪既遂，但在具体量刑时，应当适用“数额特别巨大”这一档次的法定刑，再结合刑法总则关于犯罪未遂的规定进行处罚。

需要指出的是，如果行为人主观上虽然是欲盗窃“数额特别巨大”的财物，但实施的行为并没有针对数额特别巨大的财物，也即没有对“数额特别巨大”的财物这一重大法益造成侵害或者威胁。例如，行为人仅仅是在公交车上扒窃，寄希望于有人的包中

藏有价值数百万元的财物，但实际上仅得到“数额较大”的财物，此种情形下，只要按“数额较大”这一档次的法定刑处理就可以了，而不需要以“数额特别巨大”这一档次的法定刑，再结合刑法总则关于犯罪未遂的规定来处理。因为此种情形下行为并没有侵害或威胁“数额特别巨大”的财物这一法益，只要行为没有侵害或者威胁法益，即使主观上有恶性，也不能处罚，这是主客观相统一的当然要求。正如有学者所指出的：“‘数额较大’是行为的客观定量标准，不能将‘数额较大’理解为行为人主观上意图盗窃的财物数额较大。如前所述，主观上的目标数额只有客观化为行为的内容，才能作为数额犯的行为数额。对于盗窃罪来说，行为数额是指盗窃行为在客观上实际盗窃的财产数额，而非纯粹的主观上希望的数额。这就是说，只有当盗窃行为实际指向的财产数额较大时，才能以犯罪论处”①。

（2）行为人主观上欲盗窃较高档次，如“数额特别巨大”的财物，客观上所得财物未达最基本的档次——“数额较大”或分文未得。此种情形下，行为人的犯罪行为未达盗窃罪的基本既遂形态——数额较大，应当认为是犯罪未遂，适用“数额特别巨大”这一档次的刑罚，并结合刑法总则关于犯罪未遂的规定进行处罚。

最高人民法院的司法解释也是将此种情形作为盗窃未遂进行处罚的。有的学者对此提出异议，“该司法解释本身的合理性值得推敲。……根据刑法规定，盗窃罪有四个量刑幅度，究竟应适用哪一个量刑幅度，难道以盗窃珍贵文物为目标，就应适用无期徒刑或者死刑的量刑幅度吗？”②“以数额巨大的财物为目标的盗窃未遂应按

---

① 刘之雄：《犯罪既遂论》，中国人民公安大学出版社 2003 年版，第 136 ~ 137 页。

② 陈洪兵：《从我国犯罪概念的定量性探析犯罪未遂问题》，载《贵州警官职业学院学报》2002 年第 3 期。

照盗窃数额较大的量刑档次处罚”①。这种观点，显然是没有将我国刑法分则的规定与犯罪既遂、未遂结合起来。我国不少学者都对此持反对意见。例如，“刑法第152条（本引文中的法条均指1979年刑法的条文——笔者注）对盗窃‘数额巨大’的公私财物作了规定，这里规定的并不是加重结果犯，对该条的‘数额巨大’与盗窃罪未遂的关系，应该与第151条的‘数额较大’采取同样的理解。即该条的‘数额巨大’，照样既可指实际造成的损失数额，也可以包括主观上企图造成的损失数额，该条的盗窃罪也可以有犯罪未遂。因此，如果行为人潜入银行金库、博物馆等处作案，从主观犯意和客观盗窃行为上都明确地以盗窃数额巨大的钱财或物品为目标，只是因为行为人意志以外的原因未能取得巨额财物的（包括分文未得、获得数额较小的财物以及获得数额较大的财物等几种情况），可以而且应当认定为数额巨大的盗窃罪的未遂犯，综合全部案情按照刑法第152条（盗窃数额巨大）和第20条（犯罪未遂）予以适当的处罚”②。赵秉志教授还就行为人诈骗112万未遂、仅得1万元的案件指出：“在具体操作该模式时，首先应认定该类案件为犯罪未遂，以总数额为量刑标准，确定量刑档次。其次，如果判决决定对该未遂犯从轻处罚，那么就在上述量刑档次内处罚，既遂额与未遂额的比例作为确定具体刑期的依据；如果判决决定对该未遂犯减轻处罚，那么就在该量刑档次的下一档内处罚，既遂额与未遂额的比例作为确定具体刑期的根据。”③

① 廖慧兰：《盗窃时部分既遂部分未遂如何处理》，载《检察日报》2007年2月11日第3版。

② 赵秉志：《犯罪未遂的理论与实践》，中国人民大学出版社1987年版，第285～286页。

③ 梁统：《“部分既遂部分未遂”应作未遂处理》，载《检察日报》2003年1月20日。需要说明的是，这种观点认为在此种案件中，即使诈骗所得达到了1万元，也应当认为是犯罪未遂，笔者对此持反对意见。“数额较大”是犯罪既遂的标准，既然是标准，就应当贯彻于所有的诈骗案件，而不应在此案件中诈骗1万是犯罪既遂、在彼案件中诈骗1万元是犯罪未遂。因此，此种情形仍然应当认定为是犯罪既遂。

3. 行为人主观上欲盗窃较低档次，如“数额较大”的财物，但实际上却得到了较高档次，如“数额巨大”的财物

此种情形下，行为人的主观恶性较小，仅欲得到“数额较大”的财物，但实际上却直接侵害了重大的法益，即“数额巨大”的财物，行为已经对重大法益造成了侵害。刑法坚持主客观相统一原则，对于此种超出行为人主观故意的结果，当然不宜追究行为人的刑事责任，具体而言，又可分为如下情形论述：

(1) 在此种结果发生后，如果行为人主观上并不排斥实害结果的发生，进而将“数额巨大”的财物占为已有的，当然应该按照“数额巨大”这一档次的法定刑进行定罪处罚。

(2) 如果实害结果发生后，行为人主观上排斥这种结果的发生的，并将超出“数额较大”的财物退回的，此种情形下，由于行为人的主观故意仅停留在“数额较大”这一幅度范围，因此，只能以“数额较大”这一档次的法定刑论处。我国也有学者持此观点，“行为人本意是小偷小摸，但是意外地窃取到大量财物，自己尚未发觉，或发觉后马上送回失主手中。此种情况下，如果以实际盗窃的数额来认定犯罪则难免有客观归罪之嫌”①。

但遗憾的是，我国刑法实践中并没有完全贯彻上述做法，正如有学者所指出的：“在我们中国，我们习惯地把罪犯的实际所得作为刑罚的裁量标准，无论罪犯在事前对犯罪的所得有怎样的打算，最后他实际非法占有多少赃款是问题的关键”②。俄罗斯关于盗窃罪的规定也同我国类似，在犯罪既遂的基础上，根据数额的大小区分了不同幅度的法定刑。俄罗斯刑法理论也将犯罪既遂、未遂贯穿于盗窃罪的不同档次，这一做法，值得我们借鉴。A. B. 纳乌莫夫教授认为，犯罪既遂不仅取决于犯罪人故意的内容及其实现的程

① 邓文莉、林卫星：《盗窃罪既未遂界定标准新探》，载《南都学坛》2006 年第 3 期。

② 赵微：《俄罗斯联邦刑法》，法律出版社 2003 年版，第 83 页。

度，而是首先取决于相应犯罪构成的特殊立法结构。他援用刑法第158条第3款规定的盗窃罪作为实例来说明这一理论,[①] 在这一条款中规定了作为盗窃罪加重情节的一系列特征，其中第2项是“数额巨大的”，所谓的数额巨大，是指盗窃价值超过最低劳动收入500倍以上的。如果犯罪人盗窃某一机关的保险柜，他以为里面有超过最低劳动收入1000倍的现金，但事实上他打开柜子后只能拿走超过最低劳动收入500倍的现金，没有达到1000倍。尽管从盗窃的数目上犯罪人没有达到自己的目的，犯罪故意的内容只实现了一半，但依据刑法第158条第3款第2项的规定，他的盗窃行为已经符合数额巨大的尺度，应当认定为盗窃罪的既遂。但如果在这一个实例中犯罪人从保险柜拿走的数目没有达到最低劳动收入的500倍，或者保险柜中原本就是空的，就应该依据刑法第30条和第158条第3款第2项的规定，在数额巨大的尺度内认定为盗窃罪的未遂。[②]

第三节　危险犯

危险犯是犯罪既遂的类型之一，通说认为，危险犯是指以发生客观的危险状态作为犯罪既遂的标志的犯罪。“危险犯是以行为人实施的危险行为造成法律规定的发生某种危害结果的危险状态为既遂标志的犯罪”[③]。“危险犯是指行为人实施的行为是造成某种实害结果的发生，但实害结果尚未发生即构成既遂的犯罪，或者说，是

---

① 《俄罗斯联邦刑法典》第158条第3款规定：“盗窃而有下列情形之一的，判处五年以上十年以下剥夺自由，可以并处没收财产：（1）有组织的犯罪团伙实施的；（2）数额巨大的；（3）过去犯盗窃罪或敲诈勒索罪而负有两次或两次以上前科的人实施的。”这一款是关于盗窃罪的加重构成之规定。

② 赵微：《俄罗斯联邦刑法》，法律出版社2003年版，第82页。

③ 高铭暄主编：《刑法学原理》（第二卷），中国人民大学出版社1993年版，第297页。另见高铭暄、马克昌主编：《刑法学》（上），中国政法大学出版社1999年版，第266页；马克昌主编：《犯罪通论》，武汉大学出版社1999年版，第500页。

以行为人实施的危害行为造成的危险结果作为犯罪构成条件的犯罪”①。实践中，行为人实施犯罪行为，大都以对法益造成实际侵害作为其行为的完成，立法者一般情形下也是以实害结果的发生作为犯罪既遂的标准，从这一意义上看，以实害结果的发生作为犯罪既遂的标志的实害犯是最为常见的犯罪既遂形态，而危险犯则属于特殊类型的犯罪既遂类型，因此，需要特别加以研究。

一、危险犯之“危险”

刑法中的“危险”是一个十分模糊的概念，既可能指“行为人的危险”，又可能指“行为（广义）的危险”。行为人的危险，指的是性格的危险性，或者叫犯罪人的危险性及反社会性。其中，单就行为人的危险而言，仅在犯罪学这一层面上才有其意义，因为当今刑法不处罚人的思想、性格，只有当行为人的主观恶性通过行为反映出来时，才具有处罚的意义。行为（广义）之危险又可以有两种不同的含义：一种是指作为行为属性的危险，即犯罪行为本身具有的侵害法益的可能性；另一种是作为结果的危险，意指原因行为后产生的危险状态。②

（一）危险犯之“危险”是脱离于行为本身的一种状态

作为犯罪既遂类型之一的危险犯，“危险”的实现是犯罪完成的标志，“危险”应当具有客观化的要素，并且是脱离于行为本身而独立存在的。这种危险，是相对于实害结果而言的，即“刑法中的危险是指危害行为对刑法所保护的社会关系产生的足以发生实际损害的现实可能性”③。危险犯中的“危险”是指行为后的危险状态。因为，任何犯罪行为都具有侵害法益的危险性，如果认为危险犯之“危险”是指行为的危险，则任何犯罪都可以说是危险犯。

---

① 鲜铁可：《新刑法与危险犯理论研究》，载《法学研究》1998 年第 5 期。

② 赵秉志主编：《犯罪总论问题探索》，法律出版社 2003 年版，第 392 页。

③ 鲜铁可：《新刑法中的危险犯》，中国检察出版社 1998 年版，第 5 页。

果真如此，刑法理论上就没有独立研究危险犯的必要了。我国刑法第114条、第116条、第117条等条文的规定也表明危险犯中的危险是指行为后的危险状态，如第116条规定：“破坏火车、汽车……足以使火车、汽车……发生倾覆、毁坏危险，尚未造成严重后果的，处……”换言之，行为人实施破坏行为，导致了特定交通工具倾覆、毁坏危险的，才构成犯罪。很明显，这里的“危险”从某种意义上讲是指一种行为后果。试想，如果危险犯中的“危险”是指行为的属性，那第116条就没有必要再单独规定“足以致……危险”，因为行为属性总是寓于行为之中的，只有行为后的状态才具有相对独立于行为的意义。危险状态不同于犯罪行为的危险属性，它是在行为之后出现的客观情况。[①] 从这一角度看，只有将与行为属性相独立的“危险”作为危险犯之“危险”，对危险犯的研究才具有意义。我国多数学者也是在这一意义上来理解危险犯之“危险”的，如“危险犯，是指只需对于法益构成危险之状态，即可该当构成要件之犯罪行为”[②]，“危险犯中的危险是指行为人实施的行为造成的特定危险状态，危害行为与危险状态之间具有因果关系”[③]。

（二）危险犯中的“危险”是导致实害结果的危险

危险犯中的“危险”，是指导致实害结果的危险，即行为具有导致实害结果发生的危险性。危险这一概念并不是空洞的概念，其内容是针对实害结果而言的，因此，不能说行为人主观上具有危险的故意而不具有实现实害结果的故意。正如有学者所指出的：“具体危险犯不仅要求行为人认识到行为侵害法益的危险性，还要求他认识到这种危险是针对特定的法益，即公共安全。”[④] “任何犯罪都表现出行为人对危害结果的心理态度。某罪构成不要求发生实际损

① 赵秉志主编：《犯罪总论问题探索》，法律出版社2003年版，第392页。

② 林山田：《刑法特论》（上），台湾三民书局1978年版，第25页。

③ 姜伟：《犯罪形态通论》，法律出版社1994年版，第117页。

④ 赵秉志主编：《犯罪总论问题探索》，法律出版社2003年版，第396页。

害结果，并不意味着行为人在心理上不追求或不放任实际损害结果的发生，只能具有危险的认识，不具有实害的认识。因此，任何故意都是实害故意”①。

在危险犯中，如果不是由于行为人主观上自愿中止犯罪行为，或者说行为人意志以外的原因的话，将会导致危险内容的实现，即实害结果的发生。刑法当中规定的大量危险犯，从行为人的目的上看，通常也是以发生实害结果为最终目的的。有学者认为，危险犯中，行为人的主观上是一种独立的故意——危险故意，“危险故意，即危险犯的犯罪故意，是指行为人明知自己的行为会发生某种危险结果，并且希望或者放任这种危险结果发生的心理态度。危险故意是一种独立的罪过形式”②。这种观点的缺陷在于脱离危险的内容而孤立地谈危险，实践中，故意实施危险犯的行为人，主观上对于实害结果的发生均是持故意的。例如，刘明祥教授指出：“行为人明知自己的行为会发生某种危险状态（如使交通工具发生倾覆、毁坏的危险），而希望或放任这种危险状态发生，而不是希望或放任实害结果（如交通工具倾覆、毁坏）的发生，也就是仅仅只是想吓唬一下别人，或者是制造一个立功的假象，而又确实没有造成任何危害结果，那岂不是也要认定为有某种危险犯（如破坏交通设施罪）的故意？并且属于犯罪既遂。况且，从现实生活中实际发生的故意破坏交通工具等所谓危险犯的案件来看，行为人绝对不可能仅仅只是想要造成某种危险状态，而是想要造成交通工具倾覆、毁坏等实害结果的发生”③。

（三）危险犯之“危险”不同未遂犯之“危险”

在德日刑法学界，通常认为只要没有发生实害结果的犯罪均属于危险犯，未遂犯也被认为是公认的危险犯，“未遂犯属于危险犯

① 姜伟：《犯罪故意与犯罪过失》，群众出版社1992年版，第199页。

② 王志祥：《危险犯研究》，中国人民公安大学出版社2004年版，第3页。

③ 刘明祥：《论危险犯的既遂、未遂与中止》，载《中国法学》2005年第6期。

的命题在国外得到普遍承认”[①]，这样一来，几乎实施任何犯罪行为均具有侵害法益的危险，只要没有导致法益的实际侵害的均可认作是危险犯，这样理解也未尝不可。持这一观点的学者也不在少数，如我国台湾地区学者指出：“在刑法制裁体系，较为困扰者乃是：行为人所欲达成的结果并没有出现，可是却要加以处罚，即为何‘未遂’要处罚的理由？亦即如以结果出现作为标准，势必不能处罚，唯有透过危险犯的概念，始能理解未遂的行为，也始能理解未遂行为的处罚根据。”[②] 我国还有学者基于此，否定危险犯作为犯罪既遂的类型之一，“未遂犯是公认的危险犯，即未遂犯以具有发生结果的危险为前提；如果说危险犯以发生危险状态为既遂，则所有的未遂犯都是既遂犯”[③]。

但是，危险犯之“危险”是定位于犯罪既遂这一层面，即犯罪完成的标志这一意义上来认识危险犯，与前述的视角不同，并非存在冲突。“在立足于犯罪既遂或犯罪成立来界定危险犯概念的学者看来，只有刑法分则被创设了独立的危险构成要件要素的犯罪能够归属于危险犯，危险犯的范畴也应当依据刑法分则的特别危险之规定加以确定”[④]。“未遂犯都是危险犯，但这里的危险犯并不是指我国刑法中规定的特定的危险犯。前者只是一种作为处罚根据的危险，而后者则是特定的危险犯罪，二者含义有别”[⑤]。实际上，即使在日本，虽然未遂犯是公认的危险犯，但也是在两个层面论及危险犯的，“福田平、大塚仁所主张的未遂犯类型的危险犯与具有独立危险构成要件的危险犯并非一回事，也就是说，虽然在他们看来，二者均属于危险犯，但从表现形式上看，则属于危险犯的两种

① 张明楷：《刑法的基本立场》，中国法制出版社2002年版，第244页。

② 陈志龙：《未遂犯与法益危险犯》，载台湾《法学丛刊》第164期。

③ 张明楷：《刑法学》，法律出版社2003年版，第312页。

④ 王志祥：《危险犯研究》，中国人民公安大学出版社2004年版，第16页。

⑤ 杜英杰、贾万宝：《危险犯的犯罪中止问题探讨》，载《兰州学刊》2004年第6期。

不同类型。因此，在他们那里，‘未遂犯属于危险犯’这种主张与‘刑法分则规定的具有独立危险构成要件的危险犯是以犯罪既遂为标准的’这种看法是可以并行不悖的”①。在本章的研究中，关于危险犯，也即是从适用刑法所规定的完成形态的犯罪的刑罚这一意义上来研究危险犯的。

二、危险犯是否属于犯罪既遂的类型之一

关于危险犯是否属于犯罪既遂的类型之一，不少学者提出了反对意见。这些不同的观点，主要是关于危险犯之“危险”是犯罪成立的标准，还是犯罪既遂的标准。究其实质，也主要是对于刑法分则的规定是以犯罪成立为模式还是以犯罪既遂为模式的争议导致的。笔者在第一章曾论及，刑法分则的规定以犯罪既遂为模式，因此，赞成刑法分则中规定的危险状态是犯罪既遂的标准，也即赞成危险犯是一犯罪既遂的类型。本部分内容中，笔者就否定者的具体理由展开批判，并对承认危险犯作为犯罪既遂的类型之一的积极意义予以论述。

（一）否定说

否定说认为，危险犯并非犯罪既遂形态，危险犯也必须以实害结果的发生作为犯罪既遂的标志，在危险犯中，立法者仅仅是将犯罪之前的某一状态特别说明，并规定相应的法定刑，危险犯实际上是实害犯的未遂形态之一。例如，有学者认为，“对于刑法（1979年刑法——笔者注）第105条、第107条、第108条、第109条等危害公共安全的犯罪而言，未遂是最终状态，如果既遂则适用刑法第106条、第110条进行处罚，这不过是立法者对同一犯罪的两种不同情况分为两个条文加以规定而已”②。有的学者认为，“在危险犯的场合，既然行为已经造成了某种危险状态，却又没有发生严重

① 王志祥：《危险犯研究》，中国人民公安大学出版社2004年版，第231页。

② 段立文：《犯罪“未得逞”含义辨析》，载《法学评论》1991年第3期。

后果，其原因无非是由于行为人意志以外的原因使其没有发生，或者是由于行为人自身的原因不想使其发生以致仅仅表现为某种‘危险状态’，因此，危险犯就是指这些犯罪的未遂、中止形态”①。“危险犯并非犯罪的既遂形态，其和与之相对应的实害犯只是同一罪名的未遂形态和既遂形态而已”②。“危险犯并不属于既遂犯，而只不过是与之相对应的实害犯的未遂犯。就此意义而论，危险犯并没有其独立的价值，而仅仅是法律对某些具有特别重大危害的实害犯的未遂形态的一种专门规定及称谓而已。立法者之所以对危险犯作出如此规定，无非是要突出打击的重点”③。“破坏交通工具罪、破坏交通设施罪中的足以使交通工具发生倾覆、毁坏危险的规定并不是关于犯罪既遂形态条件的规定，而是对破坏交通工具、交通设施的行为构成犯罪在危险程度上的要求，目的在于将这两种犯罪与违反治安管理处罚条例的破坏行为相区别。其实，这两种犯罪的既遂标准同其他犯罪一样，也在于犯罪行为对刑法维护的特定权益是否造成实际损害。只是由于刑法已明确规定根据后果是否严重分别适用不同的法定刑，故其既遂、未遂的区分失去了意义”④。“危险犯就是指以行为人实施的危害行为导致了某种特定的危险状态出现为犯罪成立条件之一的犯罪。根据这个定义，如果行为造成了危险，就有可能成立犯罪；反之，不成立犯罪”⑤。“危险犯是指行为人的行为仅对法益构成危险就可成立的犯罪”⑥。

综合否定论者的理由，主要表现为如下几个方面：

---

① 顾永中：《关于故意犯罪过程中犯罪形态的几点思考》，载《法学研究》1991年第3期。

② 陈航：《对“危险犯属于犯罪既遂形态”之理论通说的质疑》，载《河北法学》1999年第2期。

③ 冯亚东、胡东飞：《犯罪既遂标准新论》，载《法学》2002年第9期。

④ 刘之雄：《关于故意犯罪既遂标准的再思考》，载《法商研究》1998年第6期。

⑤ 赵秉志主编：《犯罪总论问题探索》，法律出版社2003年版，第390页。

⑥ 杨春洗等编：《刑事法学大辞典》，南京大学出版社1991年版，第513页。

1．我国刑法分则的规定并非以犯罪既遂为模式，而是以犯罪成立为模式

危险犯中的危险结果的出现，是该犯罪成立的标志，而非既遂的标志。

2．如果承认危险犯中危险结果的出现是犯罪既遂的标准，又认为实害结果的出现是实害犯，即以实害结果的出现作为犯罪既遂的标准，这样，同一种罪名的危险犯形态和实害犯形态将有两个不同的既遂标准，这岂不是在同一问题上持双重标准？

例如，“如果所谓危险犯和实害犯分别都有自己的犯罪既遂和未遂情况，岂不是同一种犯罪有两个既遂和两个未遂形态？并且危险犯的‘犯罪未遂’只能是尚不具备危险状态，但这又与其不构成犯罪有矛盾；实害犯的犯罪未遂状态，是否就是具备危险状态尚未发生严重结果？若是，岂不与危险犯的所谓‘既遂’状态相冲突？”①

3．承认危险犯中的危险状态的出现是犯罪既遂，不利于鼓励犯罪分子中止犯罪

例如，某甲为了使火车颠覆、毁坏，便将一块大石头搬运到铁轨上，然后坐在一旁观望，但在火车到来之前突然悔悟，立即将石头搬走，防止了事故的发生。根据通说，中止不可能发生在既遂之后；既然只要破坏交通设施的行为足以使交通工具存在倾覆、毁坏的危险就成立既遂，那么某甲的行为便不可能成立犯罪中止，而只能属于犯罪既遂。但这种观点不利于鼓励行为人中止犯罪，不利于保护法益。②

（二）肯定说

肯定说认为，危险犯是犯罪既遂的类型之一，只要行为在客观上造成了危险状态就认为是犯罪既遂。我国刑法学界的通说持此观

① 李居全：《关于犯罪既遂与未遂的探讨》，载《法商研究》1997年第1期。

② 张明楷：《刑法的基本立场》，中国法制出版社2002年版，第229页。

点。“危险犯，是指以行为人实施的危害行为造成法律规定的发生某种危害结果的危险状态作为既遂标志的犯罪”[①]。我国台湾地区也认为危险犯为一类犯罪既遂形态。“危险犯系以发生一定之危险为要件。……是此类犯罪，除已着手于构成要件行为之实行外，并应视其有无侵害法益之客观的危险之结果发生，定其犯罪之是否既遂，有处罚其未遂之可能。”[②]“实害犯，以其犯罪之完成，以侵害法益为必要；危险犯，其犯罪之完成，以发生侵害法益的危险为已足”[③]。“危险犯是指只要求行为人实施一定的危险行为，而无须产生特定结果即可构成既遂的犯罪。也就是说，实际损害结果不是罪状必不可少的要素”[④]。在国外，如德国、日本，即使承认未遂犯也属于危险犯，但也从犯罪既遂的类型上承认危险犯这一概念。这种观点似乎是顺理成章的，并无过多的理由进行论述，因为，刑法分则以犯罪既遂为模式是通例。

（三）笔者观点

我国刑法理论中的上述争论，是围绕刑法中的一些具体犯罪展开的，即均认为刑法分则中的一些犯罪，如破坏交通设施罪、破坏交通工具罪等是危险犯，否认说认为危险状态的出现是犯罪成立的标志，肯定说认为危险状态是犯罪既遂的标志。笔者认为，危险犯应当作为犯罪既遂的类型之一，除了前述笔者认为刑法分则的规定以犯罪既遂为模式之外，还有如下理由：

---

① 高铭暄主编：《中国刑法学》，中国人民大学出版社 1989 年版，第 169 页。类似观点见赵秉志、吴振兴主编：《刑法学通论》；陈兴良：《刑法哲学》；赵廷光主编：《中国刑法原理》；何秉松主编：《刑法教科书》；鲜铁可：《新刑法中的危险犯》。

② 陈朴生、洪福增编著：《刑法总则》，台湾五南图书出版公司 1982 年版，第 168 页。

③ 陈朴生、洪福增编著：《刑法总则》，台湾五南图书出版公司 1982 年版，第 160 页。

④ 燕人、东山：《澳门刑法总则概论》，澳门基金会 1997 年版，第 69 页。

1. 在承认立法者对犯罪既遂具有选择权的前提下，立法者当然可以将危险状态作为犯罪既遂的标准，各国刑法也都将危险状态作为犯罪既遂的标志

在德国、日本等国家，刑法分则的规定是以犯罪既遂为模式的，而刑法分则中有许多犯罪都仅规定了危险状态，因此，在这些国家，均承认危险犯作为犯罪既遂的类型之一，刑法理论对此也并无争议。例如，日本学者奥村正雄指出，具体的危险犯以发生具体的危险为既遂标志。① 在俄罗斯，危险犯作为一类独立的犯罪既遂类型，不存在任何争议。A. B. 纳乌莫夫教授认为，犯罪是否构成既遂取决于刑法分则的立法结构的具体规定，首先是犯罪客观方面的特征，即在刑法中规定的犯罪是具有实体的构成特征，还是具有形式的构成特征。对于危险的犯罪构成来讲，只要犯罪人实施的犯罪行为对法律保护的利益造成现实的危险的威胁的，就成立犯罪既遂，否则，如果危险的威胁不是现实的，或者尚没有出现危险，便不能构成犯罪的既遂。②

我国不少学者在论及危险犯之危险结果的出现是危险犯成立的标准时，很大程度上将德日刑法学的观点误用了。在德日，刑法分则原则上处罚的是既遂犯，因此，犯罪成立与犯罪既遂这两个概念是在同一意义上使用的。所以，在日本，有很多学者在论述危险犯的时候，将危险结果的出现视为危险犯成立的标志，实际上就是指危险犯完成的标志。但这种理解并不适用于我国，根据我国刑法总则的规定，原则上处罚犯罪的未完成形态，因此，将危险犯理解成犯罪成立的条件就不合理了。正如有学者所指出的："这样的结论

---

① ［日］奥村正雄：《未遂犯的危险概念》，载日本《刑法杂志》第33卷，第2号。转引自张明楷：《未遂犯论》，法律出版社、日本成文堂出版社1997年版，第44页。

② 赵微：《俄罗斯联邦刑法》，法律出版社2003年版，第80~81页。

在危险犯的罪过形式是间接故意以及过失的情况下无疑是正确的，[①] 但在危险犯的罪过形式表现为直接故意的情形下能否站得住脚，就颇有疑问”[②]。具体而言，我国刑法对故意杀人的预备犯都要进行处罚，如果行为人纠集许多人来破坏铁轨以危害公共安全时，即使没有造成危险状态，难道不能作为犯罪处理吗？

2．承认危险犯之危险状态是犯罪既遂的标志，可以较好地保护法益

既然把刑法规范的机能理解为保护重要生活利益，那么就应该把完全实现了犯罪构成要件的既遂犯规定为原则上已经实际侵害了法益的实害犯（如杀人罪、盗窃罪等）。但是，考虑到法益的重大性以及某些法益的性质决定了认定其实际损害有困难等情况时，刑法规范也可以规定在实际侵害即将发生之前阶段的危险犯中（放火罪、内乱罪、遗弃罪、伪证罪等）。在这样的危险犯中，犯罪构成要件完全实现了的场合当然就成了危险犯的既遂犯。而对未遂犯的处罚则处罚的是这些实害犯以及危险犯各自的侵害就要发生之前的阶段，即未完成阶段的行为。[③] “危险刑法不再耐心等待社会损害结果的出现，而是着重在行为的非价判断上，以制裁手段恫吓、震慑带有社会风险的行为”[④]。有学者对此提出反对意见，“认为立法者之所以把实害犯的未遂犯设置为既遂，是因为某些犯罪危害性质特别严重，有必要将其犯罪既遂提前到发生危险的时刻。众所周知，故意杀人罪在社会观念上可以说是最严重的犯罪，那么，立法者又为何不将其既遂提前到被害人死亡的危险发生之时呢？”[⑤] 但

① 当然，从适用完整化的刑罚、犯罪行为的发展进程看，承认间接故意犯罪、过失犯罪存在犯罪既遂，也是有意义的，这有利于对所有犯罪的完成的标志作一全面认识。

② 王志祥：《危险犯研究》，中国人民公安大学出版社 2004 年版，第 19 页。

③ ［日］野村稔：《刑法总论》，全理其、何力译，法律出版社 2001 年版，第 322～323 页。

④ 林东茂：《危险犯与经济刑法》，台湾五南图书出版公司 1996 年版，第 15 页。

⑤ 刘明祥：《论危险犯的既遂、未遂与中止》，载《中国法学》2005 年第 6 期。

综观我国刑法当中所规定的危险犯，又有哪一个如果造成实害结果不比通常情形的故意杀人罪的社会危害性更重呢？

否定说与肯定说所争论的危险犯大都是涉及公共安全的犯罪，一旦造成实害后果，均是十分严重的。我国刑法原则上处罚预备犯，而对于涉及重大公共安全的危险犯，如果要等到行为实施后造成危险状态才认为成立犯罪，显然是有违罪刑相适应原则，同时也不利于保护法益。此外，对于间接故意犯罪、过失犯罪，对其未完成形态进行处罚，不具可行性，如果将针对重大法益的犯罪之既遂点设定在实害结果的发生，那么，行为人出于放任的心理或过失的心理实施的行为，如果仅造成了危险结果而没有出现实害结果，不予以处罚，这显然是不利于保护法益的。正如有学者所指出的："危险犯立法的实质之一在于，将仅有危险而无法益实害，也无造成法益实害之确定故意的行为（无实害的过失行为和间接故意行为）予以犯罪化，从实质上突破传统刑法理论中过失犯罪以实害结果为要件的认识（但在形式上又避免了与传统刑法理论的正面冲突）"①。

3. 认为危险犯之"危险"是犯罪成立的标志，其意义是十分有限的

由于我国刑法原则上处罚直接故意犯罪之未完成形态，因此，以危险作为成立的标志的犯罪只能是过失危险犯、间接故意危险犯，危险犯作为一类犯罪类型的意义也仅此而已。还有学者指出："如果作为犯罪成立形态，在可以成立犯罪的事实中，除实害犯之外，均是危险犯，不但完成形态，而且犯罪的未完成形态也均是危险犯，这样，危险犯的范围就相当广泛，其内部也就必然类别繁多，情况各异，作为立法理由，将有危险的事实规定为犯罪区别于对犯罪客体根本无危险的非罪，虽然意义重大，但其作用也就到此为止，对进一步的立法规定或实务认定，这样的危险犯已经没有实

① 刘之雄：《犯罪既遂论》，中国人民公安大学出版社2003年版，第64～65页。

际价值。如果要对可以成立犯罪的事实，根据不同的具体情况作不同的立法规定以作为司法的依据，就应该在此基础上进一步研究犯罪形态的划分问题。将危险犯作为犯罪既遂形态的观点，就是在犯罪成立的基础上，对犯罪既遂这种应予处罚的常态行为进行划分所形成的犯罪形态，这样的犯罪形态是与行为犯、实害犯等犯罪形态相并列的犯罪形态，是在具体司法实务中要具体认定的犯罪形态"①。

4．认为危险状态作为危险犯之犯罪既遂的标准，并不必然导致同一犯罪出现两个犯罪既遂的标准

我国刑法分则采取了既定性又定量的模式，即在犯罪既遂的基础上，区分了不同的程度并规定了不同的法定刑，但这些不同的情形并非均是犯罪既遂的标准，也即不会导致出现多个犯罪既遂的标准，仍然以其基本的形态作为犯罪既遂的标准。例如，在我国刑法关于盗窃罪的规定中，就存在"数额较大"、"数额巨大"、"数额特别巨大"之规定，但并不认为盗窃罪存在多个犯罪既遂的标准。既然危险犯是立法者基于一定的缘由，将自然意义上的"实害犯"变更为"危险犯"，因此，其犯罪既遂的标准就应该是危险结果的出现，而不是实害结果的出现。② 对于实害结果，其是属于加重的构成要件，即类似盗窃罪中的"数额巨大"、"数额特别巨大"。我

① 李洁:《危险犯之危险研究》，载《淮阴师范学院学报》（哲学社会科学版），2004 年第 6 期。

② 在日本，对于危险犯，如果造成实害结果的，刑法规定了独立的罪名。因此，同一种行为，客观上造成的结果不同，可能出现两个犯罪既遂的标准，造成危险结果的，成立危险犯的既遂；造成实害结果的，成立实害犯的既遂。但在我国，由于危险犯与实害犯是一个罪名，因此，显然就只能认为犯罪既遂的标准被提前了，即危险结果的出现。

国有的学者认为，与危险犯相对应的实害犯实际上是结果加重犯。[①] 这一论点也认为同一犯罪不可能出现两个既遂标准，当然，对于将危险犯中行为造成实害结果的认定为是结果加重犯，笔者并不赞同。具体阐述详见第四章第一节“犯罪既遂与结果加重犯”。

三、具体危险犯与抽象危险犯

根据危险的判断方法的不同，将危险犯分为具体危险犯和抽象危险犯。

（一）具体危险犯

所谓具体危险犯，是指法律条文明文规定的以危险的发生为构成要件的犯罪，行为人的行为是否具有足以造成某种后果的危险，需要根据具体案情加以判断。在具体危险犯中，危害行为实行之后，是否足以使法定危险状态发生，或者是否引起特定危险状态，还需要根据具体案情对危险状态的存在依法作出肯定判断，才能成立该种犯罪的既遂。[②] 具体危险犯的特点是：（1）法律的明文规定；（2）特定危险状态是否出现，应根据案件当时的具体情况由法官进行判断。[③] “具体危险犯的既遂的标志是危害行为已经导致危险结果之发生，也就是指实施犯罪构成要件的行为所造成的危险结果已经临近发生实际损害的犯罪状态”[④]。

（二）抽象危险犯

所谓抽象危险犯，是指只要行为人实施了刑法分则条文所规定的某种具体犯罪客观方面构成要件的行为，就具有产生某种后果的

---

① 王志祥：《危险犯研究》，中国人民公安大学出版社 2004 年版，第 230 页。相同观点见肖中华：《犯罪构成及其关系论》，中国人民大学出版社 2000 年版，第 283 页；陈勇：《关于危险犯既遂后主动排除危险状态行为的思考》，载《政法论丛》2002 年第 5 期。

② 熊选国：《刑法中行为论》，人民法院出版社 1992 年版，第 103 页。

③ 林山田：《刑法通论》，台湾三民书局 1986 年版，第 106 页。

④ 金泽刚：《犯罪既遂的理论与实践》，人民法院出版社 2001 年版，第 78 页。

危险，通常不需要结合具体案件进行分析判断的犯罪。或者说，“是指符合构成要件的危险行为一经在特定地点或对特定对象实行，便认为存在一般危险状态，从而成立犯罪的既遂”①。一般认为，具体的危险犯和抽象的危险犯的区别就在于：对行为危险性的判断是否需要结合案件的具体事实来进行判断。②“在具体危险犯中，对危险之有无，须加确定之判断；在抽象危险犯，则毋庸为危险判断，一有构成要件行为之实施，则可解为具有一般之危险”③。

如何理解所谓的“抽象的危险”，存在形式说与实质说之争。形式说认为，抽象危险犯中的危险，不需要具体地判断，只要犯罪行为实施完毕，就认为存在刑法所要求的危险。“抽象危险犯系指符合构成要件中所预定之抽象危险之危险犯。……行为只要符合构成要件所描述之事实，即可认定具有此等抽象危险，无待法官就具体案情而作认定”④。抽象的危险犯，是侵害犯、具体危险犯以外的犯罪，“只要有一定之行为，即认为有侵害法益之客观的危险，裁判官对其危险之是否发生，无审查义务”⑤。实质说认为，判断抽象危险时，不能仅从形式上看行为是否符合法律所规定的犯罪构成要素，而且还必须根据各个具体的事实加以实质的判断。⑥ 该说亦承认抽象的危险犯之概念，只是在对“危险”进行理解时，认为应当从实质上进行判断，而并非行为一经实施即具有危险。“抽象的危险，并非从‘形式上依有法律规定的行为’而为判断，应考虑各个具体的事情为实质的判断，亦即认定抽象的危险犯，仍应

① 熊选国：《刑法中行为论》，人民法院出版社 1992 年版，第 103 页。

② 马克昌主编：《犯罪通论》，武汉大学出版社 1999 年版，第 501 页。

③ 高仰止：《刑法总则之理论与实用》，台湾五南图书出版公司 1986 年版，第 143 页。

④ 林山田：《刑法通论》，台湾三民书局 1986 年版，第 106 页。

⑤ 陈朴生、洪福增：《刑法总则》，台湾五南图书出版公司 1982 年版，第 161 页。

⑥ 陈朴生：《刑法专题研究》，台湾“国立”政治大学法律系 1988 年印，第 42 ~ 43 页。

以实质的抽象危险为其成立要件”①。抽象的危险，并非从“形式上依有无法律规定的行为”而为判断，应考虑各个具体的事情为实质的判断，亦即确认抽象的危险犯，仍应以实质的（抽象）危险为其成立要件。②

如果仅仅从形式的角度来理解抽象的危险犯，即行为一经实施就具有抽象的危险，而不需要具体地判断，则抽象的危险犯就与行为犯无异了。基于此，有不少学者认为，抽象的危险犯没有存在的必要，或者应当划归行为犯的范畴。“我国刑法中只存在具体危险（具体危险犯），将危险结果（危险犯）分为抽象危险（抽象危险犯）与具体危险（具体危险犯），不仅与我国刑事立法实际不相符合，而且也带来刑法理论的困惑，因此，不宜采用。其理由如下：第一，何谓抽象危险，有形式说和实质说之争。无论采纳形式说还是实质说，抽象危险都形同虚设，既无实质内容，又无法判断和确定。第二，以抽象危险犯为基础的抽象危险犯与行为犯无法区分。作为实质犯之一的抽象危险犯则与实质犯的含义却大相径庭，因此，抽象危险以及抽象危险犯的提法只能混淆实质犯与行为犯的界限”③。“不应承认所谓的抽象危险犯，它使危险犯与行为犯的关系难以区分，混淆了二者之间的界限”④。“形式意义上的‘抽象危险犯’处罚的行为实有两类，其一是行为犯，其二是根本无罪，而实质说意义上的‘抽象危险犯’则与具体危险犯的意旨相同。因此，传统刑法理论主张之抽象危险犯有无存在的必要和可能确有商榷之处”⑤。“所谓‘抽象的危险犯’在大部分场合下，如果说危险，是行为本身内在的东西。根据外部实施的一定的行为，能够直接成立犯罪。对此，称其为是‘单纯行为犯’或者‘举动犯’也

① 陈朴生：《刑法专题研究》，台湾三民书局1983年版，第44页。

② 陈朴生：《刑法专题研究》，台湾三民书局1983年版，第44页。

③ 熊选国：《刑法中行为论》，人民法院出版社1992年版，第103~105页。

④ 史卫忠：《行为犯研究》，中国方正出版社2002年版，第171页。

⑤ 史卫忠：《行为犯研究》，中国方正出版社2002年版，第96页。

是妥当的。在这种情况下，即使没有结果，犯罪也成立"[①]。无论哪一种形式的危险犯，对其危险性有无确定，都必须既要结合法律规定，又要考虑具体案情，对于危险犯中的危险性的认定，必须结合案件的具体情况，实事求是地进行分析。只有这样，才能正确地划清罪与非罪、既遂罪与未遂罪的界限。[②]

笔者认为，抽象的危险犯的危险仍然是需要进行实质判断的，只是这种判断通常应当是结合行为的实施来进行的，行为完成即是危险的形成，但并不总是如此，如前所述，抽象的危险犯之危险仍然是需要进行实质判断的。"抽象危险犯中仍以法定的抽象危险结果的出现为构成要件，尽管在一般情况下，实施了符合抽象危险犯构成要件的行为，就随之出现抽象危险结果，但我们不能排除特殊情况下，虽然着手实施抽象危险犯的行为，却没有发生抽象危险结果，这时就会成立抽象危险犯的未遂。以放火罪为例，如果行为人已经点燃了引火物，但并未使其处于独立燃烧状态，由于被人发现，及时扑灭，就不能以放火罪既遂论处，只能是放火罪未遂"[③]。抽象的危险犯仍然注重的是行为对外界所造成的危险，只是这种危险通常是通过行为的实施来判定的，而行为犯注重的是行为本身的危害性，或者说，其所造成的危害性是寓于行为本身，而不是独立于行为的。只要行为实施完毕，危险就存在。因此，从这一角度看，应当承认抽象危险犯这一概念。

四、排除危险状态行为之认定

犯罪中止，是指在犯罪过程中，行为人自动放弃犯罪或者自动有效地防止犯罪结果发生。在危险犯中，最成为问题的是犯罪行为已经造成危险状态后，行为人出于自愿自动中止实害结果的出现

① ［日］中山研一：《刑法总论》，日本成文堂出版社1989年版，第155页。转引自史卫忠：《行为犯研究》，中国方正出版社2002年版，第96页。

② 马克昌主编：《犯罪通论》，武汉大学出版社1999年版，第501页。

③ 鲜铁可：《新刑法中的危险犯》，中国检察出版社1998年版，第119页。

的，是成立犯罪中止还是成立犯罪既遂。刑法理论上对此存在不同的观点，这直接影响对具体案件的处理。

（一）观点概说

在危险犯中，行为人实施了足以造成重大实害结果的危险行为后，主动排除危险的，如何处理？由于危险犯之危险状态是否属于犯罪既遂的标准存在不同的理解，刑法理论上对此种行为有不同的观点。具体而言，可分为如下情形：

1. 承认危险犯作为犯罪既遂类型之一的学者的观点

在承认危险犯之危险状态的出现为犯罪既遂的标志的学者中，也存在如下两种观点：

（1）成立实害犯的犯罪中止。这种观点认为，危险状态是犯罪既遂的标志，但又认为，即使造成了危险状态，但在实害结果发生前，行为人主动排除危险状态的，仍然可以成立实害犯的犯罪中止，即一方面认为危险犯之犯罪既遂的标准是危险状态的出现，另一方面又认为在特定情形下实害结果是危险犯犯罪既遂的标志。这样一来，同一犯罪就出现了双重的犯罪既遂的标准，这显然与犯罪既遂理论相违背。例如，有学者认为："在将危险状态的发生作为危险犯的既遂标志的情况下，同样能够将上述行为认定为成立犯罪中止，只不过成立的不是危险犯的犯罪中止，而是实害犯的犯罪中止。"① 并指出："在危险犯的情况下，危险状态的出现意味着危险犯的既遂状态的形成，但是，危险状态仅仅是刑法所保护的社会关系由正常状态向被改变状态发展过程中的、体现在危害行为的作用下社会关系的非常规状态的环节，犯罪行为在出现危险状态后往往继续向前发展，并没有停止，一直到实害结果的出现才能被认为是最终完成。这样，对于危险犯来说，危险状态的形成只是说明了犯罪过程的相对终结，即危险犯的犯罪过程已经结束，但这并不是说整个犯罪过程就到危险状态发生时为止，因为实害犯的犯罪过程尚

① 王志祥：《危险犯研究》，中国人民公安大学出版社2004年版，第232页。

未结束。由此可以认为，危险状态出现后，成立危险犯中止的时间已经不具备了，但成立实害犯中止的时间条件则仍然存在着……在危险犯的危险状态出现以后，行为人出于自己的意志又消除了这种危险状态，从而有效防止了实害结果的发生。对于这种情况，如果不以实害犯的中止论处，就不足以促使犯罪人及时地悬崖勒马，最大限度地减轻已经付诸实施的犯罪对社会危害的程度，刑法对犯罪中止行为的奖赏效果也无从得以实现，刑法的事前积极防范作用也无法得以发挥。"①

在日本，认为这种情形是实害犯的犯罪中止则是可行的。日本刑法通常在危险犯之基础上规定了实害犯，两者均是独立的罪名，当然存在两个犯罪既遂的标准。例如，《日本刑法典》第 192 条规定的是妨害交通罪（实害犯），第 193 条规定的是交通危险罪（危险犯），这两个都是独立的犯罪，具有不同的既遂标准。② 而在我国，根据刑法规定，无论是造成了危险结果还是实害结果，均是同一罪名的犯罪，如果为了认定行为人的行为成立犯罪中止，而在犯罪的过程中设定前后两个不同的点作为犯罪既遂的标准，那犯罪既遂还能称得上是一种标准吗？

（2）成立危险犯的犯罪中止。这种观点认为，危险犯的犯罪既遂的标准是危险状态的出现，危险状态的出现，即意味着犯罪已达既遂，但从鼓励行为人放弃犯罪行为的角度看，只要实害结果没有出现，行为人自动排除危险状态的行为，仍然成立犯罪中止，即承认犯罪行为已达犯罪既遂后，仍然可能成立犯罪中止。"一般来

---

① 王志祥：《危险犯研究》，中国人民公安大学出版社 2004 年版，第 307 ~ 308 页。相同观点见鲜铁可：《新刑法中的危险犯》，中国检察出版社 1998 年版，第 130 页；徐逸仁：《故意犯罪阶段犯罪形态论》，复旦大学出版社 1992 年版，第 235 页；马克昌主编：《犯罪通论》，武汉大学出版社 1999 年版，第 466 页；陈兴良等著：《刑法纵横谈》，法律出版社 2003 年版，第 247 页。

② 《日本刑法典》第 196 条规定："第一百九十二条、第一百九十三条第一项、第一百九十四条以及前条之罪未遂犯，应当处罚。"这也说明第 192 条、第 193 条均是关于既遂犯的规定，而并非认为危险犯是实害犯的中止犯。

说，犯罪中止只能发生在犯罪预备以后至犯罪既遂以前，但由于犯罪中止的时间性受其有效性制约，因而也有例外情况，即虽然结果不是构成要件但却可能发生的犯罪，可在既遂后结果发生前成立犯罪中止，如破坏交通设备罪即是如此”①。“根据我国刑法关于犯罪中止的规定，犯罪中止限于在犯罪结果出现之前，但并不限于既遂之前。虽然犯罪行为已达既遂，只要犯罪结果尚未发生，就仍可成立犯罪中止。如危险犯，虽然行为已经实行完毕或达到一定程度，按照刑法的规定已达到既遂，但是行为的完成距犯罪结果的发生还有一定的距离，在这段时间内仍可成立犯罪中止”②。

此种观点即认为，犯罪中止可以存在于犯罪既遂后。这显然是违反故意犯罪停止形态的基本理论的。行为达到犯罪既遂后，不可能出现犯罪预备、未遂、中止等未完成形态。“中止犯为未遂犯之一种，已如上述，故凡犯罪已一度成为既遂者，则不能使其过去已既遂之行为，转变为未遂（包括中止未遂）。”③

（3）不成立犯罪中止。这种观点认为，从犯罪发展的阶段来看，行为已经达到犯罪既遂就不成立犯罪中止，当然，对于行为人主动排除危险状态的行为，可以在量刑上酌情考虑。不少学者持此观点，“危险犯以法定的危险状态作为既遂标志，危险状态一旦出现，行为便已构成既遂，不可能再成立中止。对上述（危险状态产生后行为人主动排除危险状态的——笔者注）虽然不成立中止犯但中止犯罪的情况可以作为悔罪的态度和表现，在量刑时予以考

① 姜伟：《犯罪中止特征新探》，载《法学季刊》1987 年第 3 期。

② 赵秉志编：《全国刑法硕士论文荟萃》，中国人民公安大学出版社 1989 年版，第 343 ~ 344 页。相同观点见马克昌等主编：《刑法学全书》，上海科学技术文献出版社 1993 年版，第 133 页；叶高峰主编：《危害公共安全罪新探》，河南人民出版社 1989 年版，第 61 页；吴丙新：《危险犯停止形态研究》，载《山东公安专科学校学报》2003 年第 2 期。

③ 洪福增：《刑法之理论与实践》，台湾《刑事法杂志》1988 年版，第 250 页。

虑”①。“首先，刑法典中关于犯罪中止条款中所说的‘犯罪结果’，应当是指具体犯罪的既遂所要求的犯罪结果。对危险犯来说，并不存在成立防止物质性犯罪结果发生类型的‘犯罪中止’之可能；所谓‘自动有效地防止犯罪结果的发生’的犯罪中止，只能是对存在既遂未遂之分并以特定的犯罪结果发生为既遂标志的犯罪而言的。其次，主张危险犯中的犯罪中止可以发生在犯罪既遂之后，使犯罪停止形态论中所阐明的犯罪中止的统一概念和特征受到了破坏。最后，在实践中，对具有自动防止实害结果发生情节的‘危险犯’，也完全可以从宽处罚，因而不会影响罪刑相适应原则的贯彻”②。

从故意犯罪阶段的基本理论看，犯罪既遂的标准是唯一的，行为已经达到犯罪既遂当然不可能存在犯罪未完成形态，因此，此种观点是符合故意犯罪停止形态的基本理论的，笔者赞同此说。此种情形，从处罚的必要性上看，一般不值得动用刑罚处罚，或者说应当从宽处罚。但行为已经构成犯罪既遂，如何从宽处罚，仅将行为人排除危险状态的行为作为酌定情节似乎显得从宽的力度不够，这也是该通说逐渐受到不少学者反对的重要原因。

2. 否认危险状态作为危险犯既遂标志的学者的观点

这种观点认为危险犯的既遂标志是实害结果的发生，因此，只有实害结果出现了犯罪才既遂，在实害结果发生之前实施中止行为，排除危险状态，进而防止实害结果的发生的，是犯罪中止。例如，“危险犯是以危险状态出现为犯罪成立条件的犯罪，危险出现只意味着在符合其他构成要件时犯罪就成立，但危险犯的既遂是指行为人所希望的实害结果发生。因此，当这种所希望的实害结果发生前，只要行为人自动防止了这种实害结果的发生，符合中止犯的

① 陈勇：《关于危险犯既遂后主动排除危险状态行为的思考》，载《政法论丛》2002 年第 5 期。

② 高铭暄主编：《刑法学原理》（第二卷），中国人民大学出版社 1993 年版，第 360 ~ 361 页。

条件，就构成危险犯的中止”①。“如果说危险犯也以发生行为人所追求的、行为性质所决定的法益侵害结果为既遂标志，那么，在发生了危险状态的情况下，危险犯就没有既遂，因而其后避免实害结果发生的行为，就是在犯罪既遂之前中止了犯罪。这样理解，不仅有利于揭示中止的实质，有利于及时有效地保护法益，也使行为人获得减免刑罚，何乐而不为呢?”②

如果将危险犯的犯罪既遂标准定位于实害结果的出现，这一观点是合理的，并且，也避免了对行为免除刑罚在理论上的困惑，这也是该观点逐步受到不少学者青睐的重要原因。笔者对此持反对意见，之前笔者论证过，危险犯之犯罪既遂的标志是危险状态的出现，而非实害结果的出现。

（二）笔者之观点——犯罪中止否定论

从处罚的必要性上看，基于刑法谦抑主义，行为人制造危险状态后主动排除危险状态并防止实害结果发生的，一般认为没有必要处罚，上述各种观点对此均无异议。于是，不少学者认为，只有将此种情形认定为犯罪中止，才能对之免除处罚。如果认为行为人已经成立犯罪既遂，事后的悔罪行为一般也不可能使之免除处罚，如何解决这种矛盾，理论上出现了不同的理论来进行修正。要么认为此种犯罪的既遂是实害结果的出现，进而在实害结果的出现之前成立犯罪中止；要么认为已经成立犯罪既遂后仍然成立犯罪中止。笔者已经论述，危险犯之犯罪既遂的标志是危险状态的出现，如果行为已经造成危险状态，当然成立犯罪既遂，并无成立犯罪中止的可能性。在前述对各种具体观点评析的基础上，笔者认为，仍有必要对如下问题进行阐述：

---

① 赵秉志主编：《犯罪总论问题探索》，法律出版社2003年版，第411页。

② 张明楷：《刑法的基本立场》，中国法制出版社2002年版，第228～229页。相同观点见侯国云：《对传统犯罪既遂定义的异议》，载《法律科学》1997年第3期；杨兴培：《犯罪构成原论》，中国检察出版社2004年版，第349页。

1. 犯罪中止之“犯罪结果”并非仅指实害结果

犯罪中止是相对于犯罪既遂而言，犯罪中止中的“犯罪结果”是指犯罪既遂意义上的结果，这种结果是一种经过刑法所修正的、为行为成立犯罪既遂所必需的结果，这种结果是一种宽泛意义上的结果，而非实害结果。上述观点中，不少学者认为，刑法第 24 条第 1 款关于犯罪中止的规定中的“防止犯罪结果的发生”之“犯罪结果”是指实害结果。因此，虽然已经构成既遂，但只要“犯罪结果”没有出现，就不可能是犯罪既遂，这实际上是将“犯罪结果”理解为“实害结果”。在通常情形下，刑法中犯罪结果是指实害结果，我们通常观念中的犯罪结果也是实害结果。

但是，结果一词在刑法中具有多重含义，并非仅在“实害结果”这一层面上使用。例如，刑法中关于犯罪故意规定中的“结果”并非仅指实害结果。刑法第 14 条第 1 款规定：“明知自己的行为会发生危害社会的结果，并且希望或者放任这种结果发生，因而构成犯罪的，是故意犯罪。”即使排除危险犯之危险结果，刑法中不以实害结果发生作为犯罪既遂的标志也是存在的，如教唆型、煽动型的犯罪，并不以造成实害结果为犯罪既遂的标准，但能说这种犯罪不属于故意犯罪吗？

2. 从立法例来看，也有规定行为构成犯罪既遂后又可以成立犯罪中止的，但这种规定的合理性是值得质疑的

有的立法在承认危险犯作为犯罪既遂的类型之一的情形下，认为行为人排除已经造成的危险状态，进而防止实害结果发生的情形也成立犯罪中止。例如，《澳门刑法典》第 23 条（犯罪中止）第 1 款规定：“行为人因己意放弃继续实行犯罪，或因己意防止犯罪既遂，或犯罪虽既遂，但因己意防止不属该罪状之结果发生者，犯罪未遂不予处罚。”① 这一规定是明显违反犯罪停止形态的基本理论

① 《澳门刑法典》是采广义的犯罪未遂概念，即认为犯罪中止也属于犯罪未遂的类型之一。

的，世界上也鲜有国家作出这样的规定。[①] 正如著名刑法学家马克昌所指出的："承认危险犯既遂之后的中止，有鼓励行为人防止实害结果发生的积极作用；但它毕竟与犯罪未遂的概念相矛盾。《澳门刑法典》第 21 条第 1 款[②]明文规定，犯罪未遂的重要特征之一是'犯罪未至既遂'，如果已经既遂，也就不可能再成为未遂。因此，这种犯罪中止与犯罪未遂概念的矛盾是无法克服的。"[③]

3．将犯罪中止理解为防止实害结果的发生，实质上是否认犯罪既遂标准的法定性

犯罪中止是与犯罪既遂相对的，其中止的对象即是"犯罪既遂"。但犯罪既遂并不是事实上的犯罪行为之完成，而是刑法所要求的犯罪行为之完成。将犯罪中止理解为中止"实害结果"，实际上是孤立地从行为人的方面来理解犯罪既遂的标准，而没有从刑法的规定上理解法律上的犯罪既遂之标准，这样犯罪既遂的"标准"将变得毫无标准可言。犯罪既遂并不是自然意义上的行为完成，而是法律意义上的行为完成，必须结合刑法的规定来认识。正如有学者所指出的："虽然某种行为按其本身的自然属性可以继续向前发展以至造成一定的危害结果，但具有法律意义上的犯罪过程已经终止。如我国刑法第 105 条、第 107 条规定的犯罪（1979 年刑法的危险方法破坏河流、水源、森林危害公共安全罪、破坏交通工具罪——笔者注），只要这种行为一经实行，危害状态一经具备、只要它足以造成严重后果，就具备了这种犯罪的全部构成要件而达到既遂，就标志着犯罪过程结束，而不要求行为继续向前发展以至引

---

① 当然，也有一些国家对于行为人为防止犯罪结果发生作出了努力，但最终还是将发生了犯罪结果的情形也认定为犯罪中止，但这种情形一般是认定为"准中止犯"。

② 《澳门刑法典》第 21 条第 1 款规定："行为人作出一己决定实施之犯罪实行行为，但犯罪未至既遂者，为犯罪未遂。"

③ 马克昌：《中国内地刑法与澳门刑法中犯罪未完成形态比较研究》，载《武汉大学学报》（人文社会科学版）2000 年第 1 期。

起严重后果。”①

4. 应区分观念上的中止行为与刑法上的犯罪中止

犯罪中止不是我们观念中的中止，而是特定的法律术语。就如笔者曾经提及犯罪未遂是一种法律规定，而不是一种行为进程，行为未达既遂的“未遂”并非一定成立犯罪未遂，因为有许多“未遂”行为根本不成立犯罪。同样，犯罪既遂也区分刑法上的犯罪既遂与行为进程意义上的“犯罪既遂”。不少学者认为此种情形成立犯罪中止，显然是将我们观念中的“中止”与刑法中的“犯罪中止”等同起来了。例如，“对于犯罪中止，其最终目的就是要避免犯罪结果的最终发生。即使就自动停止犯罪的中止而言，防止犯罪行为的继续本身并不是目的，最终目的还是为了避免犯罪结果的发生。因此，有效避免犯罪结果的发生应当成为犯罪中止制度的最高价值目标，它是犯罪中止的灵魂。这样，犯罪中止的有效性特征就理应在其诸特征中占据主导地位，它制约着其他特征。犯罪中止的时间性必须受到中止有效性的制约，而不是相反。由于犯罪中止的有效又是由犯罪结果的发生与否来决定的，这样，犯罪中止的终限时间就应当以犯罪结果的发生与否来决定，而不是犯罪既遂。所以，犯罪中止的成立时间应该从犯罪预备开始，终于犯罪结果发生。犯罪既遂以后，如果犯罪结果还没有发生，就仍然存在犯罪中止成立的余地”②。犯罪既遂、犯罪中止均是特定的刑法术语，作为犯罪既遂的标准既然是立法者的选择，而不是存在于我们观念中的，作为与犯罪既遂相对应的犯罪中止，显然也不是我们观念中的“中止”，而是具有特定的要求的。

基于以上认识，笔者认为，在危险犯中，危险状态产生后，行为人主动排除危险状态的，并不成立犯罪中止。我们不能将我们日

---

① 陈殿福：《犯罪中止的时间条件刍议》，载《法律科学》1990 年第 3 期。

② 陈勇：《关于危险犯既遂后主动排除危险状态行为的思考》，载《政法论丛》2002 年第 5 期。

常生活观念上“中止”与刑法中的犯罪中止等同起来，承认此种情形成立犯罪中止，将会对已经定型的包括犯罪既遂在内的犯罪停止形态理论造成巨大的冲击。但问题是，这种情形下的行为在刑法上是不具有可罚性的，如何论证其不具有可罚性呢？值得进一步思考。

（三）出路

笔者认为，行为人制造危险状态以后，又主动排除危险状态以防止实害结果的发生的，不能认定为犯罪中止。因为行为已经成立犯罪既遂，但如何处罚，可以分为如下两种情形处理：

1. 行为已经构成犯罪既遂后，为了保护更大的法益，基于刑事政策的考虑，鼓励行为人实施相应的“中止”行为，从而免予追究刑事责任或免予刑罚处罚，我国及国外都有相关的规定可供借鉴

对于行为人的行为已经成立犯罪既遂后，行为人实施了相应的悔罪行为的，可以不追究刑事责任，或免除处罚。我国刑法及相关的司法解释都有相关的规定。例如，我国刑法规定，行为人实施了收买被拐卖的妇女、儿童后，应成立收买被拐卖的妇女、儿童罪的犯罪既遂，但如果行为人在收买后，不阻碍被拐卖的妇女、儿童返回原居住地的，可以不追究刑事责任。[①] 又如，根据刑法规定，非法种植毒品原植物的，只要达到一定数量即可成立犯罪既遂，但又规定，如果在收获前自动铲除的，可以免除处罚。[②] 这种规定也是不违背我国刑法总则的规定的，因为根据我国刑法规定，定罪免刑也是刑事责任的承担方式之一。再如，最高人民法院、最高人民检

① 刑法第241条第6款规定：“收买被拐卖的妇女、儿童，按照被买妇女的意愿，不阻碍其返回原居住地的，对被买儿童没有虐待行为，不阻碍对其进行解救的，可以不追究刑事责任。”

② 刑法第351条（非法种植毒品原植物罪）第2款、第3款规定：“非法种植罂粟三千株以上或者其他毒品原植物数量大的，处五年以上有期徒刑，并处罚金或者没收财产。非法种植罂粟或者其他毒品原植物，在收获前自动铲除的，可以免除处罚。”

察院、公安部1984年《关于当前办理强奸案件中具体应用法律的若干问题的解答》规定，第一次性行为违背妇女的意志，但事后并未告发，后来女方多次自愿与该男子发生性行为的，一般不宜以强奸罪论处。这一规定说明，如果没有后续的自愿性行为，应当以强奸罪论处，反倒是后续的自愿性行为否定了前强奸行为的犯罪性。又如，最高人民法院1998年《关于审理盗窃案件具体应用法律若干问题的解释》第6条第2项规定："盗窃公私财物虽已达到'数额较大'的起点，但情节轻微，并具有下列情形之一的，可不作为犯罪处理：1. 已满十六周岁不满十八周岁的未成年人作案的；2. 全部退赃、退赔的；3. 主动投案的；4. 被胁迫参加盗窃活动，没有分赃或者获赃较少的；5. 其他情节轻微、危害不大的。"该项规定的五种情形中，均是行为客观上已经符合犯罪既遂的标准，但综合评价其社会危害性，认为可以不作为犯罪处理。其中，第2、3种情形都是在行为已经成立犯罪既遂后，又实施了相应的悔过行为，从而不构成犯罪，更谈不上成立犯罪既遂。这说明，在已经构成犯罪既遂的情形下，事后的退赔退赃行为可以否定前盗窃行为的犯罪性，当然也不构成犯罪既遂。

其他国家也有相关的立法例。例如，《俄罗斯联邦刑法典》第126条附注中规定："主动释放被绑架人，如果其行为不含有其他犯罪构成的，可免除其刑事责任。"此规定即是在"犯罪既遂"之后，根据行为人的悔罪表现而免除刑事责任，正如有学者对此所论及的："立法者的主要出发点是拯救被绑架人的生命，在行为人积极悔过时，与之进行妥协，这一规定的积极意义是值得我们考虑的。"① 虽然我国刑法并没有对行为人排除危险减免处罚作出规定，但在实践中，对于行为人主动排除危险状态以防止实害结果发生的行为，可以酌情予以减免处罚。

我国及国外的这些规定，都是在承认行为已经成立犯罪（包

① 周光权：《刑法各论讲义》，清华大学出版社2003年版，第36页。

括犯罪既遂）的基础上，基于特定的事由，免予追究刑事责任或免予刑罚处罚。这种做法，与故意犯罪停止形态的理论并不矛盾。

2. 认定为犯罪既遂，并予以一定的刑罚处罚

在危险犯中，行为人实施了相应的行为后，应当说，其是具有一定的危害性的，但并非只要实施了排除危险状态的“中止”行为，就不应追究刑事责任。如果综合考虑案件的社会危害性，认为仍然具有刑罚处罚的必要性的，就应当追究刑事责任，这与刑法的规定也是不违背的。但是，不将此种行为认定为犯罪中止，并非不能对行为人从宽处罚。正如有学者所指出的：“我并不否认立法者在设置刑法条款时需要尽可能考虑条款的科学性、人性化，其中就包括应尽可能发挥‘鼓励犯罪人中止犯罪、防止犯罪结果的发生’的功能。但刑法根本目的在于保护法益、预防犯罪，理论上之所以区分犯罪既遂与未遂，主要是为了解决行为人是否应当就其行为承担完全刑事责任的问题”①。“对这两种反映了不同社会危害性和主观恶性的情况（制造危险后行为人是否主动排除危险——笔者注），按照中国刑法理论和司法实践，当然会允许要求给予罪刑相适应的轻重有别的处罚。众所周知，对行为人在犯罪既遂后自动恢复原状或自动赔偿损失的，不能认定为犯罪中止而应认定为犯罪既遂，但应在量刑上将此种情况作为一个从宽的情节考虑，与无此情况的既遂犯适当有所区别”②。有学者以放火罪为例对此进行了说明：“在日常生活中，放火者不是法律专家，又有几个是因为知道了放火罪的既遂和未遂标准才决定是否中止实施放火的呢？但不能否认的是：在一般人的法感情中，放火行为是否造成了严重后果，其社会危害性是不一样的，行为人刑事责任轻重也是不一样的。没有造成严重后果的，罪行往往会轻；造成严重危害后果的，罪行往

---

① 林亚刚：《对犯罪既遂标准通说观点的辩护》，载刘明祥主编：《马克昌教授八十华诞祝贺文集》，中国方正出版社2005年版，第506页。

② 高铭暄主编：《刑法学原理》（第二卷），中国人民大学出版社1993年版，第361页。

往相对较重，这也是罪责刑相适应的刑法基本原则的要求，因此，如果说刑法的规定需要考虑鼓励犯罪人中止犯罪的话，那么，即使根据我国刑法规定，以公共危险作为放火罪既遂的标准，也同样能够发挥鼓励犯罪人中止犯罪的效果，只是在这种情况下，行为人不再能成立我国刑法规定的中止犯而已”①。

五、危险犯之刑罚适用与犯罪既遂

在实害犯部分，笔者提出，要将犯罪既遂、未遂的区分在量刑区分的意义上引入到不同档次的实害结果中的规定，即贯彻于具体犯罪构成要件的全部。但在危险犯中，这一问题如何解决呢？具体而言，在故意的危险犯中，行为人均是具有造成实害结果的故意的，也即超出了危险的故意，此种情形下，如果造成了危险状态，仅以刑法所规定的危险状态的刑罚处理，则对于超出“危险状态”的“实害结果”之故意以及超出“危险状态”而具有造成实害结果的可能性的行为，如何在量刑上得到体现？以下试举例说明：

以破坏交通设施罪为例。甲将石块搬上铁轨，欲使火车倾覆，从而造成人员伤亡、财产损失的严重后果，客观上也足以造成此种严重后果，但在火车到达之前，幸好被他人发现，才使得严重后果得以避免。此种情形下，达到“足以使火车、电车、船只、航空器发生倾覆、毁坏危险”，但没有造成严重后果，行为人的主观目的——造成严重后果未能实现。刑法对于该罪，根据不同的状况，规定了两个不同幅度的法定刑：（1）足以使火车、电车、船只、航空器发生倾覆、毁坏危险，尚未造成严重后果的，处 3 年以上 10 年以下有期徒刑；（2）造成严重后果的，处 10 年以上有期徒刑、无期徒刑或者死刑。实践中，上述案件仅需处以“3 年以上 10 年以下有期徒刑”即可，笔者也对此持赞同观点。但是，行为人主观上具有“造成严重后果”的故意，客观上也实施了“造成

① 何荣功：《实行行为研究》，武汉大学出版社 2007 年版，第 10 页。

严重后果”的行为，只是由于行为人意志以外的原因而没有“造成严重后果”。如果仅处以“3年以上10年以下有期徒刑”，则似乎与笔者在上节中提及的，应当将犯罪既遂贯彻于多档次的构成要件的全部这一观点相矛盾，实则不然。个中的原因何在，这实际上取决于对危险犯之“危险”的理解。

在实害犯中，只要造成了刑法所规定的实害结果，就构成犯罪既遂。但实害结果的大小及程度会有所差别，刑法根据此区别设置了不同档次的法定刑。并且，在实践中，行为人主观方面所欲造成法益侵害的大小、客观上实施的行为所针对的法益的大小都存在不同，[①] 并且，刑法根据不同的情形规定了不同幅度的刑罚。因此，从罪刑相适应原则出发，笔者提倡犯罪既遂与犯罪未遂在刑罚适用原则上的区分应当贯彻到这些不同档次的法定刑之中。但危险犯则不同，在危险犯中，刑法在犯罪既遂的基础上，也根据危害后果的不同（危险结果、实害结果）规定了不同的刑罚。实践中，行为人虽然造成的危害结果并不相同，有的人是造成危险结果，有的是造成实害结果，但行为人的主观方面却是一致的，即均有造成实害结果的故意，而并非有的是危险故意、有的是实害故意，这一点，从前述关于危险犯的“危险故意”的内容中可以得到说明。对所有实施危险行为的人来讲，其主观上都具有这种“造成严重后果”的故意，而不仅仅是具有“单纯的危险”之故意。[②] 所以，在危险犯中，多档次的量刑模式中，虽然客观上造成的结果不同，但行为人的主观故意在“造成严重后果”这一点上是相同的。危险犯中，

① 例如，在盗窃罪中，不同行为人的主观方面各不相同，有的是希望数额较大，有的是希望数额巨大，有的是希望数额特别巨大。并且，客观上的行为所针对的对象也各不相同，有的是针对数额较大的财物，有的是针对数额巨大的财物，有的是针对数额特别巨大的财物。

② 在本书前面部分，笔者也论述到了，危险的内容不是空洞的概念，其对象是实害结果的发生，危险是针对将要发生的实害结果而言的，危险不可能脱离实害结果而成为一个空洞的概念。

行为人的主观上均具有一致性（仅就造成“严重后果”这一点而言，刑法也没有就“严重后果”的不同情形再作区分），因此，立法者对于“足以造成严重危险状态，尚未造成严重后果”这一情形，规定了独立的法定刑，显然是已经考虑到了行为人在主观上是具有造成实害结果，即“严重后果”的故意的。换言之，在出现危险状态的案件中，不可能出现此人具有所谓的“危险故意”，而彼人具有更为严重的“造成严重后果”的故意，危险故意与实害故意其实是同一意义的。因此，对于危险犯（在此仅指直接故意，因为间接故意、过失犯罪不存在犯罪既遂、未遂的区分）而言，主观上均相同，只要结合立法上对客观结果的规定而适用刑罚即可，即如果造成了严重后果，就适用刑法对严重后果所规定的刑罚；造成了危险结果，适用刑法对危险结果所规定的刑罚。

第四节　行为犯

行为犯，是以行为的完成作为犯罪既遂标志的一类犯罪，我国刑法中规定了大量的行为犯。在行为犯中，行为的完成应当如何判断，行为是否一经实施即达犯罪既遂等，均是其重要问题。这些问题，还直接涉及对相关犯罪的正确认定及处理。

一、行为犯概说

任何犯罪行为都有一个过程，行为犯是以行为的完成作为犯罪既遂的犯罪。行为犯是指其犯罪既遂的形态是犯罪行为的完成。关于行为犯，虽然学者的表述不完全相同，但均是从与结果犯相对应的范畴加以论述的。例如，日本刑法学者团藤重光认为：“根据构成要件，以结果发生为不必要，单纯仅以行为为要素的，这种犯罪被称为单纯行为犯。……例如伪证罪等就是行为犯，在行政犯里这种例子很多。"[①] 大塚仁教授认为，行为犯即为在构成要件上，只以行为者的一定身体动静为内容，不需要发生结果的犯罪。[②] "所谓行为犯，是指以实行法定的犯罪行为作为犯罪构成必要条件的犯罪"[③]。"对于行为犯而言，只要实施了刑法分则所规定的某种危害行为，就构成既遂"[④]。我国台湾地区学者也是在此意义上论述行为犯的，"形式犯以实行与构成要件该当之一定行为，即成立既遂罪，其行为不必对于法益构成侵害或危险为内容。……形式犯不以发生一定之结果为必要，故又称'纯粹举动犯'，或简称'举动犯'，或称'行为犯'。"[⑤] "行为犯，是指只要实施了符合刑法分则规定的某种基本构成要件行为就为既遂，而无须发生特定的犯罪结果或有该犯罪结果发生的法定危险的犯罪类型"[⑥]。

行为犯是各国刑法理论均承认的一个概念，是与结果犯相对的概念。在大陆法系国家刑法中，行为犯这一概念历史悠久。"在英美法系国家，受判例法特色的影响，传统刑法理论一般没有把行为犯作为一种犯罪类型加以研究。近些年来，随着英美法系国家制定法的增多，以及国际刑法理论的交流，行为犯这一概念才得到有些学者的关注"[⑦]。在英美法系国家，虽然没有明确提出行为犯这一概念，英美法系国家中有所谓"实施了行为就算既遂的犯罪"。[⑧] 美国乔舒亚·德莱斯勒教授（Joshua Dressler）把那些从危害行为

---

① ［日］团藤重光：《刑法纲要总论》（改订版），日本创文社 1979 年版，第 114～115 页。

② ［日］木村龟二主编：《刑法学词典》，顾肖荣、郑树周译，上海翻译出版公司 1991 年版，第 159 页。

③ 马克昌主编：《犯罪通论》，武汉大学出版社 1999 年版，第 499 页。

④ 张明楷：《刑法学》，法律出版社 2003 年版，第 310 页。

⑤ 高仰止：《刑法总则之理论与实用》，台湾五南图书出版公司 1986 年版，第 142 页。

⑥ 史卫忠：《行为犯研究》，中国方正出版社 2002 年版，第 99 页。

⑦ 金泽刚：《犯罪既遂的理论与实践》，人民法院出版社 2001 年版，第 84 页。

⑧ 储槐植：《美国刑法》，北京大学出版社 1996 年版，第 143 页。

而非危害结果来下定义的犯罪称为“行为犯”（“Conduct” Crimes），如因酗酒而驾驶的行为，无论其是否造成可触知的人员伤亡或财产损失的结果，这种犯罪都是完成的。该种犯罪的社会危害是人身和财产的实际安全受到了这种行为的严重威胁。[①] 当今一些英美法学者开始引入和采取“行为犯”的观念来研究具体犯罪问题，表明这一理论的价值正在日益为更多的学者、不同法系的国家的刑法学所认识。[②] 无论是否承认行为犯，各国刑事立法均规定了大量的行为犯，这是不争的事实，并且这种规定有逐渐增多的倾向。早期的刑事立法仅注重行为对外界所造成的实害结果，所规定的犯罪大多是结果犯，而行为犯的增多，正是刑事立法科学化的一个显著标志。“行为犯的思想在不同法律传统的国家中都是存在的，这反映出人们对犯罪的类型和性质有着共同的理解。此种事实不仅体现了各国刑法学研究的趋同性，而且充分说明行为犯理论对于认识复杂的犯罪现象，满足预防和惩处危及人类共同生存环境的这一毒疾有着重要价值”[③]。“从刑法之渊源以观，各国所以制定刑法乃由于欲处罚犯罪结果，至于在刑法之内处罚不必有结果发生之犯罪，见于刑法相当发达之后，为前所未有……借此以观，古代之刑事立法可谓趋向于结果刑法，而今日之刑事立法却兼采结果刑法与行为刑法，已非纯粹采结果刑法。结果刑法所规定之犯罪，莫不属于实质犯或结果犯，而行为刑法所规定之犯罪，却属于形式犯或举动犯”[④]。

认为单纯行为犯，只是将行为作为构成要件要素，没有将结果的发生作为构成要件要素，因而只是处罚行为本身的观点，并不妥当。单纯行为犯只是没有将对于对象的侵害这种意义上的结果作为构成要件要素，因而，应当认为，行为所造成的法益侵害或者危险

① Joshua Dressler: Understanding Criminal Law, Matthen Bender 1994, pp. 89 – 90.

② 史卫忠：《行为犯研究》，中国方正出版社2002年版，第50页。

③ 史卫忠：《行为犯研究》，中国方正出版社2002年版，第51页。

④ 蔡墩铭：《刑法基本理论研究》，台湾汉林出版社1980年版，第75~76页。

这种意义上的结果（如非法侵入住宅罪中对住宅权的侵害、伪证罪中误导审判作用的危险）仍然是成立犯罪所必需的。[①] 刑法以保护法益为目的，任何行为，如果没有对外界造成影响，或者说没有对刑法所保护的法益发生影响，则没有必要动用刑罚处罚。从这一点上看，即使是行为犯，虽然是以行为的实施完毕作为犯罪的既遂，但只要是构成犯罪既遂，就必定对刑法所保护的法益造成了侵害或者威胁，否则，没有必要动用刑法加以保护。就所谓“只要行为完成就既遂的行为犯”而言，也要联系法益侵害来考虑既遂与未遂的区分。因为刑法的目的是保护法益，犯罪的本质是侵害与威胁法益，没有侵害与威胁法益的行为，无论如何都不得作为犯罪处罚。[②] 在行为犯中，尽管法律条文并没有将危害结果作为犯罪构成的必要条件，也没有将完成实行行为作为犯罪既遂的标志，但也绝不意味着，只要行为人一着手于犯罪的实行行为，就成为犯罪的既遂形态。实际上，在这种犯罪中，既遂形态的形成，有一个由量变到质变的过程。例如，在脱逃案件中，并不是只要犯人或人犯一开始脱逃，就构成脱逃罪的既遂犯。而只有当其逃离羁押机关的控制范围以后，才能以脱逃罪的既遂犯论处。[③] 基于此，应当认为，行为犯也侵害或威胁了法益。正如有学者所指出的：“行为犯之不法构成要件虽有时欠缺行为客体，但仍有其欲加保护之法益。因为，法益系一种不能具体掌握之社会秩序的想象价值”[④]。“处罚没有侵害或威胁法益的行为，是违反实体的正当程序的。事实上，形式犯对法益也有危险性，只不过实质犯的被害法益是比较特定的，

---

① ［日］大沼邦弘：《行为与结果》，载阿部纯二等编：《刑法基本讲座》（第二卷），法学书院 1994 年版，第 76 页。转引自张明楷：《刑法学》，法律出版社 2003 年版，第 311 页。

② 张明楷：《刑法学》，法律出版社 2003 年版，第 311 页。

③ 马克昌：《犯罪通论》，武汉大学出版社 1999 年版，第 500 页。

④ 林山田：《刑法通论》，台湾三民书局 1986 年版，第 116 页。

而形式犯的被害法益是不特定的而已”①。“事实上，所谓行为品质都是空洞的概念。如果不是行为涉及人类生活利害关系，那么所有义务规范也是空洞的东西。质言之，人类不得破坏的是利益，而不是规范。否则，无异乎为规范而规范，为刑罚而刑罚都是威权体制下严重侵害基本人权的想法”②。

二、行为犯设定的理由

行为犯的既遂是犯罪行为的完成，但行为的完成不像结果的完成那样具有明确的标准可供判断。例如，故意杀人罪中，被害人死亡这一结果是一个较为明确的标准，③ 而在行为犯中，如煽动分裂国家政权罪，何为煽动行为的完成，并非一个绝对明确的标准，刑法也未作过多的说明。因此，从这一角度看，似乎刑事立法应该更多地设置结果犯，而不是行为犯。从刑罚处罚的必要性上看，任何犯罪行为均必须对外界造成了一定的结果，才值得动用刑罚加以处罚，没有对外界造成任何结果的行为，不具有法益侵害性，不值得动用刑罚来处罚。从这一角度看，任何犯罪行为都应当是结果犯，即以结果的发生作为犯罪完成的标志，或者说任何犯罪行为的完成，都可以以一定的结果作为标志。“某种犯罪的既遂如果不需要犯罪结果，那就意味着这一行为没有犯罪客体。在既遂犯罪中，若允许没有遭受损害的直接客体存在，即允许不需要犯罪结果，就是允许惩罚不能使任何社会关系遭受损害的行为，这是与我国刑法的立法精神格格不入的”④。基于此，有不少学者认为，行为犯没有存在的必要。例如，“因为在论理上，举动犯概念中也可以区别行

① 李海东主编：《日本刑事法学者》（上），法律出版社1995年版，第279页。

② 黄荣坚：《刑罚的极限》，台湾元照出版公司1999年版，第216页。

③ 当然，如何判断“死亡”，也存在不同的标准，如脑死亡、呼吸停止、心脏停止跳动等，但这些标准在绝大多数案件中具有一致性，并且，这是另一层次的标准。

④ 高铭暄、王作富主编：《新中国刑法的理论与实践》，河北人民出版社1988年版，第192页。

为和结果，就认为不存在所谓举动犯的概念”[①]。“自理论方面考察，所谓纯粹举动犯之行为与结果，在时间上归于一致，故不可能有纯粹举动犯。惟举动犯之所以应受制裁者，或因有侵害法益之危险，如伪证罪，或已生侵害，如侵入住宅罪，故与实质犯并无区别之实益”[②]。“有的同志经常引以为据地提出，所谓立法者把有些犯罪规定为结果犯，把某些犯罪规定为危险犯，把某些犯罪规定为行为犯、举动犯；还提出所谓法律对有些犯罪的既遂要求结果发生，而对有些犯罪的既遂不要求结果发生，等等。我们认为，这种说法是没有充足根据的，在刑法及其立法解释中也很难找到这样的明确答案”[③]。“行为犯在立法根基上就有其先天不足，即有的行为表面上符合行为犯的犯罪构成，但实际上该行为对社会并没有侵害，也无侵害之危险”[④]。

但不论如何，行为犯这一概念是各国刑法理论均承认的。并且各国刑法均设定了行为犯，我国古代刑法中就有行为犯的立法例，“封建刑法重视实害，对一般犯罪均要求有结果。但对有的犯罪则只要求有预谋或行为。如凡是罪名上有‘谋’的，就表示谋即成立：如‘谋反’、‘谋大逆’、‘谋叛’、‘谋杀人’等”[⑤]。行为犯设定的理由是什么？这一问题的厘清，将有助于我们对行为犯的存在理由有正确认识，也有助于进一步从实质上把握行为犯的立法理由。具体而言，刑法中之所以在结果犯之外规定行为犯，理由如下：

---

① ［日］木村龟二主编：《刑法学词典》，顾肖荣、郑树周译，上海翻译出版公司1991年版，第159页。需要说明的是，在德日刑法中，举动犯与行为犯是同一意义上的。

② 高仰止：《刑法总则之理论与实用》，台湾五南图书出版公司1986年版，第142页。

③ 段立文：《犯罪既遂与未遂的宏观研究》，载《法律科学》1996年第5期。

④ 鲜铁可：《新刑法中的危险犯》，中国检察出版社1998年版，第42页。

⑤ 高绍先：《中国刑法史精要》，法律出版社2001年版，第171页。

1. 有些犯罪本身虽然也能对外界发生影响，或者说产生结果，但这种结果根本无法通过具体的指标来进行衡量，或者说这种意义上的犯罪结果具有一定的抽象性，此种犯罪，行为的完成就能说明行为已经侵害或威胁了刑法所欲保护的法益

任何犯罪均对外界造成一定的结果，行为犯也不例外。但问题是，如果从这一意义上来理解犯罪结果，则犯罪结果的内容将十分宽泛，会给司法实务中具体的操作带来很大的困难，这样，反倒不利于具体犯罪之犯罪既遂的认定，徒增犯罪既遂的理论与实践的困惑。基于此，将此种犯罪设定为行为犯。正如有学者所论及的，“衡以刑法上之观念，则行为之于结果，不能无一定之范围，以资限制，盖刑法之目的，在保护各种重要权益，以维护社会之安宁秩序，唯有对于所保护之法益直接发生危害或损害之影响，始有认为成立犯罪而加以制裁之必要，因此，在刑法观念上，所谓犯罪之结果，仅指某种法益直接受害或损害之状态而言……犯罪结果显有其确定之范围”①。“法律的规定应该明确、具体，而如果犯罪客体具有非物质性时，其结果便难于描述，因为非物质性的结果一般表现为人的心理上的痕迹以及对某种秩序的破坏，这样的结果是很难用法律语言进行具体描述的，因而只描述行为及其情节便成了行为犯的基本规定方式”②。

例如，刑法中规定的侮辱罪，侮辱行为对被害人所造成的影响主要是精神上的影响，③ 这种危害结果也很难进行量化，但一般认为，只要实施了侮辱行为，就可能对被害人造成影响，行为本身的危害性是严重的，因此，将此类行为设定为行为犯。正如有学者所指出的：“所谓的‘形式犯罪’也是有结果的，不过大都是非物质性的，并且是难以测量而已。对于这种损害结果，法律不仅难以描

① 韩忠谟：《刑法原理》，台湾雨利美术印刷有限公司 1981 年版，第 100 页。

② 李洁：《犯罪既遂形态研究》，吉林大学出版社 1999 年版，第 274 页。

③ 当然，行为人对被害人实施侮辱行为后，被害人也可能因为受到侮辱而自杀，但这也不是侮辱罪既遂所要求的结果。

述，而且也不必要加以具体描述”[①]。侮辱罪的犯罪客体是公民的人格权，而人格权的侵害并不是以被侮辱者的人身受到的侵害来表现的，其犯罪客体具有非物质性的特点，从法条规定侮辱罪的行为必须公然进行，且必须情节严重，就可以认为该罪并不是以行为本身，而是以被害人的人格受到侵害作为犯罪既遂的标准，只是人格权的侵害不具有物质性的表现形式，因而在立法上只能规定行为而不可能规定结果。这说明，在立法上只规定行为而不规定结果，存在着规定不能的情况，而不是不要求对犯罪客体的现实侵害作为既遂的条件。[②]

2. 有的危害行为，任其发展将导致实害结果的出现，但当实害结果出现时，刑法的处罚将变得不可能，基于此，刑法将该类危害行为设定为行为犯，只要犯罪行为实施完毕，就可以适用完整化的刑罚

刑法理论上，不少学者们也持此观点。例如，“根据德国学者Weber的看法，立法者创设行为犯构成要件的理由，主要是行为人虽仅着手于未遂阶段，但几乎已经不可能对于由此所产生的危险加以控制，如内乱罪”[③]。“对于行为犯，法律重视其行为……是为了更加及时有效地保护社会免受侵害而采取的措施，是为了更有力地打击犯罪”[④]。

这类犯罪主要是一些针对颠覆国家政权类的犯罪，因为一旦颠覆了国家政权，组成了新的政府，则之前的颠覆行为将变得不可罚。例如，以日本刑法内乱罪[⑤]为例进行说明：“从社会学的观点

---

① 金凯：《比较刑法》，河南人民出版社1985年版，第80~81页。

② 李洁：《犯罪既遂形态研究》，吉林大学出版社1999年版，第3页。

③ 转引自张明楷：《刑法学》，法律出版社2003年版，第311页。

④ 姜伟：《犯罪形态通论》，法律出版社1994年版，第115页。

⑤《日本刑法典》第77条（内乱）：“以破坏国家的统治结构、排除国家对领土的国权以行使权力，以及其他破坏、扰乱宪法确定的基本统治秩序为目的而实行暴动的，是内乱罪”。

来看，内乱是一种反抗现存国家秩序的社会势力的爆发性行动，如果这种行为成功，确立了新的秩序时，其自身的犯罪性就被完全否定，认定内乱罪的刑法本身也不存在”①。

3. 有的情形下，危害行为本身具有严重的社会危害性，危害行为也可能导致特定的犯罪结果的出现，但基于危害行为本身的危害性，刑法将此种行为规定为行为犯

例如，“主体的犯罪行为本身就构成了社会危害性，而不在于他的行为产生危害社会的结果”②。例如，刑法规定的抗税罪、妨害公务罪等，抗税行为、妨害公务行为也可能造成他人的伤害，但刑法不要求此种结果的出现即可认定为是犯罪既遂，设定了行为犯，当然，出现了伤亡结果的，可以作为想象竞合犯处理。正如有学者所指出的：“正是因为其行为具有在手段上的特殊性，而使其行为性质及危害性发生质的变化，相应的犯罪结果的发生却成为次要的、非本质的因素，法律也将其规定为行为犯”。③ 此种情形下，行为所造成的危害结果是寓于行为本身的，结合行为进展的程度就可以说明行为对刑法所欲保护的法益的侵害或威胁，基于此，刑法一般将此种行为规定为行为犯。

4. 从诉讼便利的角度看，对于一些难以证明的造成非物质性的结果的犯罪设定为行为犯

非物质性的客体导致非物质性的结果，而非物质性的结果虽然是一种存在，但其证明与物质性结果相比，却相对困难。杀人罪结果的存在，可以由尸体的存在得到证明；盗窃罪结果的存在可以由被害人财物的损失得到证明。而要想证明人格、名誉或者某种秩序受到了侵害，其证明就不会像物质性结果那样简单，尤其非物质性结果的量的计算不可能数量化，要加以证明是十分困难的。所以有

① 张明楷：《外国刑法纲要》，清华大学出版社2007年版，第704页。

② ［前苏联］别利亚耶夫等主编：《苏维埃刑法总论》，群众出版社1987年版，第215页。

③ 史卫忠：《行为犯研究》，中国方正出版社2002年版，第113页。

学者指出，行为犯的规定，有为了诉讼便利的因素。这种诉讼的便利，就表现在不需要证明结果的存在。也就是说，行为犯不是都不需要对犯罪客体的侵害事实存在就可以认定犯罪的既遂，而是不需要证明这种结果的存在。①

当然，需要说明的是，世界上各个国家关于行为犯的理论与立法并不完全一致。从各国的立法看，相类似的危害行为，完全可能出现在这个国家是行为犯，而在他国则被规定为结果犯的情形。这与各国的刑事立法之政策具有一定的关联性，也与各国对法益保护的策略有关。实际上，由于刑事立法规定简洁性的特点，对于某些结果犯，刑法中也没有明确标明具体的犯罪结果，这也导致了刑法理论对某一犯罪究竟是行为犯还是结果犯的争论。例如，有学者认为强奸罪属于行为犯，“强奸罪，从行为人实施暴力、胁迫或其他方法开始，到男性生殖器与女性生殖器充分结合（不是仅仅接触）为止，是有一个过程的。这就是典型的行为犯”②。有的则认为，强奸罪属于结果犯，并指出，认为强奸罪是行为犯的学者其错误的根源就在于漠视了这种结果的存在及价值。③ 如前所述，从广义上讲，任何一种犯罪都会产生一定的犯罪结果，究竟哪种结果是结果犯所要求的结果，哪种结果是行为犯所要求的结果，不同层次结果的划分并非绝对清晰，这当然会存在争议。这就需要进一步明确，对于强奸罪所要保护的法益受到侵害或威胁应当如何判断，如果强奸行为的完成即可认为刑法所欲保护的法益受到了侵害，进而成立犯罪既遂，这就可以认为该罪属于行为犯；如果该罪所保护的法益受到侵害并非仅通过行为的完成来判断的，而是需要在行为之外判断，则该罪属于结果犯。“在刑法将某种犯罪规定为行为犯的情况下，刑法理论与司法实践可能难以归纳其侵害结果的内容，但这并

① 李洁：《犯罪既遂形态研究》，吉林大学出版社 1999 年版，第 275 页。

② 鲜铁可：《新刑法中的危险犯》，中国检察出版社 1998 年版，第 55 页。

③ 史卫忠：《行为犯研究》，中国方正出版社 2002 年版，第 75 页。

不是说可以丝毫不顾及行为对法益的侵害与威胁，而是意味着必须通过实行行为的进程认识其对法益的侵害程度”①。相比而言，显然通过强奸行为的完成即可认为犯罪行为已经完成，刑法所欲保护的法益受到了侵害，也正是在此意义上，笔者认为该罪属于行为犯。对于具体犯罪，究竟是属于行为犯还是属于结果犯，由于刑法规定的简洁性，刑法理论上存在争议是不可避免的。“对于刑法中的犯罪，哪些是行为犯，哪些是危险犯、结果犯，条文本身并未注明。我们提出行为犯等概念只是从理论上对犯罪作一划分，而这一划分的依据并非是唯一的条文规定，条文本身的内容只具有一定的参考、指示作用，更重要的是结合了立法的意图、指导思想、基本原则、犯罪构成理论以及实践中处罚犯罪的需要等因素”②。

三、举动犯、行为犯辨析

在行为犯之外，我国刑法理论中出现了举动犯，所谓举动犯，按照我国刑法理论通说，是指行为人一着手实施犯罪的实行行为，犯罪即告成立并完成，从而构成犯罪既遂的犯罪。因此，举动犯不存在犯罪未遂，其犯罪既遂以犯罪人着手实行犯罪为标志。③ 当然，对于举动犯还存在一些其他的观点。举动犯与行为犯之间处于何关系，举动犯这一概念是否有存在的必要，值得进一步研究。

（一）举动犯与行为犯概说

关于举动犯与行为犯的关系，刑法理论上主要存在如下学说：

1. 认为行为犯与举动犯是同一意义上的

例如，有学者认为，行为犯也称举动犯，是指行为人只要单纯地实施刑法分则所规定的构成要件的行为就足以构成犯罪，而无须发生一定的犯罪结果。④ 有的认为，行为犯是指只要实施法律规定

① 张明楷：《刑法学》，法律出版社 2003 年版，第 311 页。

② 史卫忠：《行为犯研究》，中国方正出版社 2002 年版，第 77 页。

③ 赵秉志、吴振兴主编：《刑法学通论》，高等教育出版社 1993 年版，第 190 页。

④ 陈兴良：《刑法哲学》，中国政法大学出版社 1992 年版，第 214 页。

的某种危害行为，而不论危害结果是否发生，便构成既遂的犯罪，行为犯的既遂是以某种法定危害行为的着手实行为其构成标志。[①] 在德日刑法学中，举动犯与行为犯是含义相同的概念。

2. 认为行为犯与举动犯是相互区别、各不相同的概念

这种观点认为，无论是举动犯还是行为犯，其完成均是犯罪行为实施完毕，只是在举动犯中，行为一经着手即实施完毕，而在行为犯中，行为实施完毕需要一个过程，或者可以说，举动犯是既成犯、行为犯是过程犯。例如，有学者认为："所谓行为犯，是指以实行法定的犯罪行为作为犯罪构成必要条件的犯罪。它与举动犯的相同点在于：二者都不以发生实际的危害结果作为犯罪构成的必要条件。二者的区别在于：举动犯的既遂以着手实行犯罪为标志，而行为犯只有当实行行为达到一定程度时，才过渡到既遂状态"[②]。

3. 认为举动犯是行为犯的种类之一

这种观点其实和第二种观点是同一意义的，即都认为举动犯与行为犯的既遂不是结果的发生，而是行为的完成，只是举动犯的行为一经着手即完成，并且对行为犯作了一个广义的理解，认为广义的行为犯包括举动犯和行为犯（狭义）。例如，有学者指出，"根据行为犯的既遂标志，行为犯可以分为两类，一类是举止犯，指行为人只要着手实施刑法分则规定的构成要件的行为就成立既遂犯。另一类是过程犯，要求行为人将法律规定的犯罪构成的客观行为实行完毕才成立既遂"。[③] "对于即成行为犯，由于其一经着手实施刑法分则所规定的构成要件行为即意味着行为的完成，从而达到既遂

---

① 梁世伟：《刑法学教程》，南京大学出版社 1987 年版，第 160 页。

② 马克昌主编：《犯罪通论》，武汉大学出版社 1991 年版，第 469 ~ 475 页。相同观点见赵秉志：《犯罪未遂的理论与实践》，中国人民大学出版社 1987 年版，第 102 页；叶高峰主编：《故意犯罪过程中的犯罪形态论》，河南大学出版社 1989 年版，第 34 页；张小虎：《犯罪论的比较与构建》，北京大学出版社 2006 年版，第 524 页；鲜铁可：《新刑法中的危险犯》，中国检察出版社 1998 年版，第 54 页；樊凤林主编：《犯罪构成论》，法律出版社 1987 年版，第 243 页。

③ 姜伟：《犯罪形态通论》，法律出版社 2004 年版，第 116 页。

状态，所以，它不可能出现未遂的情况；但对于过程行为犯，因为其从着手实施实行行为到将该行为实施完毕之间有一个发展过程，存在着一定的时间间隔，所以，在此过程中，可能会由于犯罪分子意志以外的原因出现，使得其未能将全部实行行为实施完毕，这也即意味着这种行为犯是存在未遂形态的。”①

第一种观点是将举动犯与行为犯在同等意义上使用的，即认为举动犯要成立犯罪既遂也必须要求犯罪行为的完成，即认为犯罪的既遂需要一个过程，而非一经着手就成立犯罪既遂，实际上，也就是不承认存在一经着手实行就既遂的犯罪形态。第二、三种观点其内容是一样的，只是对行为犯的内容作广义与狭义的理解的问题，这两种观点均承认存在“一经着手实行就构成犯罪既遂”这样一类犯罪既遂形态。因此，刑法理论中，虽然关于举动犯的概念存在不同的观点，但究其实质，在于是否承认存在“一经着手实行就成立犯罪既遂”的犯罪类型。这也涉及实践中对于具体犯罪之犯罪既遂、未遂的认定，有必要进一步厘清。

（二）德日刑法中的举动犯

我国刑法中举动犯这一概念，源于德日刑法学。基于此，有必要对德日刑法学中的举动犯作一简介。

在德日刑法理论中，是承认举动犯这一概念的，但这并不说明其认为举动犯是“一经着手实行即达犯罪既遂”。大陆法系学者在完全相同的意义上使用行为犯和举动犯的概念，在德国、日本等大陆法系国家，行为犯与举动犯是一个概念，德语的 Schichtes Tatigkeitsdelikt 一词，被日本和我国台湾地区学者译为举动犯或行

① 史卫忠：《行为犯研究》，中国方正出版社 2002 年版，第 167～168 页。相同观点见金泽刚：《犯罪既遂的理论与实践》，人民法院出版社 2001 年版，第 91 页；姜伟：《犯罪形态通论》，法律出版社 1994 年版，第 116 页；林山田：《刑法通论》，台湾三民书局 1986 年版，第 194 页。

为犯。[1] 例如，“所谓既遂犯，是指根据实行行为而完全实现犯罪的场合。在结果犯的场合，必须发生符合构成要件结果，在举动犯场合，必须完全实施了构成要件的行为”[2]。从德国、日本刑法的规定看，对于举动犯，基于其社会危害性较小，一般不处罚其未遂犯，但这并不表明其行为一经实施即达既遂。实际上，在德日刑法中，所谓的举动犯仍然存在未完成形态，这也说明其并非一经实施即达犯罪既遂。例如，日本刑法对于侵入住宅的行为、内乱罪的暴动行为，在日本刑法理论上属于举动犯，但日本刑法规定其存在未遂形态，如《日本刑法典》第 77 条（内乱罪）第 2 款规定：“前项犯罪的未遂，应当处罚”。第 132 条规定：“第一百三十条（第 130 条是关于侵入住宅罪的规定——笔者注）犯罪的未遂，应当处罚。”

（三）举动犯否定论

在德日刑法学中，举动犯这一概念并非独立于行为犯之外，其与行为犯是同一含义的。我国刑法理论上，创设独立于行为犯的举动犯这一概念，即“一经实施即达犯罪既遂的犯罪”，徒增刑法理论的混乱。事实上，也根本不存在“一经着手实行即达犯罪既遂”的举动犯。具体理由如下：

1. 犯罪是具有严重的社会危害性的行为，严重的社会危害性是量上的积累，基于此，任何犯罪行为的发展均是一个过程，不可能一经着手实行就完成

我国刑法第 13 条规定，情节显著轻微危害不大的，不认为是犯罪，这是对犯罪的社会危害性在量上的要求。而任何行为，其发展也均是一个过程，要达到一定的危害性，必定需要经过一个过程，当然这其中有长有短。“任何犯罪行为都是一个过程，即使是

---

① ［日］大塚仁：《刑法概说（总论）》，有斐阁 1997 年第 3 版，第 126 页；林东茂：《危险犯与经济刑法》，台湾五南图书出版公司 1996 年版，第 11 页。

② ［日］大谷实：《刑法总论》，黎宏译，法律出版社 2003 年版，第 273 页。

所谓的举动犯，也必然有一个过程（当然，过程的长短有异），并非一经着手就既遂。以组织、领导、参加黑社会性质组织罪为例，仅实施了所谓的组织、领导行为时，如果没有黑社会性质组织的成立，不可能认定为本罪；而且，如果该组织在成立后没有实施刑法第294条规定的‘以暴力、威胁或者其他手段，有组织地进行违法犯罪活动，称霸一方，为非作恶，欺压、残害群众，严重破坏经济、社会生活秩序’的行为，司法机关也无从认定其是否黑社会性质的组织。所以，并非‘只要一开始实施组织、领导行为，不管黑社会性质的组织是否成立，都属于犯罪既遂’。至于参加黑社会性质组织的行为，也并非一参加就既遂，更不是一声称参加‘不管参加进了与否都是既遂’。因为在司法实践中，‘对于参加黑社会性质的组织，没有实施其他违法犯罪活动的，或者受蒙蔽、胁迫参加黑社会性质的组织，情节轻微的，可以不作为犯罪处理。’再如，煽动民族仇恨、民族歧视罪，只有一次煽动行为结束，司法机关才能认定其煽动内容是否符合刑法的规定，才可能认定为本罪。”①

之所以在理论上出现所谓一着手犯罪实行行为即告犯罪既遂的举动犯概念，是对犯罪既遂概念只作形式理解的结果，即只从法定刑根据的充足这一形式特征上来理解犯罪既遂，而未能认识到犯罪既遂的实质标准。② 我国不少学者也是对此予以肯定的。例如，“传统观点之所以把行为犯和行为犯中一部分称为举动犯，原因无非认为该类犯罪往往一经着手实行即告完成。但这种说法有一个前提，即犯罪着手即是犯罪完成，中间不存在时间的发展过程，但实际的情况是，在许多那些所谓‘举动犯’的场合，行为并非一着手即完成，而是有一定的时间发展过程”③。“任何犯罪的既遂都要

① 张明楷：《刑法学》，法律出版社2003年版，第310页。

② 刘之雄：《犯罪既遂论》，中国人民公安大学出版社2003年版，第110页。

③ 吴振兴主编：《犯罪形态研究精要》（I），法律出版社2005年版，第305页。

一个时间与空间的过程，它通常可能要经过犯意形成、预备、实施的着手、中止、未遂、既遂等阶段，即使在举动犯的情况下，也是如此”①。

2. 司法实践中，对于犯罪行为的认定，也需要犯罪行为的实施达到一定的程度

在所谓的举动犯中，行为人一经着手实行“犯罪行为”时，②他人根本无从判断其所实施的行为是什么，是否构成犯罪，更不用说是犯罪既遂。

实践中，赞成举动犯是“一经着手实行就构成既遂的犯罪”的学者所举的例子，主要是一些煽动型的犯罪，如刑法第105条规定的煽动颠覆国家政权罪。但问题是，在行为人具体实施煽动颠覆国家政权的行为时，我们怎么可能在其行为一开始时就知道其实施的行为是煽动颠覆国家政权的行为呢？我们只有在明白了其煽动的大概内容后（这时行为的进程已经经过了一段时间），才知道该种行为构成煽动颠覆国家政权罪，进而反推其着手是始于何时。换言之，假如我们通过其他渠道知道行为人即将实施煽动颠覆政府的行为，正处于犯罪预备阶段，但当行为人在公众场所正着手实行煽动行为时，才刚说两句话，周围的群众还没有弄清楚行为人将要实施的是什么行为时，就被司法机关的工作人员带走，此种情形下，行为人确实也“着手”实施了行为，但问题是，行为人的犯罪目的根本没有实现，对周围群众的影响也几乎为零，这种情形下，还难以说对法益已经造成了现实的侵害与威胁，认为犯罪既遂实属不妥。再者，从刑法的规定来看，也并未指明是一经着手实行便构成犯罪既遂，刑法对该罪行为的要求是“实施煽动颠覆国家政权、推翻社会主义制度行为”，此种行为一经着手难以说得上是实行完毕。

① 李海东：《刑法原理入门》，法律出版社1998年版，第131～132页。

② 前述指出，刚一着手实施，社会危害性非常小，根本不构成犯罪。

从诉讼的角度看，有一些行为犯，从着手至实施完毕的时间较短，在其刚着手实施时，一般不容易被发现是在实施犯罪行为，但一经实施，则表现出较大的社会危害性，已经既遂。从此种角度看，此种行为犯的未遂在实践中是难以证明的。“煽动民族仇恨、民族歧视罪，只有一次煽动行为结束，司法机关才能认定其煽动内容是否符合刑法的规定，才可能认定为本罪；在口头煽动的情况下，不可能说只要行为人一开口煽动就成立本罪既遂”①。但这也只能说明该类犯罪从着手实行到达到犯罪既遂的时间较短，而不是说不存在过程。

3. 不可否认，在以犯罪行为的完成作为犯罪既遂的标志的犯罪中，犯罪行为的完成的进程可能出现长短不一的状况，但并不是一经着手实行即告完成，并且，这种时间或进程上的长短并无一个绝对的清晰的标准可以划分，基于此，也没有必要承认举动犯的概念

在行为犯中，有的犯罪行为的完成需要一段较长的时间，有的犯罪行为的完成所需要的时间则相对较短。例如，通常情况下，脱逃行为的完成是一个过程，行为人的脱逃行为需要摆脱监管机关的控制才能认为是脱逃行为的完成，从而构成犯罪既遂；相比较而言，煽动型犯罪，尤其是煽动颠覆国家政权的犯罪，行为完成的时间较短，只要向被煽动者简要介绍，被煽动者就能明白其意思。②无论是较长的时间，还是较短的时间，其犯罪行为的完成都应当是一个过程，而不是瞬间即可完成的。或者说，在以犯罪行为的完成的过程中，都存在行为进程这一线段，只是线段的长短有所区别罢了。但是，这种时间的长短之划分并没有一个质的界限，这样，其区分根本没有意义。况且，笔者也提及，由于具体案件的情形不

---

① 张明楷：《刑法的基本立场》，中国法制出版社 2002 年版，第 225 页。

② 当然，这也并非绝对的，有的脱逃行为的完成是很快的。例如，行为人从押运的车上悄悄跳下，未被押运人员发现。而有的煽动行为的完成则比较长，如被煽动对象由于语言、文化的差异等，对煽动的内容理解存在困难。

同，通常情形下需要一段较长时间完成的犯罪，如脱逃罪，可能在较短的时间内完成，而通常可在较短的时间完成的犯罪，如煽动颠覆国家政权罪，由于被煽动者的特殊情形，如被煽动者的文化水平、理解能力较低等，也可能在较长的时间完成。

4. 承认独立于行为犯之外的举动犯的学者所持的一个重要理由是，举动犯不存在犯罪未遂形态，而行为犯存在犯罪未遂形态，但某种犯罪不存在犯罪未遂形态与其是否一经着手实行即达犯罪既遂并不是等同的

虽然原则上我国刑法处罚犯罪未遂形态，但在司法实践中，确实有一些以行为的完成作为犯罪既遂的标志的犯罪不存在犯罪未遂，据此，不少学者认为，这些不存在犯罪未遂的行为犯，属于"一经着手即达犯罪既遂"，基于此，认为这类犯罪为举动犯。例如"举动犯无既遂与未遂之分，行为犯有既遂与未遂之别"①。"未遂犯在概念上并不适用于所有犯罪。未遂犯需要一定结果产生，因此，在构成要件上对有关不需要产生一定结果的单纯举动犯不能考虑为未遂"②。

但是，对于这些不存在犯罪未遂形态的犯罪而言，也并非是一经着手实行即完成，达到犯罪既遂状态。根据我国刑法，原则上所有的直接故意犯罪均存在犯罪未遂形态，而实践中确实有相当一部分行为犯不存在犯罪未遂形态，从这一角度看，似乎这类犯罪是一经实施即达犯罪既遂。这实际上是忽略了我国刑法总则对犯罪成立的量上的要求，根据我国刑法第 13 条的规定，"情节显著轻微危害不大的，不认为是犯罪"，许多犯罪行为，如果未达完成形态，均符合"情节显著轻微危害不大的，不认为是犯罪"，不成立犯罪，更不是犯罪未遂，此种情形下只能从行为的发展进程上说行为

---

① 吴振兴主编：《犯罪形态研究精要》(I)，法律出版社 2005 年版，第 291 页。

② ［日］福田平、大塚仁：《日本刑法总论讲义》，李乔等译，辽宁人民出版社 1986 年版，第 140 ~ 141 页。

未遂。这种情形不仅存在于行为犯，而且存在于结果犯，如我国刑法实践中对于故意伤害未遂（未达轻伤以上）的不作为犯罪处理。因此，应当认为，所谓的“举动犯”之所以不存在犯罪未遂，是因为其行为进程中的“未遂”属于“情节显著轻微危害不大的，不认为是犯罪”，而并不是说明其行为一经着手实行就达犯罪既遂。正如有学者所指出的，“举动行为有未遂状态，盖因社会危害性小而不可罚，故不以罪论。换言之，举动行为构成犯罪和行为达到既遂状态相重合，行为不构成犯罪和行为处于未遂状态也相重合。如此分析，举动犯不是说行为人倘有‘举动’即构成犯罪，乃指实行行为达到既遂状态才构成犯罪，未遂状态则不构成犯罪”①。

基于此，笔者认为，提出独立于行为犯的举动犯这一概念，徒增刑法理论与实践的困惑。实际上，承认举动犯的学者，在理论上仍然存在诸多困惑。例如，认为对于举动犯既遂的认定，关键在于查明行为人是否已经着手实行犯罪行为，而不在于其犯罪行为是否造成了有形的危害结果。但该论者又进一步指出，在举动犯中，不仅存在着犯罪的既遂、预备和中止形态，而且也存在着犯罪的未遂形态。既然是一经着手实行即告犯罪的既遂，又怎么可能出现犯罪未遂形态呢？论者举例说明，在煽动分裂国家案件中，通常情况下，只要行为人用语言或文字进行了分裂国家的煽动，就构成该罪的既遂犯。即使其刚一开始煽动就被抓获，也不影响既遂罪的成立。但是，如果行为人用外国语进行煽动，而其煽动的对象根本不懂外语，这事实上是一种手段不能犯的未遂，而不宜按既遂罪论处。② 这样，按照论者的观点，煽动颠覆国家政权罪的既遂应当以被煽动者了解被煽动的内容为标准，但问题是，即使行为人用本国语言对本国人进行煽动，要使被煽动者了解被煽动的内容也应当是

① 曾粤兴：《犯罪未遂若干问题研究》，载《金陵法律评论》2002 年秋季卷。

② 马克昌主编：《犯罪通论》，武汉大学出版社 1999 年版，第 498 ~ 499 页。

一个过程，当然，这样一个过程可能存在时间长短之别，从这一角度看，该种犯罪并非一经着手即告既遂。基于上述认识，刑法理论中已经越来越多的学者认为，无论是何种行为犯，其行为的发展均存在一个过程，只是这个过程的时间长短不同罢了。因此，否认存在一经着手就达既遂的举动犯。在德国、日本，仍然有许多学者不承认“一经着手实行即达犯罪既遂”的举动犯。例如，“即便是举动犯，那种举动即作为意思活动的行为并非都是一着手就已实行完毕的。在以有一定的时间间隔为必要的场合，着手未遂这种形态是可能存在的”①。“不管如何界定举动犯，举动犯的举动没有终了时就认定为既遂是没有道理的；认为举动犯是一旦着手便终了也是没有根据的；许多被认为是举动犯的犯罪有一个时间上的发展过程，故肯定举动犯有未遂具有合理性”②。“在单纯的行为犯情况下，同样可能有犯罪未遂，而且，一方面，如果行为并非因其实施即既遂，而是需要特定的时间”③。

① ［日］野村稔：《未遂犯的研究》，日本成文堂出版社 1984 年版，第 111 页。转引自史卫忠：《行为犯研究》，中国方正出版社 2002 年版，第 162 页。

② 张明楷：《未遂犯论》，法律出版社、日本成文堂出版社 1997 年版，第 27 页。

③ ［德］汉斯·海因里希·耶赛克、托马斯·魏根特：《德国刑法教科书》，徐久生译，中国法制出版社 2001 年版，第 628 页。

第四章 犯罪既遂与刑法相关问题

在前三章的内容中，笔者就犯罪既遂本身的相关问题进行了一定的研究。犯罪既遂本身并非是一个孤立的问题，它直接涉及刑法理论与实践中的其他相关问题。本章中，笔者拟就刑法理论与实践中涉及犯罪既遂的争议较大的几个问题展开研究。

第一节 犯罪既遂与结果加重犯

结果加重犯，是指行为人实施了基本犯罪之行为，但又发生了超出基本犯罪之外的加重结果，刑法对之作了特别规定的一类犯罪。① 关于结果加重犯的概念，刑法理论上存在不同的表述，有的认为，结果加重犯，是指故意实施基本的犯罪构成要件的行为，发生基本犯罪构成结果以外的重结果，刑法对重结果规定加重法定刑的犯罪。② 有的认为，结果加重犯是指法律上规定的犯罪行为，由于发生了严重结果而加重其法定刑的情况。③ 有的认为，结果加重犯是指，由于实行了基本的故意犯罪而引起行为者未预见到的重结果发生，因此以重的结果为理由而加重刑罚的场合。④ 在德国刑法

① 当然，刑法对于结果加重犯的特别规定，各国刑法并不相同。有的国家是规定了独立的法定刑，而没有规定独立的罪名，也即与基本罪共用一个罪名，我国刑法即是如此；有的国家则是对结果加重犯规定了独立的罪名，并规定了独立的法定刑，如德国、日本。

② 马克昌主编：《犯罪通论》，武汉大学出版社 1999 年版，第 652 页。

③ 陈兴良：《刑法哲学》，中国政法大学出版社 2000 年版，第 269 页。

④ ［日］野村稔：《刑法总论》，全理其、何力译，法律出版社 2001 年版，第 176 页。

理论中，结果加重犯通常被视为结果犯的特殊情况，是指某种行为本身就应当受处罚，而在这一可罚的基本行为之外，又因行为引起的结果而被法律加重了刑罚的犯罪类型。其构成要件是特殊的故意——过失的组合：故意（例外情况下的过失）的基本犯罪本身就是应当处罚的，发生规定的结果加重了刑罚。[①] 上述结果加重犯的不同定义，实际上也是关于结果加重犯的范围的不同，对于结果加重犯的范围如果未能站在一个统一的平台上，讨论结果加重犯之犯罪既遂、未遂则当然存在争议。

一、结果加重犯之犯罪既遂、未遂之争

从犯罪的完成这一角度看，即从刑法分则所规定的完整化的刑罚这一角度看，任何犯罪均存在犯罪既遂形态，当然，结果加重犯也不例外。但问题是，对于这种犯罪进程意义上的结果加重犯之犯罪既遂形态，是否存在与之相对应的犯罪未遂形态呢？或者说，是否承认其存在与犯罪既遂相对应的犯罪未完成形态？这将直接影响到刑罚的适用。例如，对于结果加重犯中，基本罪之构成要件没有实现，是否属于结果加重犯之犯罪未遂？如果承认其属于犯罪未遂，则应当对其适用刑法总则关于犯罪未遂的规定从宽处罚。因此，关于结果加重犯之犯罪既遂、未遂之争，实际上就是是否承认结果加重犯之犯罪未遂，这直接涉及对具体案件的刑罚适用，正如有学者所指出的，“区分结果加重犯的既遂与未遂，无非是为了从以下两个方面正确地解决刑罚的适用问题：第一，加重结果未发生时，能否按未遂适用结果加重犯的法定刑；第二，在发生加重结果但基本犯未遂的情况下，适用加重法定刑时是否能按未遂犯从轻或者减轻处罚”[②]，因此，在刑法理论上有必要进一步厘清。

---

① ［德］汉斯·海因里希·耶赛克、托马斯·魏根特：《德国刑法教科书》，徐久生译，中国法制出版社 2001 年版，第 319 页。

② 刘之雄：《犯罪既遂论》，中国人民公安大学出版社 2003 年版，第 150 页。

（一）否定说

持否定说的学者认为，结果加重犯是对于超出了基本犯罪的加重结果，刑法予以特别处罚。刑法之所以特别规定结果加重犯，主要是基于加重结果的出现，如果加重结果出现，就成立结果加重犯，就应适用刑法关于结果加重犯之完整化的刑罚；如果没有出现加重结果，则不成立结果加重犯，更无所谓结果加重犯之犯罪未遂。也即认为结果加重犯只有成立与否的问题，而不存在犯罪既遂、未遂之分。

我国不少学者持此说。例如，赵秉志教授认为，结果加重犯的特点决定了它具有构成一种形态，只有是否构成之分，而没有既遂与未遂之分，不可能存在犯罪未遂。[①] 林亚刚教授认为，结果加重犯以重结果发生为犯罪成立和受较重处罚的条件，重结果没有发生，则不构成结果加重犯；重结果发生的，不问基本犯罪行为是既遂还是未遂，均为结果加重犯既遂，不具有犯罪未遂形态。[②] 姜伟教授认为，倘若基本犯罪既遂，又出现加重构成未遂，这是不可思议的矛盾，是与立法精神相抵触的。如果某种基本犯罪未遂，加重结果也没有发生，也只是基本犯罪的未遂，不是结果加重犯的未遂。[③] 我国台湾地区学者洪福增认为，“由于加重结果犯之性质，以发生一定之结果为加重处罚条件，结果既未发生自无加重之可言，当亦不发生未遂问题”[④]。

日本刑法理论也有不少学者持此观点，“所谓故意的结果加重犯，在性质上是故意的结果犯的一种，当然应承认其有未遂。然而，结果加重犯应当仅限于过失的结果加重犯，或者说结果加重犯

① 赵秉志：《犯罪未遂的理论与实践》，中国人民大学出版社 1987 年版，第 152 页。

② 林亚刚：《论结果加重犯的若干争议问题》，载《法学评论》，2004 年第 6 期。

③ 姜伟：《犯罪形态通论》，法律出版社 1994 年版，第 381 页。

④ 蔡墩铭编：《刑法总则论文选辑》，台湾五南图书出版公司 1984 年版，第 319 页。

的概念并不包含故意的结果加重犯。因此，上述故意的结果加重犯存在未遂的观点不成立”①。“未遂概念以故意犯罪为前提，并且犯罪结果是过失犯的本质属性，结果发生前过失犯的实行行为没有被个别化，所以过失犯不可能有未遂成立的问题”②。日本刑法学者否定结果加重犯存在未遂的理由为：第一，结果加重犯以发生加重结果为前提，如果没有发生加重结果，就不可能成立结果加重犯，也无所谓结果加重犯的未遂。例如，行为人故意伤害他人，只有发生他人死亡结果时，才成立伤害致死罪这一结果加重犯，如果伤害行为没有致人死亡，则不成立伤害致死罪，也不可能认为成立伤害致死罪的未遂。第二，结果加重犯的加重结果不是单纯的处罚条件，而是结果加重犯的构成要件要素，只能承认过失的结果加重犯，但刑法并不处罚过失犯的未遂，故也不存在结果加重犯的未遂。第三，发生了加重结果而基本犯未遂时，该犯罪是否既遂应以重结果是否发生为标准进行判断。③

（二）肯定说

持肯定说的学者认为，结果加重犯存在犯罪未遂形态，在承认结果加重犯之犯罪未遂形态的基础上，则必定要对结果加重犯之未遂犯在刑罚适用上作出一定的从宽处罚。

我国也有不少学者承认结果加重犯存在犯罪未遂。例如，“结果加重犯存在两种未遂形态：未遂犯的结果加重犯与结果加重犯的未遂犯，前者是指在基本犯罪未遂的情况下产生了加重结果，后者是指基本犯罪既遂但加重结果未遂的情形，当然，对于加重结果仅

---

① ［日］大塚仁：《刑法概说（总论）》，有斐阁1986年改订版，第181、219页。转引自张明楷：《未遂犯论》，法律出版社、日本成文堂出版社1997年版，第18页。

② ［日］野村稔：《刑法总论》，全理其、何力译，法律出版社2001年版，第327页。

③ 张明楷：《未遂犯论》，法律出版社、日本成文堂出版社1997年版，第21～22页。

有过失的，不存在未遂问题”[①]。“结果加重犯的未遂只存在于基于直接故意实现加重结果而着手实行了基本罪的构成行为，由于其意志以外的原因而加重结果未出现的情况，即结果加重犯的未遂只存在于包含对加重结果具有故意的结果加重犯类型中”[②]。

在日本刑法理论中，有学者认为，结果加重犯是故意犯与过失犯的复合体，过失犯的未遂在理论上是可以得到承认的，因此，对加重结果的过失犯未遂时，在理论上便是结果加重犯的未遂。[③] 实施了具有引起加重结果发生的危险性的行为而加重结果又没有发生时，就是结果加重犯的未遂。[④] 日本学者牧野英一教授将结果加重犯分为三类：一是故意的结果加重犯，即行为人对加重结果持故意的结果加重犯；二是过失的结果加重犯，即行为人对加重结果具有过失的结果加重犯；三是偶然的结果加重犯，即行为人对加重结果既无故意也无过失的结果加重犯。并且认为，过失的结果加重犯与偶然的结果加重犯不可能成立未遂，但故意的结果加重犯则可能成立未遂。[⑤] 木村亀二指出：“关于结果加重犯的未遂，应分别不同情况讨论。对加重结果没有故意时，不可能有未遂；但对加重结果有故意时，不管基本行为是未遂还是既遂，只要加重结果没有发生，就属于结果加重犯的未遂。”[⑥]

从以上关于结果加重犯之犯罪未遂、犯罪既遂的学说可知，肯

① 陈兴良：《刑法适用总论》，法律出版社 1999 年版，第 677 页。

② 李邦友：《结果加重犯基本理论研究》，武汉大学出版社 2001 年版，第 136 ~ 137 页。

③ ［日］福田平：《刑法总论》，有斐阁 1984 年全订版，第 214 页。转引自张明楷：《未遂犯论》，法律出版社、日本成文堂出版社 1997 年版，第 20 页。

④ ［日］大谷实：《刑法讲义总论》，日本成文堂出版社 1994 年第 4 版，第 380 页。转引自张明楷：《未遂犯论》，法律出版社、日本成文堂出版社 1997 年版，第 21 页。

⑤ ［日］牧野英一：《日本刑法上卷》，有斐阁 1937 年重订版，第 318 ~ 319 页。转引自张明楷：《未遂犯论》，法律出版社、日本成文堂出版社 1997 年版，第 17 页。

⑥ ［日］木村亀二：《刑法总论》，有斐阁 1978 年增补版，第 372 页。

定说、否定说观点并非是对立的，这在很大程度上是因为对结果加重犯范围的界定不同，如有的持否认说的学者认为，结果加重犯只存在“基本罪为故意、加重结果为过失”这一类型，进而否定结果加重犯存在犯罪未遂形态。而持肯定说的学者也认为，这种类型的结果加重犯也不存在犯罪未遂形态。例如，对于故意伤害致人死亡这一结果加重犯，刑法理论与实务均无异议地认为其不存在犯罪未遂形态。即使在肯定说内部，在多大范围之内承认结果加重犯之犯罪未遂，也各不相同。有学者认为，应根据重结果是否发生来判断既遂与未遂。在强盗致死的场合，应当以是否发生了加重的死亡结果为中心来判断既遂与未遂，即使没有取得财物，但如果致人死亡，就应认定为强盗致死罪的既遂；在强奸致死的场合，即使奸淫未遂也成立强奸致死罪的既遂。①“在结果加重犯的场合，存在法益侵害事实上的转移，即犯罪行为造成了本罪的基本结果之外的另一更重要的法益侵害结果亦即加重结果，由于加重结果涉及的是另一更重大的法益，在发生加重结果的情况下，立法上关注的重心随之发生转移，即以加重结果作为刑罚的最基本根据，而本来的法益危害结果退居次要的地位，因而只要发生加重结果，即具备了最基本的刑罚根据，因而本来的法益危害是否既遂对适用加重法定刑的影响也就不大了。因此，在结果加重犯的场合，基本罪既遂不是加重法定刑适用的完整化根据之一，因而基本罪的未遂并不影响加重法定刑的适用”②。有的学者则认为，基本犯未遂时才能认为是结果加重犯的未遂。例如，“所谓客观的处罚条件，乃系与适合于构成要件的行为本身无关，而独立的伴随于外部的事情。在此限度上言之，是否成立重结果，应依存于基本犯；基本犯如系未遂时，则

---

① ［日］前田雅英：《刑法各论讲义》，东京大学出版会1995年第2版，第243页。张明楷：《未遂犯论》，法律出版社、日本成文堂出版社1997年版，第19页。

② 刘之雄：《犯罪既遂论》，法律出版社2003年版，第155页。相同观点见［日］大塚仁：《刑法概说（总论）》，冯军译，中国人民大学出版社2003年版，第217页。

包含于基本犯之加重结果犯，当然亦系未遂”①。“行为人为了强奸妇女而使用暴力手段，行为虽然致妇女重伤，但由于某种原因并没有奸淫妇女，这便是结果加重犯的未遂”②。有的学者则认为，无论是基本罪未遂还是加重结果犯未遂，都可以认为是结果加重犯的未遂。③ 由于肯定说与否定说对于结果加重犯之范围都存在不同的观点，因此，对于结果加重犯之犯罪既遂、未遂之争更是不可避免，当然，即使是在对结果加重犯的范围达成了一致认识的前提下，是否承认结果加重犯之犯罪未遂，也存在争议。

二、结果加重犯之界定

从上述可知，关于结果加重犯之犯罪既遂、未遂之争，在一定程度上是对结果加重犯的范围存在不同的理解所造成的。虽然各国刑法理论与实务都对结果加重犯这一概念持肯定的态度，④ 但对于结果加重犯的范围包括哪一些，刑法理论与实务对此问题的态度并非全然一致，各国刑法的规定也不尽一致。

（一）结果加重犯、想象竞合犯之辨析

在结果加重犯的概念中，各国刑法理论都认为结果加重犯是实施了基本罪的构成要件的行为，但又导致了超出基本罪之构成要件内容的结果，并且，行为人对此加重结果主观上存在罪过，也即行为人实施了一个行为，但符合两个罪的构成要件，刑法对此种情形作了特别规定并配置了独立的法定刑。但刑法为什么要作此种规定呢？换言之，如果刑法不对行为人实施一罪之行为，造成加重结果

① 洪福增：《刑法之理论与实践》，台湾刑事法杂志社 1988 年版，第 167 页。

② 张明楷：《未遂犯论》，法律出版社、日本成文堂出版社 1997 年版，第 18 页。相同观点见刘宪权主编：《中国刑法理论前沿问题研究》，人民出版社 2005 年版，第 184 页。

③ 陈兴良：《刑法适用总论》，法律出版社 1999 年版，第 677 页。

④ 也有极少数国家排斥结果加重犯的概念，在立法修订中删除结果加重犯这一概念。例如，在瑞典的刑法中，自 1965 年以后，即无结果加重犯的规定，其将此种形态置于刑罚裁量中处理。

的情形作规定，由于行为人只实施了一个行为，只能按一罪处理。但是这样处理的话，由于行为人的行为在客观上已经符合两个罪的构成要件，其社会危害性是其中的任何一个罪所不能包容的。无论以其中任何一个罪论处，都会显得刑罚不足，或者说“行为过剩”，因此，刑法将此种情形独立规定出来，作为一类特别的构成要件，将基本罪与加重结果的内容都包括进来，并规定的独立的刑罚。关于这点，可以从结果加重犯与想象竞合犯的关系中看出。

1. 想象竞合犯

想象竞合犯也是实施一犯罪行为而触犯数个罪名的情形。具体地说，是指基于一个犯意的发动，实施一个犯罪行为，侵犯数个客体，成立数个罪名的情形。[①]“例如开枪击毙一人，同时毁他人之物，即系以一枪击之行为，触犯杀人毁损二罪名”[②]。

在想象竞合犯中，行为人的一行为触犯了数罪名，并且，侵犯了数个独立的客体。例如，行为人基于伤害的故意朝甲开了一枪，造成甲轻伤的结果，同时过失造成乙死亡的结果，由于行为人仅实施了一个行为，只能以一罪论处。但是，无论以哪一罪论处，都会忽略对他罪客体的保护。例如，如果以故意伤害罪论处，则忽略了行为人对被害人死亡这一事实，如果以过失致人死亡罪论处，则忽略了行为人对被害人故意伤害这一事实。当然，对于同种类的数罪名，是否属于想象竞合犯存在一定的争议。例如，行为人一枪杀死多人，但至少可以认为，行为人实质上是符合数个故意杀人罪的构成要件，侵害了刑法保护的多个（同类）客体，由于只有一个行为，只能以一罪论处。

2. 结果加重犯

在结果加重犯中，行为人也是实施了一个行为，并且该行为超出了基本罪的构成要件，造成了超出基本罪之构成要件的加重结

① 马克昌主编：《犯罪通论》，武汉大学出版社1999年版，第671页。

② 韩忠谟：《刑法原理》，中国政法大学出版社2002年版，第241页。

果，行为人对加重结果主观上也具有一定的罪过，此种情形下，正如想象竞合犯一样，行为人的行为符合多个构成要件，无论以任何一罪处理都不足以涵盖行为人的全部行为，但行为人仅实施了一个行为，只能以一罪论处。基于此，刑法将这种情况作出特别的规定，即将基本罪与加重结果全部纳入进来，规定独立的刑罚，此即结果加重犯。

3. 结果加重犯与想象竞合犯关系辨析

从以上关于结果加重犯、想象竞合犯的介绍中可以看出，二者均是实施了一个行为，但符合多个罪的构成要件，但单用其中任何一个罪的构成要件均不能将行为完全包纳进来，但因行为人仅实施了一个行为，不能数罪并罚。在结果加重犯中，刑法对于此种情形作了特别规定，进而将此种实施一行为，超出一罪构成要件并造成加重结果的情形独立出来，以期将行为所造成的损害完全包容进来。而想象竞合犯，刑法中没有作出规定，刑法理论与实践中一般认为应从一重罪处罚。具体而言，二者之间的关系可以从以下方面得到说明：

（1）对于结果加重犯而言，刑法对超出其中一罪（基本罪）的构成要件的行为结果，作了特别的规定，并规定了独立的法定刑。例如，在故意伤害罪中，刑法对超出故意伤害罪之构成要件的死亡结果的情形作了规定，并且对这一较重结果规定了较故意伤害罪更重的独立法定刑，即此种情形下，按照刑法的规定认定为故意伤害罪的结果加重犯，并适用刑法对故意伤害致死规定的独立的法定刑。而在想象竞合犯中，虽然行为人的行为也符合数罪之构成要件（包括同种数罪），换言之，行为人侵犯的客体不仅仅是一罪的客体（不排除同种类的竞合），其侵犯的客体也是多重的，但在想象竞合犯中，刑法都没有对之规定特别的处理方式，也就是说，刑法没有对这种超出基本罪之构成要件之结果的情形作特别的规定，并规定独立的法定刑，通常情形下以一重罪论处。[①] 但正如前所述的，无论如何处理，均会显得“刑罚不足”。例如，行为人以杀人的故意，造成一人死亡、一人重伤，由于行为人只有一个行为，只能以一罪论处。由于行为侵害了两个客体，无论是以故意杀人罪还是故意伤害罪论处，均会显得“刑罚不足”。

（2）如果没有结果加重犯的规定，实践中，对于行为人实施的一个行为，超出了一罪的构成要件，造成了加重结果的情形，一般也是按照想象竞合犯来处理的。例如，行为人实施了故意伤害行为，但过失导致了被害人死亡结果的出现，假设刑法中并没有对故意伤害致人死亡的情形作出特别规定，此种情形下，行为人的一行为导致了数罪名（故意伤害罪、过失致人死亡罪），也应当按想象竞合犯处理，即定故意伤害罪或过失致人死亡罪。因此，从这样一个角度看，结果加重犯是“特殊的想象竞合犯”，或者说是“法定的想象竞合犯”。

（3）结果加重犯是一行为触犯了数罪名，基于刑法的特别规定作为一罪处理，想象竞合犯也是一行为触犯了数罪名。但问题是，即使刑法中规定了故意伤害罪（致人死亡）这一结果加重犯，但对于实践中行为人基于伤害的故意造成了一伤、一死之结果的（此种情形下，既有故意伤害罪的构成要件，也具有过失致人死亡罪的构成要件），我们一般也不承认此种情形下属于结果加重犯。按照我国刑法的规定，如果行为人基于伤害的故意实施了伤害行为，但过失地造成他人死亡的结果发生（仅有一个死亡结果的出现），此种情形下被认为是故意伤害罪（致人死亡）这一结果加重犯，其刑罚是“10 年以上有期徒刑、无期徒刑或者死刑”；而对于行为人基于伤害的故意造成了一伤、一死之结果的，也仅按故意伤

① 存在例外的情形，我国刑法中规定有的想象竞合犯要数罪并罚，如骗取出口退税罪。刑法第 204 条规定：“纳税人缴纳税款后，采取前款规定的欺骗方法，骗取所缴纳的税款的，依照本法第二百零一条（偷税罪——笔者注）的规定定罪处罚；骗取税款超过所缴纳的税款部分，依照前款（骗取出口退税罪——笔者注）的规定处罚。”

害罪或过失致人死亡罪中的一罪论处，其适用的刑罚为故意伤害罪轻伤的——3年以下有期徒刑、拘役或者管制，或过失致人死亡罪——3年以上7年以下有期徒刑，情节较轻的，处3年以下有期徒刑。从这一刑罚的适用中可以得知，仅造成一人死亡结果的结果加重犯较之造成一死一伤的想象竞合犯的刑罚明显要重。这说明，作为“特殊的想象竞合犯”的结果加重犯，注意的是基本罪具有产生加重结果的高度危险性，基于此，刑法中当其独立规定出来，并配置较高的刑罚。也就是说，在结果加重犯中，加重结果是在基本构成要件之结果的基础上产生的，加重结果的出现，是基本罪之构成要件本身的升层；而在想象竞合犯中，虽然基本罪之构成要件内容的实现与加重结果的出现均出自于一个行为，但基本罪之构成要件所要求的结果与加重结果可以分别独立地存在着，加重结果并非基本罪之构成要件结果的升级。正如有学者所指出的：“惟刑法对于加重结果犯的认定，乃仅限缩在特定类型的基本行为，主要系针对行为足以侵害人身体或健康的基本行为作规范，对于其他类型的犯罪，则不以加重结果犯的形态视之。”① 德国著名刑法学者罗克辛指出：“加重结果犯的基本特性，乃在于基本行为对于加重结果的危险性，行为人因基本行为，而创设法律所不容许的风险，且该风险亦真实实现，在创设风险与实现风险的关系上，如为同一者，则加重结果的发生，应归责于行为人之基本行为。”②“纯正加重结果犯与想象竞合之区别，乃在于前者处理同一客体的双结果形态，后者则处理不同客体的双结果形态。二者本质具有相互排斥关系，而在刑法的适用上，却形成互补关系”③。刑法正是基于此种犯罪的危险性，将其造成加重结果的情形作为一类独立的结果加重犯来处理。

---

① 柯耀程：《变动中的刑法思想》，中国政法大学出版社2003年版，第113页。

② Roxin，aaO.，S. 244，245. 转引自柯耀程：《变动中的刑法思想》，中国政法大学出版社2003年版，第122页。

③ 柯耀程：《变动中的刑法思想》，中国政法大学出版社2003年版，第129页。

从上述关于结果加重犯与想象竞合犯的相关论述中可知，结果加重犯属于立法特别规定的“法定的”想象竞合犯，刑法中之所以特别作出规定，乃在于结果加重犯中，基本罪之构成要件本身具有导致加重结果的危险性。

（二）结果加重犯的类型

结果加重犯是由基本罪、加重结果两部分构成的。在基本犯的构成行为中，有单一行为与复合行为之别。与此相适应，结果加重犯可以分为单一行为的结果加重犯与复合行为的结果加重犯。所谓单一行为的结果加重犯，是指基本犯罪中的构成行为属于单一行为，基于这种单一行为发生了加重结果，法律上规定加重其刑的情况。例如，故意伤害罪中的构成行为是损害他人健康的行为，这种构成行为具有单一性质。实施故意伤害行为致人死亡，成立故意伤害罪的结果加重犯。所谓复合行为的结果加重犯，是指基本犯罪中的构成行为属于复合行为，基于这种复合行为发生了加重结果，法律上规定加重其刑的情况。例如，抢劫罪中的构成行为包括暴力、胁迫等手段行为和劫财的目的行为两个行为，这是抢劫罪的构成行为中紧密相关、缺一不可的要素。①

一般认为，在结果加重犯中，行为人对基本罪与加重结果均具有罪过，即双重罪过，对于结果加重犯的范围及分类，一般也是围绕行为人对基本罪、加重结果的主观罪过的不同所进行的。当然，也有的学者提出了不同的观点，认为结果加重犯的故意并非是“双重罪过”，而是一类特殊的罪过形式，如有的学者认为，“加重结果犯基本行为的主观要件应为单一之‘具体危险故意’。此种具体危险故意，已经超出原基本行为的故意范围之外，不能再单纯将加重结果犯的基本行为，与该单一犯之基本行为，等同视之。盖既称基本行为对加重之结果具有本然之危险性，则在主观要件的要求

① 吴振兴：《罪数形态论》，中国检察出版社 2006 年版，第 102 页。

上，乃需真正反映出危险性的存在”①。“故意和过失是两种不同的罪过形式，它们所支配的危害行为具有完全不同的性质，社会危害性程度也有很大差别。说两种罪过形式同时并存支配一个危害行为，有悖于犯罪构成的基本理论”②。这样理解也未尝不可。但在结果加重犯中，行为人的一个行为符合数个构成要件，并且，行为人对各个构成要件的内容均存在罪过，从此意义上而言，应当认为结果加重犯具有双重罪过，这样理解，有助于我们对于结果加重犯的罪过内容的理解进一步深化。刑法上的罪过又分为故意与过失，从这一角度看，结果加重犯依其主观罪过之形式，可以在逻辑排列上有如下四种类型：（1）对基本罪持故意，对加重结果持过失；（2）对基本罪持故意，对加重结果持故意；（3）对基本罪持过失，对加重结果持过失；（4）对基本罪持过失，对加重结果持故意。结合具体的罪过形式的特点来分析，在仅实施一个行为的情形下，行为人对基本罪持过失，而对于基本罪构成要件之外的加重结果却持故意，从逻辑上看，不可能成立。以下，就前三种从逻辑上看可能存在的结果加重犯进行论述：

1. 行为人对基本罪持故意，对加重结果持过失

此种情形下，行为人对基本罪持故意，但在实施基本罪的构成要件之行为时，出于过失造成了加重结果。通常情形下，这种类型的结果加重犯被认为是典型的结果加重犯，它的存在并无争议。但问题是，故意包括直接故意、间接故意两种形式，这种类型的结果加重犯中，行为人对于基本罪主观上是否可能出于间接故意，学界也一般未着多少笔墨来论证，即是否可能存在这样一种情形，行为人对于基本犯罪持间接故意，而对加重结果出于过失？因为，间接故意犯罪的未遂是不被承认的，因此，行为人对于基本罪的罪过是直接故意还是间接故意，必须明确。笔者认为：

---

① 柯耀程：《变动中的刑法思想》，中国政法大学出版社2003年版，第121页。

② 刘明祥：《评“双重罪过”说》，载《法学评论》1989年第5期。

（1）在单一行为型的结果加重犯中，如故意伤害致人死亡，基本罪的构成要件之结果已经被加重结果所包容了，实际上，仅产生了一个结果，即加重结果，根据我国刑法理论的通说，间接故意以直接造成的结果作为其认定的依据，而实际上基本罪的构成要件的伤害结果并没有出现，因此，认为行为人对于基本罪（故意伤害罪）持间接故意则不妥。例如，行为人对他人的健康出于间接故意的心理，从阳台上扔下一块小石头，对于他人的健康抱着放任的心理，但结果导致了被害人的死亡，行为人心理上排斥死亡结果的发生，在此种情形下，是否构成结果加重犯——故意伤害（间接故意）致人死亡（过失）？也就是说，在这种情形下，是否承认行为人具有双重罪过？间接故意犯罪，以刑法所要求的结果的出现为其成立要件，关于这一点，第二章第二节之“间接故意犯罪与犯罪既遂”部分笔者已经作了阐述。因此，如果认为行为人对于伤害结果具有间接故意，但由于伤害结果没有发生，不宜将行为人认定为是（间接）故意伤害罪，因此，主要就是要考察行为人对于死亡结果是何种心理态度了，如果是间接故意定为故意杀人罪（间接故意），如果是过失，则定为过失致人死亡罪，而不可能出现行为人对于伤害结果持间接故意、对死亡结果持过失，毕竟仅有一个犯罪结果出现。

（2）在复合行为的结果加重犯中，由于基本罪中存在复合行为，即手段（方法）行为和目的行为，因此，复合型犯罪都是直接故意犯罪，而不可能存在间接故意犯罪。对于复合行为的犯罪而言，其目的行为应当不可能存在间接故意这一主观心态，而只能是直接故意，[①] 当然，目的行为也可能造成加重结果。例如，强奸罪中的奸淫行为直接导致了被害人的死亡，但此种情形也属于“直接故意＋过失”这一类型。虽然复合行为犯罪是直接故意犯罪，但对于其手段行为，如果造成基本罪构成要件之内的结果，则可能

---

① 如抢劫罪、强奸罪中的劫取财物的行为、奸淫行为都应当是出于直接故意。

出于间接故意。例如，行为人出于强奸的目的实施暴力、胁迫，对于是否造成他人伤害结果主观上持放任这一间接故意，造成了被害人的轻伤这一结果。① 但问题是，如果手段行为又导致了加重结果，行为人主观上对这一加重结果又是持过失的心理态度，能否认为行为人对于手段行为持间接故意，而对加重结果持过失的心态呢？具体而言，是指行为人对于强奸罪的手段行为持间接故意，但对于手段行为所导致的结果持过失，这一问题实际上也就回到了单一行为型的结果加重犯是否可能出现行为人对于基本犯罪持间接故意，而对加重结果持过失的心态的。结合笔者前述所举的例子，也就是，如果行为人仅实施一个单一的行为，对他人的伤害结果（轻伤）持间接故意的情形下，又过失造成了加重结果，即被害人死亡这一结果，这种情形是否可能？刚刚笔者已经论述，间接故意犯罪与过失犯罪都以是结果的发生为其成立要件，而实际上仅发生了一个单一的结果，则不能认为行为人既对此结果具有间接故意，又具有过失。

综上所述，在“行为人对基本罪持故意、对加重结果持过失”的结果加重犯中，行为人主观上对于基本罪只能持直接故意，而非间接故意。

2. 行为人对基本罪持故意，对加重结果亦持故意

对于此种“故意+故意”型的结果加重犯，不少学者持否定的态度，这种观点一般认为，既然行为人主观上对基本罪、加重结果均持故意，当然可以认为是对加重结果持故意，以相应犯罪的故意罪论处即可，而不可能是行为人具有双重故意。如有学者认为，“结果加重犯应当仅限于过失的结果加重犯，或者说结果加重犯的概念并不包含故意的结果加重犯”②。德国刑法理论承认此种类型

① 轻伤结果是强奸罪的构成要件本身所包容的。这种情形下，根本就不成立结果加重犯。

② ［日］大塚仁：《刑法概说（总论）》，有斐阁1986年改订版，第181、219页。转引自张明楷：《未遂犯论》，法律出版社、日本成文堂出版社1997年版，第18页。

的结果加重犯，“行为人构成了基本犯的未遂犯还是既遂犯，且意图实现严重的结果但实际没有实现。这些情况同样为结果加重犯的构成要件所包括，因为第 18 条并没有排除故意引起犯罪结果（‘至少’）”①。笔者认为，结合我国刑法的规定来看，我国刑法中是存在对于基本罪与加重结果均持故意的结果加重犯的。根据 2001 年 5 月 22 日最高人民法院《关于抢劫过程中故意杀人案件如何定罪问题的批复》，“行为人为劫取财物而预谋故意杀人，或者在劫取财物过程中，为制服被害人反抗而故意杀人的，以抢劫罪定罪处罚”，也即认为此种情形属于刑法中所规定的“抢劫致人重伤、死亡”这一结果加重犯，此即承认行为人对基本罪、加重结果均持故意的结果加重犯。由于抢劫罪只能包容对被害人轻伤的伤害行为，直接故意造成被害人死亡的情形下，可以认定为是故意杀人罪，但这种杀人行为又成为抢劫罪中的暴力手段行为的一个组成部分，不能孤立开来，否则抢劫罪也不能成立。只要行为人实施了一个行为（这个行为不是自然意义上的行为，而是法律意义上的行为。例如，抢劫罪中的复合行为也只能认定为是一个行为），并且这种行为所造成的结果已经超出了基本罪的构成要件，刑法对此种情形作了明确的规定，并规定了相应的法定刑的，就应当作为结果加重犯来处理。因此，对于此种情形是否属于结果加重犯，应当结合我国刑法分则的规定来看。对于此种“故意 + 故意”类型的结果加重犯，行为人主观上对于基本罪或加重结果是否可能持间接故意？这将直接涉及是否成立犯罪未遂，笔者就单一行为型、复合行为型结果加重犯之罪过形式进行论述。

（1）对于单一行为型犯罪而言，行为人仅实施了单一的行为，并且仅产生了单一的犯罪结果，要么是基本罪的构成要件的结果，

---

① ［德］汉斯·海因里希·耶赛克、托马斯·魏根特：《德国刑法教科书》，徐久生译，中国法制出版社 2001 年版，第 630 页。另，《德国刑法典》第 18 条（对特别行为后果的较重处罚）规定：“本法对行为的特别后果较重处罚，只有当正犯或共犯对特别后果的产生至少具有过失时，始可适用。”

要么是加重结果。[①] 由于加重结果的出现是因为基本罪具有产生加重结果的高度可能性，也就是说，加重结果是在基本罪之构成要件的基础上产生的，基于此，行为人不可能对此种类型的结果加重犯存在双重故意。具体而言，笔者以故意伤害致人死亡为例进行说明：

在故意伤害致死的结果加重犯中，首先，行为人不可能对伤害结果与死亡结果均持间接故意，因为，实际上只可能存在一种犯罪结果，即伤害或死亡结果，而间接故意的成立以犯罪结果的发生为必要，在只出现一个犯罪结果的情形下，如果要承认行为人主观上存在间接故意，由于间接故意犯罪以结果的发生为成立，因此，只能认为行为人对一结果持间接故意，而不可能对伤害、死亡均持间接故意，此种情形当然不属结果加重犯。其次，行为人也不可能对伤害结果与死亡结果均持直接故意，因为死亡结果是伤害结果之基础上产生的，既然行为人对死亡结果持直接故意，那么对伤害结果所持的直接故意则被死亡故意所包容，也仅认为行为人具有单一的杀人的直接故意，此种情形就是故意犯罪，而非结果加重犯。再次，行为人也不可能对伤害结果持直接故意，对死亡结果持间接故意。在此种情形下，如果行为人对被害人实施故意伤害的行为，虽然有可能导致被害人死亡，行为人放任不管，如果仅造成了伤害结果，由于对死亡结果行为人是放任的，死亡结果没有发生，不作评价，只能认定为是故意伤害的直接故意，如果造成了死亡结果，行为人的行为对被害人的伤害的直接故意应当被杀人的故意（间接故意）所包容，也只要定故意杀人罪（间接故意）即可。最后，从逻辑上看，行为人不可能对较轻的伤害结果持间接故意，而对死亡这一结果持直接故意，因为伤害与死亡结果二者之间具有包容关

① 因为在单一行为型结果加重犯中，基本罪具有导致加重结果的高度可能性，加重结果是基本罪之构成要件结果的升华，因此，仅可能出现一种结果。如果出现基本罪的结果。例如，故意伤害罪中，仅出现了伤害结果，那么，我们只能说行为人对于伤害结果持直接故意。

系，如果造成了死亡结果，则不可能认为行为人对于伤害结果持间接故意，如果造成了伤害结果的，要么认定为是（间接故意）故意伤害罪，要么认定为是故意杀人罪（未遂），而不可能是结果加重犯。

基于以上的分析，笔者认为，在单一行为型的结果加重犯中，由故意的特点及此种类型结果加重犯的特点所决定，不可能出现“故意+故意”这一类型。

（2）“故意+故意”型的结果加重犯，一般都是存在于复合行为的结果加重犯中。以抢劫致人死亡这一情形为例，行为人在抢劫过程中，为了实施抢劫行为，先行实施了故意将被害人杀死的行为，这种行为已经超出了抢劫罪的构成要件，单就这种行为本身而言，可以被评价为故意杀人罪，也就说，这种故意杀人的行为已经超出了抢劫罪中的手段行为的范围，但是这种手段行为（杀人行为）又为成立抢劫罪所必不可缺的手段行为，① 只是其程度过限了而已（基本构成要件的抢劫罪只能包容造成轻伤结果的手段行为）。因此，从这样一个角度看，此种情形属于结果加重犯，即行为人仅实施了一个行为（该行为是复合行为，包括手段行为与目的行为），但却造成了超出构成要件的结果，并且刑法对此种情形作了独立的规定，并规定了相应的法定刑。当然，如果孤立地看抢劫罪的手段行为，或者说不将这一手段行为置于整个复合行为之中，在通常情形下，如果行为人起初具有造成他人轻伤的故意，但在具体实施的时候，产生了杀人的故意的情形下，造成了被害人的死亡，此种情形也只能认为是故意杀人罪，而非结果加重犯，因为此种情形下，行为人实施的是一个行为，并且只有一种故意。②

在复合行为型犯罪的情形下，由于存在目的行为，因此，行为

---

① 如果没有这种手段行为，根本就不构成抢劫罪了。因此，即使故意杀人这种行为是过限的行为，但这种行为并不能予以另外的单独评价，而是作为抢劫罪的一个组成部分，并认为是超出界限的行为。

② 此种情形下不能说行为人既具有伤害故意，又具有致人死亡的故意。

人对于基本罪持直接故意，这是没有争议的。对于加重结果的产生，行为人可能出于直接故意。例如，行为人出于抢劫的故意实施杀人行为，刑法将此种情形仍然认定为是抢劫罪，故在我国刑法中属于结果加重犯无疑；也可能出于间接故意。例如，行为人在实施抢劫行为的过程中，对被害人实施暴力，放任被害人的伤亡结果，结果造成被害人重伤或者死亡，此种情形也被刑法特别规定为结果加重犯。基于此，笔者认为，此种“故意 + 故意”型的结果加重犯可以区分为如下两种情形：（1）对基本罪持直接故意，对加重结果亦持直接故意；（2）对基本罪持直接故意，对加重结果持间接故意。①

3. 行为人对基本罪持过失，对加重结果亦持过失的结果加重犯

此种类型的结果加重犯，是指行为人基于过失实施了基本罪的行为，但同时，基本罪的行为导致了加重结果的出现，即超出基本罪的结果的出现，行为人对于此种加重结果亦持过失的心理态度，行为人存在双重过失。

从当今各国的刑事立法来看，关于此种类型的结果加重犯的规定不多，一般认为原西德刑法第309条、第320条是关于“过失 + 过失”这一类型的结果加重犯。② 不少学者否认存在“过失 + 过失”型的结果加重犯，如日本学者木村龟二认为：“刑法上的基本罪行为以过失为必要的结果加重犯是不存在的。”野村稔认为：“关于结果加重犯，是作为故意犯的基本犯与作为过失犯的重结果

① 复合行为犯罪之犯罪行为是由手段（方法）行为和目的行为所组成的，复合行为的犯罪的罪过只能是直接故意而不是间接故意，行为人的间接故意也仅能是对加重结果而言的。

② 原西德刑法第309条规定：“过失引起第三百零六条（重大纵火）至三百零八条（纵火）所列之火灾者，处三年以下自由刑或并科罚金。因而致人于死者，处五年以下自由刑或并科罚金。”

的结合犯。”[①] 我国台湾地区学者褚剑鸿认为，结果加重犯的成立，须行为人对于基本犯罪有故意。[②] 我国刑法学界普遍认为，基本犯只能由故意构成，过失犯罪无结果加重犯，根据我国刑法的规定，结果加重犯的基本犯只能是故意犯。当然，也有个别学者持肯定意见。[③] 还有学者认为，在中国，实际上也有关于过失危险犯的规定，并在此基础上规定了加重结果。例如，刑法第330条关于妨害传染病防治罪的规定：“违反传染病防治法的规定，有下列情形之一，引起甲类传染病传播或者有传播严重危险的，处三年以下有期徒刑或者拘役；后果特别严重的，处三年以上七年以下有期徒刑”。我国不少学者认为这种情形也属于结果加重犯。例如，刑法第370条第2款（过失提供不合格武器装备、军事设施罪）、第131条（重大飞行事故罪）、第132条（铁路运营安全事故罪）等均属于结果加重犯。[④] 当然，即使承认“过失+过失”这一类型的结果加重犯，由于过失犯的未遂是不被承认的，因此，讨论此种类型的结果加重犯的既遂、未遂也就没有意义了。对于此种类型的犯罪，刑法对于危险状态及实害结果均规定了相应的刑罚，实践中，只需按照行为所导致的客观结果适用刑罚。

三、结果加重犯之犯罪既遂、未遂

区分结果加重犯的既遂与未遂，无非是为了从以下两个方面正确地解决刑罚的适用问题：第一，加重结果未发生时，能否按未遂适用结果加重犯的加重法定刑；第二，在发生加重结果但基本犯未遂的情况下，适用加重法定刑时是否能按未遂犯从轻或者减轻处

---

① 转引自马克昌：《结果加重犯比较研究》，载《武汉大学学报（哲学社会科学版）》，1993年第6期。

② 褚剑鸿：《刑法总论》，台湾三民书局1994年版，第231页。

③ 吴振兴：《罪数形态论》，中国检察出版社2006年版，第90页。

④ 金泽刚：《犯罪既遂的理论与实践》，人民法院出版社2001年版，第155页。

罚。[①] 是否承认以及在多大范围内承认结果加重犯的犯罪未遂形态，如前所述，各国刑法理论上均存在不同的争议，各国立法也均不相同。例如，日本立法及实践对于相当一部分结果加重犯不承认其存在犯罪未遂形态，日本最高裁判所曾在一个判决中指出："着手实施强盗行为的人，对被害人施加暴力造成伤害结果时，即使财物的夺取是未遂，也成立强盗伤人罪的既遂"，[②] 即基本罪未遂，也不认为是结果加重犯的未遂。日本刑法也有类似的规定。例如，其刑法第 181 条（强制猥亵致死伤）规定："犯第一百七十六条或者第一百七十八条第一项之罪或者这些犯罪的未遂罪，因而致人死伤的，处无期或者三年以上惩役。犯第一百七十七条或者第一百八十二条第二项之罪或者这些犯罪的未遂罪，因而致女子死伤的，处无期或者五年以上惩役。犯第一百七十八条之二之罪及其未遂罪，因而致女子死伤的，处无期或者六年以上惩役。"从该条规定可以看出，无论基本罪既遂与否，都认为是强制猥亵罪的犯罪既遂，并且，刑法对于结果加重犯中基本罪既遂、未遂在刑罚适用上并没有区别对待。日本有学者指出，"在判例及通说上，之所以不认定成立加重结果犯之未遂者（基本罪未遂加重结果产生的情形——笔者注），乃因于加重结果犯之情形中，较重结果为构成要件结果，故既然已经发生构成要件之结果，即不得认为系未遂"[③]。此外，对于有些结果加重犯，日本刑法又承认其存在犯罪未遂形态，《日本刑法典》第 243 条规定："第二百三十五条至第二百三十六条和第二百三十八条至第二百四十一条犯罪的未遂，应当处罚。"[④] 即

---

① 刘之雄：《犯罪既遂论》，中国人民公安大学出版社 2003 年版，第 150 页。

② 日本最高裁判所 1948 年 6 月 12 日判决，载《最高裁判所刑事判例集》第 2 卷，第 7 号，第 676 页。转引自张明楷：《未遂犯论》，法律出版社、日本成文堂出版社 1997 年版，第 19 页。

③ ［日］川端博：《刑法总论二十五讲》，余振华译，中国政法大学出版社 2003 年版，第 278 页。

④ 《日本刑法典》第 240 条、第 241 条均是关于结果加重犯的规定。第 240 条是关于强盗致死伤罪的规定，第 241 条是关于强盗强奸和强盗强奸致死罪的规定。

承认这些加重犯的犯罪未遂，但是，也没有对此种犯罪未遂形态的结果加重犯规定有别于完整的结果加重犯的刑罚。

就我国刑法的规定而言，笔者认为，不承认结果加重犯的犯罪未遂未必合理，具体而言：

第一，由于我国刑法规定，原则上对于直接故意犯罪的犯罪未遂形态可以比照既遂犯从轻或减轻处罚，而结果加重犯中，无论是对于基本罪还是加重结果，行为人主观上均可能存在直接故意这一罪过形式，因此，对于基本罪与加重结果分别而言，当然均存在犯罪未遂形态，有必要在量刑上予以区别对待。这是刑法总则关于犯罪未遂之处罚规定的当然要求，也能更好地贯彻罪刑相适应原则。基于此，应当承认结果加重犯存在犯罪未遂。① 正如有学者所指出的："承认结果加重犯存在未遂，能够更好地贯彻罪责刑相适应的原则。基于罪责刑相适应原则的要求，我国刑法对某些犯罪根据其社会危害性程度的不同设定了普通构成与结果加重构成，并配置了轻重不同的法定刑幅度。如果否认结果加重犯存在未遂，那么在加重结果未发生的情况下，便排除了适用加重的法定刑幅度的可能性，而只能适用基本犯的法定刑幅度处罚，这就有可能导致罪刑不相适应的结局"②。基于此，笔者认为，无论是基本罪之构成要件，还是加重结果未出现，均有必要承认其属于结果加重犯之犯罪未遂，以期在刑罚适用上予以区别对待，更好地实现罪刑相适应。也正如有学者所阐述的，无论是基本罪未遂还是加重结果犯未遂，都可以认为是结果加重犯的未遂。③

---

① 在日本，由于刑法例外地处罚未遂犯，因此，加重结果没有出现的，虽然行为人主观上存在直接故意，此种"未遂"刑法上也可能不作评价，即不构成犯罪未遂。这样，对于相当一部分结果加重犯而言，就只有成立与否的问题，而无须承认结果加重犯之犯罪未遂。

② 王志祥：《结果加重犯的未遂问题新论》，载《法商研究》2007 年第 3 期。

③ 陈兴良：《刑法适用总论》，法律出版社 1999 年版，第 677 页。

第二，在我国，由于结果加重犯与基本罪是共用一个罪名，[①]不承认结果加重犯存在犯罪未遂形态，也不太适宜，如张明楷教授指出："在我国，基本犯与结果加重犯是一个罪名，基本犯未遂时也说结果加重犯既遂，则存在不合适之处。例如，行为人为了强奸妇女而实施暴力，该暴力致妇女重伤，但由于行为人意志以外的原因未能奸淫妇女。在这种情况下，也只成立强奸罪。但说强奸罪既遂则不合适，即不符合社会大众的基本观念，也难以被被害妇女接受"[②]。

结合以上所述，笔者认为，在我国，只要行为人对于结果加重犯之基本罪或加重结果持直接故意，而无论是基本罪还是加重结果未完全实现，均可以认为是结果加重犯的未遂。我国刑法理论上不少学者对此也是予以赞同的，"就结果加重犯的既遂而言，如果彻底贯彻'犯罪构成要件齐备说'，那么就会认为只有符合基本犯的全部构成要件并且发生了加重结果的才能被认定为既遂，而在基本犯未遂但发生加重结果或者基本犯既遂但加重结果未发生的情形下，有可能成立结果加重犯的未完成形态"[③]。"结果加重犯存在两种未遂形态：未遂犯的结果加重犯与结果加重犯的未遂犯，前者是指在基本犯罪未遂的情况下产生了加重结果，后者是指基本犯罪既遂但加重结果未遂的情形，当然，对于加重结果仅有过失的，不存在未遂问题"[④]。以下，笔者结合不同类型的结果加重犯来论述其犯罪既遂、未遂。

（一）行为人对基本罪持故意、对加重结果持过失的结果加重犯

在结果加重犯的类型中，笔者已经论述了，这种类型的结果加重犯，行为人对基本罪只能持直接故意，而非间接故意，也即

① 如强奸致人重伤、死亡也是强奸罪。

② 张明楷：《未遂犯论》，法律出版社、日本成文堂出版社1997年版，第20页。

③ 王志祥：《结果加重犯的未遂问题新论》，载《法商研究》2007年第3期。

④ 陈兴良：《刑法适用总论》，法律出版社1999年版，第677页。

“直接故意 + 过失”型的结果加重犯。过失犯罪的未遂是不受处罚的，这一点是刑法理论与实务的通说，于是这种类型的结果加重犯中，即使行为人对于加重结果的产生具有过失，但如果加重结果没有出现的，行为人主观上的过失没有处罚的必要，因此，不成立结果加重犯，更无从谈起结果加重犯之犯罪既遂、未遂。质言之，在“故意 + 过失”型的结果加重犯中，只有加重结果的出现才可能存在结果加重犯成立与否的问题，如果加重结果没有出现，根本谈不上成立结果加重犯的问题，更谈不上结果加重犯之犯罪既遂与犯罪未遂。所以，该种类型的结果加重犯之犯罪既遂、未遂主要的问题就体现在行为人对于基本罪之犯罪既遂、未遂。具体而言，可以从单一行为型结果加重犯与复合行为型结果加重犯两方面讨论。

1. 在单一行为型结果加重犯中，只有结果加重犯成立与否，不存在结果加重犯之犯罪未遂

“在单一行为构成的结果加重犯中，其加重结果与基本罪的构成结果不可能并存，只存在一个加重结果”①。加重结果一旦出现，基本罪之犯罪构成的客观结果已经被结果加重犯之加重结果的内容所包容，基本罪之构成要件所要求的客观结果也不可能独立地存在着，因此，只要加重结果出现，就认为是结果加重犯的完整形态。例如，故意伤害致人死亡，只要造成了被害人死亡，对于此种情形，直接适用刑法对于故意伤害致人死亡的法定刑，即10年以上有期徒刑、无期徒刑或者死刑。如果加重结果没有出现，由于行为人主观上对重结果持过失，过失犯的未遂是不被承认的，此种情形下也不成立结果加重犯，更无从谈起结果加重犯之犯罪既遂、未遂。

2. 在复合行为型的结果加重犯中，由于行为人对加重结果持过失态度，因此，只有加重结果产生才成立结果加重犯，在此基础上，基本罪是处于犯罪既遂还是未遂，将对刑罚的适用产生影响，

① 李洁：《犯罪结果论》，吉林大学出版社1994年版，第261页。

可以认为，在此种情形下，基本罪之犯罪既遂、未遂决定了结果加重犯之犯罪既遂、未遂

试以强奸（过失）致人死亡这一结果加重犯为例进行说明。由于行为人对被害人死亡结果持过失的心理态度，因此，只有当被害人死亡结果出现时，才能成立结果加重犯。此种情形下的结果加重犯未遂，也主要是围绕强奸罪既遂、未遂展开的。当行为人的强奸行为已经实施完毕的情形下，并在其强奸行为的过程中过失导致被害人死亡，则直接适用刑法关于强奸致人死亡这一档次的法定刑；当行为人的强奸行为并没有实施完毕，也即基本罪之构成要件并没有完全实现的情形下，也即基本罪未遂，但加重结果，即被害人死亡已经出现的情形，宜认定为是结果加重犯的未遂，适用强奸致死这一档次的法定刑，并结合刑法总则关于犯罪未遂的规定处罚。由于我国刑法对于结果加重犯与基本罪是同一罪名，对于此种行为仍应认定为强奸罪（未遂）。

需要说明的是，在复合行为犯罪中，一般认为，目的行为的完成则视为犯罪的既遂，加重结果是由手段（方法）行为所造成的，在加重结果产生之后，目的行为实现与否，就成为判断复合犯罪既遂、未遂的依据，也基于此成为判断结果加重犯既遂、未遂的依据。但这并不绝对，笔者曾论及，犯罪既遂的标准是立法者的一种选择，带有一定的主观性，有的复合行为的犯罪之犯罪既遂的标准并非是目的行为的完成。例如，关于抢劫罪之犯罪既遂的标准，根据最高人民法院《关于审理抢劫、抢夺刑事案件适用法律若干问题的意见》第10条规定，抢劫罪侵犯的是复杂客体，既侵犯财产权利又侵犯人身权利，具备劫取财物或者造成他人轻伤以上后果两者之一的，均属抢劫既遂，即目的行为没有实现也认为是犯罪既遂。这样一来，如果在抢劫过程中，手段行为过失造成被害人重伤或死亡的，即使目的行为——劫取财物没有实现，也应认为是基本罪（抢劫罪）既遂。因此，即使没有劫取财物，但如果过失造成了加重结果，也不能认为是结果加重犯之犯罪未遂。当然，对于行

为人未抢得任何财物但过失导致被害人重伤、死亡的，虽然不能认定为是结果加重犯之犯罪未遂，但未得财物这一情节，可以作为酌定情节在量刑时予以考虑。

（二）行为人对于基本罪持故意，对加重结果亦持故意的结果加重犯

在前述关于结果加重犯的类型中，笔者已经指出，这种类型的结果加重犯仅存在于复合行为的犯罪中，并且，只能出现如下两种情形：（1）行为人对基本罪持直接故意、对加重结果持直接故意；（2）对基本犯罪持直接故意、对加重结果持间接故意。在此，笔者仅就此两种情形下的犯罪既遂、犯罪未遂展开讨论。

1. 行为人对基本罪持直接故意、对加重结果持直接故意

根据我国刑法的规定，对于直接故意犯罪的未遂犯原则上要追究刑事责任。因此，无论行为对基本罪还是加重结果，只要是持直接故意的心态，如果没有造成相应的犯罪既遂所要求的结果的，就应追究犯罪未遂刑事责任。可以说，刑法对于此种类型的结果加重犯所规定的刑罚是针对这样的情形：基本罪既遂、加重结果亦产生。因此，无论是基本罪未达完成形态，还是加重结果没有产生，由于行为人主观上存在直接故意，客观上实施了相应的行为，因此，都不能直接适用刑法分则对此规定的结果加重犯之刑罚。正如有学者所指出的："如果行为人以直接故意杀人、重伤的手段抢劫，则无论是否抢得财物，也无论是否造成了被害人的重伤、死亡结果，均应当认为已经构成加重构成的抢劫罪，适用第263条后半段规定的量刑幅度，唯有如此，才不会放纵主观恶性极大的犯罪人。"① 具体而言，可以分为如下情形：

（1）基本罪之构成要件已经实现，而加重结果没有产生。例如，行为人以劫取钱财为目的实施故意杀人行为，但未将被害人杀

① 米传勇：《法治视域下抢劫罪之既遂与未遂》，载《山东公安专科学校学报》，2003年第6期。

死，仅造成轻伤。笔者认为，对于行为人实施故意杀人行为但未遂的情形应当追究刑事责任，即应承认结果加重犯之犯罪未遂。在刑罚适用上，应当按抢劫致人死亡这一结果加重犯的刑罚，再结合刑法总则关于犯罪未遂的规定量刑。当然，由于在我国结果加重犯没有独立的罪名，结果加重犯也是适用基本罪的罪名，因此，也仅能认定为是抢劫罪（既遂），只是在刑罚适用上考虑到行为人基于直接故意实施了造成加重结果的行为，并且加重结果未产生，因此，适用抢劫致人死亡这一结果加重犯的刑罚，再比照犯罪未遂的处罚原则进行处罚。

需要指出的是，根据2005年6月8日最高人民法院《关于审理抢劫、抢夺刑事案件适用法律若干问题的意见》，抢劫致人重伤、死亡这一情形不存在既遂、未遂之分，即即使行为人在实施抢劫行为的过程中具有杀人的故意，如果没有致人死亡的，也不能适用加重的法定刑。赵秉志教授指出："以杀人为手段实施抢劫行为，未对被害人造成重伤以上结果的，不成立抢劫罪结果加重犯而只能在3年以上10年以下有期徒刑的基本犯法定刑幅度内予以量刑。同时，在故意杀人罪的情况下，根据现行刑法典第232条后段的规定，故意杀人情节较轻的，也是3年以上10年以下有期徒刑。对故意杀人而并未造成被害人重伤以上后果的情况，一般都应当认为是情节较轻从而在3年以上10年以下有期徒刑的法定刑幅度内量刑，而不会判处10年以上有期徒刑或者无期徒刑，更不可能判处死刑"①。笔者认为，对于具有杀人故意的抢劫行为，如果没有致人死亡，也仅按抢劫罪的基本犯的法定刑处罚，这样，就忽略了行为人的故意杀人行为。根据我国刑法规定，对于未遂犯仅仅是"可以"比照既遂犯从轻或减轻处罚，而不是"应当"，因此，对于故意杀人未遂的行为，也并非一律适用"3年以上10年以下有期徒刑"，对于抢劫而故意杀人的行为，如果承认结果加重犯的未

① 赵秉志：《犯罪未遂形态研究》，中国人民大学出版社2007年版，第266页。

遂，我们便可以结合具体的案件，来决定是否“从轻或者减轻处罚”，以期更好地实现罪刑相适应。基于此，笔者认为，该司法解释的合理性是值得商榷的。

(2) 基本罪之构成要件未实现，加重结果也未产生。例如，行为人以劫取他人钱财为目的，欲将被害人杀死后取得其钱财，但既没有对被害人造成任何伤害，也没有获得被害人的钱财，此种情形，基本罪之构成与加重结果都没有完全实现，显然，只能认定为是结果加重犯的未遂。由于我国刑法中结果加重犯无独立的罪名，此种情形认定为抢劫罪（未遂），在刑罚适用上，应当结合刑法关于抢劫致人死亡这一结果加重犯的刑罚，再以刑法总则关于犯罪未遂的处罚原则进行处罚。

(3) 基本罪之构成要件未实现，加重结果产生。例如，在强奸致人死亡的案件中，行为人欲致被害人重伤，并且实施了致人重伤的行为，进而实施强奸行为，实际上也导致了被害人重伤这一伤害结果的出现，但并没有完成奸淫行为。此种情形下，加重结果——被害人重伤出现了，基本罪之构成要件——奸淫行为没有完成。应当说，此种情形完全适用刑法对结果加重犯所规定的法定刑并不妥当，毕竟，基本罪处于犯罪未遂形态。因此笔者认为，此种情形下，应当认定为是强奸罪（未遂），在刑罚适用上，适用结果加重犯之刑罚，再结合刑法总则关于犯罪未遂的处罚规定进行处罚。

2. 对基本犯罪持直接故意、对加重结果持间接故意

间接故意犯罪的未遂是不处罚的，因此，在此种情形下，如果没有出现加重结果，即使行为人具有放任加重结果产生的主观心态，也不能对于这种罪过进行处罚，只能认定为是基本罪而不能认定为是结果加重犯。因此，只有加重结果出现了才可能成立结果加重犯。在成立结果加重犯的情形下，基本罪是否完全成立既遂，就直接关系到结果加重犯的既遂、未遂。如果基本罪既遂了，则应当认定为是结果加重犯的既遂；如果基本罪没有既遂，认为是结果加

重犯的未遂，在适用刑法关于结果加重犯的法定刑的情形下，结合刑法总则关于犯罪未遂的规定处罚。

（三）行为人主观上对于基本罪持过失，对加重结果亦持过失的结果加重犯

此种情形即是，行为人基于过失实施了一个基本罪的行为，但在此基础上导致了更为严重的后果，行为人主观上对这一严重后果主观上也存在过失。实践中，关于“过失+过失”结果加重犯的立法例很少见。一般所举的例子也是原西德刑法第309条、第320条。由于各国刑法都不处罚过失犯罪的未遂，因此，对于“过失+过失”这一类型的结果加重犯而言，即使刑法作了规定，并承认其为结果加重犯，但由于过失犯的未遂是不被承认的，因此，此种类型的结果加重犯也不存在犯罪未遂。

在承认结果加重犯的未遂的基础上，如何对结果加重犯的未遂适用刑罚值得研究。如上所述，结果加重犯之未遂可能是：（1）基本罪未遂；（2）加重结果未遂；（3）基本罪与加重结果均未遂。虽然均需要结合刑法总则关于犯罪未遂的处罚原则进行处罚，但从宽处罚的幅度仍然应当有所区别。在结果加重犯中，对于结果加重犯的完整形态适用的情形所针对的是：基本罪已经既遂，并且加重结果已经出现。在第（1）、（2）种情形下，仅仅是结果加重犯之部分未遂，而非全部未遂，第（3）种情形是结果加重犯的全部未遂，即基本罪、加重结果均未遂。因此，这三种不同情形的未遂，其社会危害性显然存在差异，在刑罚适用上也应当予以区别对待。正如著名刑法学家马克昌教授所指出的：“结果加重犯未遂适用刑罚时，成为未遂减轻基础的不是基本犯之刑，而是结果加重犯之刑，这显然不合理。因为未遂减轻是就未遂的犯罪而论的，在本场合由于基本犯未遂，未遂减轻应当以基本犯之刑为基础，若以加重

犯之刑为基础，则很难予以说明”①。

第二节　犯罪既遂与共同犯罪

如何认定共同犯罪的犯罪既遂，较之单个主体实施犯罪时犯罪既遂的判断具有一定的特殊性，尤其是在共同正犯的情形下，如何判断各行为人是否达到犯罪既遂。共同正犯实行“部分行为全部责任”原则，只要共犯人中之一人的犯罪行为达到既遂，就认为全体行为人的犯罪均达到既遂。对此，刑法理论已经达成了较为一致的意见，如有学者指出：“本来，当各行为人只实施了一部分实行行为时，就应当只承担一部分责任。但在共同正犯场合，由于各行为人相互利用、补充他人的行为，便使自己的行为与其他人的行为一体导致了构成要件结果的发生，因此，即使只是分担了一部分实行行为的行为人，也要对共同的实行行为所导致的全部结果承担责任。据此，在共同正犯场合，不会出现一部分共犯人犯罪既遂、另一部分共犯人犯罪未遂的现象。所以，只有当共犯人已经着手实施犯罪的实行行为，但都没有使结果发生时，才是共同正犯的未遂”②。“共同正犯中之一人实施犯罪，而未达于既遂状态时，苟其他正犯实施既遂，于犯罪之完成不生影响，盖共同正犯应各就共同行为之全部负担刑责也”③。例如，甲乙二人共同以枪击丙，乙开枪并未射中，而甲击中丙之要害，致丙立刻身死。此时甲乙均为共同杀人既遂，因为共同实行犯基于意思联络而为行为，其行为在法律之责任上即有合一而不可分之关系。④ 在共同正犯之外的教唆犯、帮助犯之中，还存在独立性与从属性之争，但从国外刑法理论

---

① 马克昌：《结果加重犯比较研究》，载《武汉大学学报（哲学社会科学版）》，1993 年第 6 期。

② 张明楷：《未遂犯论》，法律出版社、日本成文堂出版社 1997 年版，第 203 页。

③ 韩忠谟：《刑法原理》，中国政法大学出版社 2002 年版，第 225 页。

④ 韩忠谟：《刑法原理》，台湾大学法学院 1981 年版，第 273 页。

与实践来看，共犯的从属性作为犯罪停止形态的判断处于通说的地位，即只要有一人犯罪既遂，教唆犯、帮助犯也被认为是犯罪既遂。

以上，仅仅是共同犯罪与犯罪既遂的通说，实践中原则上也是这样处理的，即采取“部分行为全部责任”原则。但由于共同犯罪较之单个人实施犯罪行为而言，各个主体之间具有一定的差异性，完全贯彻“部分行为全部责任”之原则来判断犯罪既遂也遭到了一些学者的反对。并且，由于犯罪本身的特点，对于所有犯罪之共同犯罪而言，是否能够完全贯彻“部分行为全部责任”原则，也存在一定的争议。从此种意义上讲，共同犯罪之犯罪既遂形态的认定，较之单个主体的犯罪既遂形态的认定，更具复杂性。正如陈兴良教授所指出的：“共同犯罪的犯罪停顿状态具有相当的复杂性，也是一个较为混乱的问题。”① 在其他国家，对于共同犯罪之犯罪停止形态有特别的规定，如《德国刑法典》第30条（共犯的未遂）、第31条（共犯未遂的中止），而我国对此没有作任何规定。因此，有必要在理论上进行研究。在此，笔者就共同犯罪之犯罪既遂认定中的一些特殊性的问题，即有别于单个人犯罪之犯罪既遂问题展开论述。究其实质，在共同犯罪中，对于部分犯罪人将犯罪行为实施至犯罪既遂状态下，其他共犯人是否也应当承担犯罪既遂的刑事责任。

一、犯罪既遂与亲手犯的共同正犯

亲手犯，又称自手犯，通常是指必须由正犯亲自实施实行行为，不能以间接正犯的形式实施的犯罪。亲手犯本来的意思是，在犯罪的性质上，行为主体和行为之间必须具有密切关系，不允许有他人的介入。② 不少学者否认亲手犯的概念，如李斯特、大场茂

① 陈兴良：《共同犯罪论》，中国人民大学出版社2006年版，第352页。

② [日] 大谷实：《刑法总论》，黎宏译，法律出版社2003年版，第122～123页。

马、宫本英修等人基于因果论、扩张正犯论的立场否认亲手犯。当然，大多数学者认为，有必要承认亲手犯的概念，如“在构成要件规定一定主体实施一定行为始可成立犯罪时，一定主体实施一定行为对于该犯罪就是必要的，因此自手犯的概念应予肯定”[①]。笔者认为，不可否认，刑法中确实存在这样一些犯罪，即使是在共同实施犯罪行为的情形下，他人的犯罪行为的完成并不能代表本人犯罪行为的完成。例如，在强奸罪、脱逃罪中，即使共犯中有的行为人将强奸、脱逃行为实施完毕，但其他人就其自身而言，仍然是认为犯罪行为没有实施完毕，这类犯罪的共同犯罪的确在一定的程度上不同于其他犯罪之共同犯罪。基于此，笔者认为，在这个意义上承认亲手犯的概念，有助于对之进行更好地研究。

（一）亲手犯之共同正犯的既遂学说之争

通说认为，共同正犯适用“部分行为全部责任”原则。只要共犯中之一人的行为达到既遂，那么全体共犯人都认为是成立犯罪既遂。但是，在亲手犯的共犯问题上，这一原则能否全部贯彻，存在一定的争议。在亲手犯中，部分共犯人将犯罪行为实施至犯罪既遂，其他共犯人是否成立犯罪既遂，存在肯定与否定两种对立的观点。

1. 肯定说

这种观点肯定“部分行为全部责任”之原则可以贯彻于所有犯罪行为之中，因此，即使在所谓的亲手犯的共同正犯中，只要有一部分行为人的犯罪行为达到既遂，也认为全体共犯人的行为达到犯罪既遂。刑法理论上多数学者赞同此说，“在共同实行犯的情况下，各共同犯罪人共同直接实行犯罪，他们的行为互相结合，成为一个共同犯罪行为的整体，所以，尽管个别地考察，其中某一人的行为并未引起结果的发生，但如果其他共同犯罪人的行为引起结果

---

① ［日］木村龟二主编：《刑法学词典》，顾肖荣、郑树周译，上海翻译出版公司1991年版，第340页。

发生时，全体共同犯罪人均应以犯罪既遂论，不能对行为未引起结果发生的共同犯罪人论以未遂”①。“对于亲手犯或行为犯，不能根据个人情况分别判定是既遂还是未遂，而应当将所有的共犯行为作为一个整体来看，只要其中一人的行为达到了既遂，其他的共同正犯都应承担既遂的刑事责任”②。“共同犯罪责任的基本原则是部分行为全部责任，它应当普遍适用于共同犯罪，无论是结果犯、危险犯、还是行为犯。共犯具有一定的独立性不能成为部分共同犯罪的犯罪既遂与未遂标准可以予以变通的充足理由”③。

我国审判实践中也持此观点，对轮奸案件中数个共同实行犯是否“一人既遂、全部既遂”，最高人民法院在其发布的“唐胜海、杨勇强奸案”中，采取了肯定的观点。基本案情如下：2003 年 4 月 28 日凌晨 1 时许，被告人唐胜海、杨勇从南京市“太平洋卡拉OK”娱乐场所将已经处于深度醉酒状态的女青年王某带至南京市下关区黄家圩 8 号的江南池浴室，在包房内趁王某醉酒无知觉、无反抗能力之机，先后对其实施奸淫。唐胜海在对王某实施奸淫的过程中，由于其饮酒过多未能得逞；杨勇奸淫得逞。对于此轮奸案件共同实行犯之一的唐胜海，南京市下关区人民法院认定其亦构成强奸罪既遂。该案的“裁判理由”认为，由于轮奸是基于共同奸淫认识的共同实行行为，按照强奸罪中认定既未遂的一般原理，即只要实行犯强奸既遂的，对其他共犯，无论其为帮助犯、教唆犯、组织犯还是共同实行犯，都应按强奸罪既遂论。④ 日本的审判实践上一般也持此观点。例如，A 等五人共谋强奸甲女，被告人 A 由于甲的哀求而没有实施强奸的案件，法院认为：“和其他的共犯人共

① 马克昌：《略论简单共同犯罪》，载《法学》1983 年第 6 期。

② 童伟华：《犯罪构成原理》，知识产权出版社 2006 年版，第 348 页。

③ 朱本欣：《共同犯罪中犯罪未遂与中止的比较研究》，载《法学评论》2003 年第 3 期。

④ 最高人民法院刑事审判第一庭、第二庭编：《刑事审判参考》，2004 年第 1 辑，法律出版社 2004 年版，第 34 ~ 35 页。

谋强奸甲女，只要其他共犯人实施了强奸，并且在强奸之际，对甲女造成了伤害，那么，就和其他共犯者一样，不能免除其共同正犯的责任，所以，不发生中止犯的问题。”①

2. 否定说

这种观点认为，原则上在共同正犯中应贯彻“部分行为全部责任”原则，但对于亲手犯而言，则不适用。在亲手犯的共同犯罪中，将犯罪行为实施完毕的并达既遂的人，才成立犯罪既遂，没有亲手将犯罪行为实施完毕的人，则处于犯罪未完成形态，不成立犯罪既遂。例如，赵秉志教授认为：“整个犯罪既遂所要求的是每个共同实行犯均完成其实行行为，各个实行犯又都只能完成自己的犯罪行为而不能代替他人完成犯罪，犯罪过程中所可能发生的意志以外的原因，又往往阻止某些实行犯使其不能完成犯罪，这样就会出现有人既遂有人未遂即既遂未遂并存一案的情况”②。陈兴良教授认为：“在个别犯罪中，共同实行犯中的一人得逞不能认为其他共同犯罪人皆为既遂而不存在未遂问题。例如，甲、乙、丙三人对某女实行轮奸。甲、乙先后对该女实施了强奸行为，轮到丙时，该女见有行人路过，大声呼喊，惊动了行人，当场将三人抓获，丙强奸没有得逞。对于这种情况，在司法实践中一般都认为甲、乙是强奸既遂，而丙则只是强奸未遂。这种情况还发生在脱逃罪的共同实行犯中：甲、乙共同脱逃，甲脱逃得逞，而乙则在越墙脱逃时被抓获。对此，在司法实践中一般都认为甲是脱逃既遂，乙是脱逃未遂。……如果由犯罪构成的特点所决定，每个人的行为具有不可替代的性质，这样，共同实行犯中各共同犯罪人的未遂或既遂就表现出各自的独立性。一个共同犯罪人的未遂或既遂并不标志着其他共同犯罪人的未遂或既遂，每个共同犯罪人都只有在完成了构成要件

① ［日］大谷实：《刑法总论》，黎宏译，法律出版社2003年版，第349页。

② 赵秉志：《犯罪未遂的理论与实践》，中国人民大学出版社1987年版，第211页。

的行为以后才能构成犯罪既遂。在这种情况下，就出现了共同实行犯中一人既遂而另一人未遂这种既遂与未遂并存的现象。例如，强奸、脱逃等犯罪，其犯罪目的分别是强行与妇女发生性交和逃避监狱的监管，这种犯罪目的决定了每个共同犯罪人的行为具有不可替代的性质。只有本人完成了法定行为才是既遂，如果本人因意志以外的原因而未完成法定行为，即使他人完成了该行为，对未完成法定行为的共同犯罪人来说，仍是犯罪未遂”①。

肯定说的观点认为“部分行为全部责任”之原则应贯彻于所有的共同犯罪之中，即使亲手犯也不例外。而否定说则考虑到亲手犯不同于其他的犯罪，每个人实施犯罪行为均有其特定的目的，行为人虽然是共同实施犯罪行为，但每个人实施犯罪的目的都不是为了他人，而是具有很强的个体性，因此，从这一角度出发，认为在亲手犯的共同犯罪中，各行为人要成立犯罪既遂必须是其本人亲自将犯罪实施至犯罪既遂。

（二）“部分行为全部责任原则”应贯彻于亲手犯之共犯

亲手犯的共犯也属于共同犯罪的类型之一，必须结合共同犯罪的特点来认定亲手犯之共同犯罪的犯罪既遂与犯罪未完成形态。笔者认为，共同正犯中的“部分行为全部责任”之原则应当贯彻到共同犯罪的全部行为中，在亲手犯中也不能例外。也即在亲手犯的共同犯罪中，只要一人之行为达到犯罪既遂，全体共犯人均应承担犯罪既遂的刑事责任。具体理由如下：

1. 应当基于刑法设定共同犯罪的缘由来认定亲手犯的共犯

亲手犯较之其他的犯罪而言，的确具有一定的特殊性。在非亲手犯的共犯中，如在共同盗窃案件中，各共犯人之目的是共同的，即将被害人的财物盗归自己所得，至于共犯人之间的分工，则可以

---

① 陈兴良：《共同犯罪论》，中国人民大学出版社 2006 年版，第 362 页。相同观点见韦民：《轮奸犯罪中的既遂与未遂问题》，载《人民法院报》2001 年 8 月 14 日第 3 版；金泽刚：《犯罪既遂的理论与实践》，人民法院出版社 2001 年版，第 168 页。

存在一定的替代性。在亲手犯的共同犯罪中。例如，共同脱逃案件中，每个人都以自己的脱逃行为的完成为最终目的，其他人的脱逃行为的完成并不能代表本人的脱逃行为的完成，犯罪人主观目的显然是希望自己亲自实施犯罪行为，而不是由他人来替代。基于此，不少学者认为，在共同脱逃案件中，如果某个人没有脱逃成功，不成立犯罪既遂，如陈兴良教授指出："例如杀人罪中，共同犯罪目的是要杀害某一个人，不论谁杀，都能实现这一杀人的意图。因此，如果共同实行犯中的某一个共同犯罪人只是消极地放弃犯罪，没有制止其他共同犯罪人的行为，那么，被害人死亡的结果仍会发生，就谈不上中止犯罪或有效地防止犯罪结果发生。而在强奸、脱逃犯罪中，虽然是共同实行犯罪，每个人的行为又有其相对的独立性和不可替代性，法律惩罚的是其犯罪行为。在这种情况下，只要自动中止了本人的犯罪行为，即使没有制止他人实行犯罪，也应以犯罪中止论处。否则，将越狱脱逃过程中自动中止脱逃的人与已经越狱脱逃的人一视同仁，是不符合区别对待的政策精神的。"①

笔者认为，这显然是忽略了共同犯罪的特点。在共同正犯中，之所以要贯彻"部分行为全部责任"之原则，是因为较之单个人实施犯罪行为，在共同犯罪中，各共犯人的行为相互鼓励、相互支持，才能使各共犯人敢于实施犯罪行为并且由于共同实施才使犯罪行为得以较为顺利地进行。正如有学者所指出的，"而在共同实行犯中，全体共同犯罪人的行为是一个有机的整体，每个人的行为都处于整体行为的有机统一体中而与犯罪结果具有因果关系。在这种情况下，共同实行犯中只要有一个人的行为造成了犯罪结果的发生，就应认为全体共同犯罪人均为既遂"②。从这样一个角度看，即使并未将犯罪行为实施完毕的人，但由于所有共犯人的行为组成一个整体，应当认为，所有共犯人均应对整体的行为承担刑事责

① 陈兴良：《共同犯罪论》，中国人民大学出版社2006年版，第373页。

② 陈兴良：《共同犯罪论》，中国人民大学出版社2006年版，第361页。

任，亲手犯的共犯也不能例外。在亲手犯的共犯中，即使那些已经完成犯罪行为而达犯罪既遂的人，如果没有其他人与其共同实施犯罪行为的“鼓励”，其单个人难以实施犯罪行为。例如，甲、乙、丙三人共同实施脱逃行为，最终丙脱逃成功，甲、乙未能脱逃成功，但如果没有甲、乙与丙共同实施犯罪行为，丙一人也许会出于害怕等原因而不实施犯罪行为，并且，如果仅是丙一人脱逃，司法机关将其抓获也会较为容易。基于此，可以这样认为，在共同犯罪中，之所以要全体共犯人对整体犯罪行为承担责任，乃在于全体共犯人的行为不是简单的相加，而是一个共同的整体。也正如有学者所指出的，“共同实施脱逃行为时，该行为就具有与单独犯罪不同的特点，即主观上，由于共同故意的存在，强化了各人脱逃的决心，客观上，各人的行为可以互相配合、互相利用，从而有效地提高了脱逃成功的可能性。所以，任何一人的脱逃成功，都是共同行为人共同努力的结果，换言之，其他共同者的行为对脱逃成功者具有心理与物理上的因果影响力，因此，自然应对全体犯罪认定为既遂”。[①] 如果以单个人的脱逃行为是否成功来分别认定犯罪既遂、未遂的话，与单个人分别实施脱逃行为并无二致，这显然是忽略各行为人之间是共同犯罪，与犯罪的实际结构不相吻合。

实际上，即使在非亲手犯的共犯中，也不能排除每个人均有自己特定的犯罪目的，即犯罪目的具有个体性，但也认为，只要一人行为达到既遂，全体共犯人均应对犯罪既遂承担刑事责任。例如，甲、乙、丙三人共同实施盗窃行为，三人均具有占有财物的目的，而不是“义务”为他人服务，当盗窃行为完成之后，甲被抓获，乙、丙携赃物逃走。此种情形下，虽然甲分文未得，但对甲的盗窃所得以共同犯罪的全部数额计算，并成立犯罪既遂，刑法理论与实务对此并没有争议。但是，甲实施盗窃行为的最终目的是为了自己得到财物，就甲个人而言，其犯罪目的并未实现。

---

① 陈家林：《共同正犯研究》，武汉大学出版社2004年版，第283页。

2. 在亲手犯的共同正犯中，贯彻“部分行为全部责任”的原则，的确与我们日常生活的观念有所出入，但需要说明的是，共同犯罪并非生活化的概念，而是特定的刑法概念

例如，甲、乙二人相约去强奸 A、B 二人，事先约好，甲强奸 A，乙强奸 B，但在实施强奸行为时，甲由于意志以外的原因而未能将对 A 的奸淫行为实施完毕，乙对 B 的奸淫行为已经实施完毕。此种情形下，按照“部分行为全部责任”之原则，甲、乙的行为都被认定为犯罪既遂。对于受害者 B 而言，其遭受犯罪分子强奸行为的侵害，并且犯罪行为已经达到既遂，其主观上是应当能接受强奸犯罪既遂这一事实的，但对于 A 而言，由于其并未受到犯罪行为人的奸淫，恐怕难以接受“甲、乙的强奸行为已经既遂”这一事实。笔者认为，孤立地看甲强奸 A 这一行为，的确不能得出甲的强奸行为已经既遂。但这显然是忽略了刑法中共同犯罪的特点，共同犯罪不同于单个人犯罪，其注重的是“共同性”，没有各共同犯罪人的“共同努力”，孤立的个人没有“勇气”单独实施犯罪行为，同时，在实施犯罪行为的过程中，如果是单个的犯罪行为人，则被害人的反抗程度也会更加强烈，犯罪行为也难以既遂。基于此，所有行为人均应对共同造成的结果承担刑事责任。上述案例中，即使认为“甲、乙构成犯罪既遂”，也并不能说明所有被害人的权益均遭受了实际的侵害，而只能说是刑法所保护的法益受到了侵害。上述案例中，即是受害者 B 的权益受到了侵害。否定说的缺陷在于，以犯罪目的实现说作为犯罪既遂的标准，并且将“犯罪目的”局限于个体的具体的目的，而不是法所要求的目的——各共犯人共同的、抽象的目的。

3. 承认在亲手犯的共犯犯罪既遂与犯罪未遂可能并存，会存在不合理的现象

例如，几个人帮助一个人强奸妇女，实行犯强奸既遂，其他共犯也要负强奸既遂责任；而在几个人轮奸妇女时，其中部分人强奸成功，部分强奸未成功，强奸未成功的共犯，实际上对强奸成功的

共犯的强奸行为同样也起了一定的作用，并且自己又亲自实行这一犯罪，危害本来更大，但却反而要负强奸未遂责任，受到比较轻的处罚，这于情于理都说不通。[①] 又如，“在共同实行犯的情况下，也存在着不具有特定身份的共同实行犯，这些不具有特定身份的人，只能实施部分实行行为，因此，其行为根本达不到犯罪既遂所要求的条件。如妇女现场帮助男子强奸犯罪，妇女也是强奸共同犯罪的实行犯，但是妇女无法独立充足强奸既遂的条件，但如果男子强奸既遂而认为妇女未遂显然是不合理的。事实上，正是妇女的‘帮助行为’（部分实行行为）使得男子强奸既遂，理应承担强奸既遂的刑事责任”[②]。在实践中对于女子作为帮助犯实施强奸行为的，并不否认其可以成立犯罪既遂，但是，如果在强奸罪的共同犯罪中，没有将奸淫行为实施完毕的人不能成立犯罪既遂，这显然是自相矛盾的。正如有学者所指出的，“如果共同强奸犯罪要求每个共同犯罪人都要与妇女发生性行为才是既遂，那么，就排除了妇女参与强奸犯罪并达到既遂的可能性，这显然是荒唐的。共同强奸罪的共同结果是被害人被强奸，并不是受到每个共同犯罪人的强奸”[③]。

4. 认为亲手犯的共犯也应当要贯彻“部分行为全部责任”之原则，并不意味着对于没有将“个人的”犯罪行为实施完毕的人不能从宽处罚

从法益侵害的角度看，在非亲手犯中，无论是共犯中之任何一人将犯罪行为实施完毕，还是共同将犯罪行为实施完毕，法益受到侵害的程度均是一致的；而在亲手犯中，共犯中之一人的犯罪行为达到既遂与各共犯人均将犯罪行为实施至既遂对法益侵害的程度是

① 叶高峰主编：《共同犯罪理论及其运用》，河南人民出版社1990年版，第235～238页。

② 谢彤：《真正身份犯与实行犯关系的认定》，载《同济大学学报》（社会科学版），2004年第2期。

③ 姜伟：《犯罪形态通论》，法律出版社1994年版，第202页。

不同的。例如，甲、乙、丙三人共同实施盗窃丁的财物的行为，无论是甲、乙、丙中之任何一人实施了盗窃既遂的行为，还是共同实施了盗窃既遂的行为，其对法益造成的后果均是相同的，即丁的财物被盗。但在亲手犯之共犯中，则与此不同。例如，甲、乙、丙三人共同实施脱逃行为，三人共同脱逃成功与仅有其中一人脱逃成功对法益的侵害效果显然是不同的。基于此，对于未脱逃成功的人在刑罚的适用上予以一定的从宽处罚是有一定的合理性的。当然，不容否认的是，如果没有三个人共同鼓励、相互煽动，单独一人可能不会实施脱逃行为。基于此种考虑，对于亲手犯之共犯中，没有将犯罪行为实施完毕的行为人，可以予以一定程度的从宽处罚。但这种从轻处罚，并非是基于犯罪未遂而作的从轻处罚。正如在共同盗窃犯罪中，即使全体共犯人均要对共同盗窃所得的数额承担刑事责任，但各共犯人的分赃数额也将对量刑产生影响。

二、犯罪既遂与教唆犯

教唆犯是共同犯罪理论中极具争议的一个问题，关于教唆犯的属性，存在独立性说与从属性说两种对立的观点。如何认定教唆犯的犯罪既遂，是犯罪既遂与共同犯罪之理论与实务共同面临的重要问题。这一问题，理论与实务中存在一定的争议，有待于进一步解决。

（一）关于教唆犯之犯罪既遂的学说之争

关于教唆犯之犯罪既遂与未遂的认定，刑法理论上存在两种对立观点。一种观点认为应以教唆者之行为为标准。此说主张教唆犯之既遂与未遂，以教唆人之教唆行为为标准。教唆行为为既遂者，则为教唆既遂犯；教唆行为为不遂者，则为教唆未遂犯，如有学者认为，教唆行为一经实施完毕就是既遂，既遂以后当然就没有未遂与中止的余地。① 另一种观点认为应以被教唆者之行为为标准。此

① 李光灿：《刑法因果关系论》，北京大学出版社1986年版，第251页。

说主张教唆犯之既遂与未遂，应以被教唆者实施行为既遂与未遂为标准。被教唆者实施行为在法律上认为是既遂者，教唆行为即为既遂；被教唆者实施行为在法律上认为是未遂者，教唆行为即为未遂。①

关于教唆犯之犯罪既遂的学说之争，实际上就是就是独立性与从属性之争在教唆犯之犯罪既遂形态的认定上的反映。认为教唆行为实施完毕即达犯罪既遂的，实际上是基于共犯独立性所得出的结论，而认为教唆犯之犯罪既遂应以被教唆者的行为达到犯罪既遂，则是基于共犯从属性所得出的结论。在共犯之犯罪停止形态上，究竟是应当贯彻独立性说还是从属性说，抑或是兼而采之，则是认定教唆犯之犯罪既遂形态的关键。正如有学者所指出的，“根据是站在共犯从属性说的立场还是站在共犯独立性说的立场，教唆犯和从犯的未遂范围会有显著的不同。根据前者，在正犯者着手实行、终于未遂，而且，只在处罚未遂罪时，才承认教唆犯和从犯的未遂；但是，在后者中，开始了共犯者自身的教唆/帮助行为却未奏效的所有情形，即被教唆者/被帮助者着手实行、终于未遂时，自不待言，当被教唆者作出实施犯罪行为的决意或者被帮助者的决意得到强化而没有作出实行行为时，以及虽然进行了教唆/帮助行为，可是被教唆者没有作出实施犯罪行为的决意或者被帮助者的决意并未得到强化时，都是教唆犯和从犯的未遂。这种不同，源于共犯从属性说是针对正犯者的行为考虑其犯罪的实行行为，而共犯独立性说是在共犯者自身的行为中承认共犯的实行性”②。

（二）笔者之观点

笔者认为，在教唆犯之犯罪既遂、未遂的认定上，应当贯彻从属性说，即应当结合被教唆者实施犯罪行为的形态来认定教唆犯所

---

① 耿文田：《教唆犯论》，商务印书馆1935年版，第56～57页。

② ［日］大塚仁：《刑法概说（总论）》，冯军译，中国人民大学出版社2003年版，第294页。

处的犯罪停止形态。具体而言，笔者从如下方面论述：

1. 在教唆者是否成立犯罪这一点上，基于不同的立场，独立性说与从属性说均有一定的道理，但在犯罪停止形态的判断上，原则上应当坚持从属性说

我国台湾地区学者韩忠谟指出："关于教唆犯之处罚，持主观说者与持客观说者见解不同，客观说以教唆犯有从属性，故以正犯是否成立犯罪为教唆犯处罚与否之标准，结果常与正犯适用同一之法条，科处同一之刑，主观说则以为教唆行为系教唆者自己之固有行为，应独立加以处罚，与一般之独立犯罪行为并无稍异，旧'刑法'（指我国台湾地区旧'刑法'——笔者注）即系采客观说者，而现行'刑法'（指我国台湾地区现行'刑法'——笔者注）以为教唆犯恶性甚大，宜从主观说独立处罚。"[①] 从处罚的必要性的角度看，可以根据被教唆人是否实施犯罪行为这一情况出发，决定对于教唆者是否予以处罚，因此，在犯罪成立这一问题上，刑法理论上存在教唆犯之独立性与从属性之间的对立，这实际上也是主观主义与客观主义的对立，主观主义基于教唆者的主观恶意，认为只要实施了相应的教唆行为，就是征表了其主观恶意，因此，应当以犯罪论处；而客观主义坚持从客观到主观，认为只有当被教唆者着手实施了犯罪行为，才能对教唆者以犯罪论处。因此，一国基于其自身的特点，完全可以出现不同的处理结果。例如，日本刑法在教唆犯之成立犯罪上采用从属性说，其刑法第61条（教唆）第1款规定："教唆他人实行犯罪的，判处正犯的刑罚。"根据这一规定，即使教唆犯将教唆行为实施完毕，如果被教唆者没有实施犯罪行为，由于被教唆者不成立犯罪，教唆者显然也不成立犯罪。德国对此也作了相同的规定，《德国刑法典》第26条（教唆犯）规定："故意教唆他人故意实施违法行为的是教唆犯。对教唆犯的处罚与正犯相同。"我国刑法在教唆犯是否成立犯罪这一点上采独立性

① 韩忠谟：《刑法原理》，中国政法大学出版社2002年版，第230页。

说，刑法第 29 条规定：“如果被教唆的人没有犯被教唆的罪，对于教唆犯，可以从轻或者减轻处罚。”根据此规定，即使被教唆的人没有实施犯罪行为，只要教唆者实施了教唆行为，就成立犯罪，只是可以从轻或者减轻处罚。也有的国家作了与我国相同的规定，如《阿尔巴尼亚刑法典》第 14 条第 4 款规定：“教唆犯教唆他人实施犯罪的，即使他人没有实施任何犯罪行为，也要对预备行为负刑事责任。”

但在犯罪停止形态这一问题上，对于教唆犯处于何种犯罪停止形态，原则上应当贯彻从属性说，即以被教唆者所处的犯罪停止形态来认定教唆犯的停止形态。对于教唆犯而言，其所构成的犯罪也是被教唆的犯罪，而非独立的教唆罪。而对于具体犯罪而言，其预备、着手、完成均是固定的，并不会因为犯罪人的不同而发生改变，否则构成要件的定型性就无法维持了，具体犯罪的犯罪构成也就不存在一个标准。在第一章中，笔者曾指出，犯罪构成不仅仅是区分罪与非罪的唯一标准，也是区分不同的犯罪停止形态的标准，在犯罪停止形态的判断上，也应当根据构成要件的发展程度进行判断，而不是以教唆行为是否完成作为标准。无论是由谁实施该罪，以何种方式实施该罪，对于某一具体犯罪而言，其犯罪停止形态的标准均是一致的，犯罪既遂也不例外。基于此，笔者认为，在教唆犯的情形下，对于犯罪停止形态的判断，也应当结合刑法对于具体犯罪之犯罪停止形态的要求来进行，例如，在教唆他人实施故意杀人罪的案件中，无论是教唆者还是被教唆者，只有被害人死亡这一结果出现，才能认为是犯罪既遂。这一标准是客观的、固定的。因此，必须结合具体犯罪的犯罪进程来判断犯罪既遂与否。正如陈兴良教授所指出的：“教唆犯属于结果犯，教唆行为是被教唆的人犯罪的原因。教唆犯教唆他人犯罪，其目的不仅在于引起他人的犯意，而且往往在于通过被教唆的人的实行行为，引起具体的犯罪结果。例如，教唆他人杀人，不仅仅是为了使被教唆的人产生杀人的犯意，而且一般对杀人的结果也是希望或放任其发生的。因此，教唆犯是否得逞，应以教唆的结果是否发生为标准。”① “根据刑法的基本理论，犯罪的实行行为只是指刑法分则所规定的某种犯罪构成的客观行为，教唆行为的内容是教唆他人实行犯罪，并不等于教唆犯本人直接实行犯罪，而且被教唆人在犯罪的预备阶段刚刚接受教唆犯的教唆，还未直接实行犯罪，所以，教唆行为本身不是、也不可能是刑法意义上的实行犯罪的行为”②。

2. 教唆犯之犯罪停止形态原则上应当贯彻从属性说，在特殊情形下，也有例外

主要包括如下两种情形：

（1）被教唆的人没有实施教唆的犯罪。在被教唆的人没有实施犯罪的情形下，不可能成立共同犯罪，当然也就无所谓从属性了。根据我国刑法第 29 条第 2 款的规定：“如果被教唆的人没有犯被教唆的罪，对于教唆犯，可以从轻或者减轻处罚。”即此种情形下，对于教唆犯仍然应当成立犯罪，但其处于何种停止形态呢？由于被教唆犯没有实施任何犯罪行为，教唆犯显然不可能从属于被教唆的人。教唆犯没有实施具体犯罪的着手行为，因此，不可能构成未遂犯、中止犯、既遂犯，只能以预备犯论处。有学者指出，“只要教唆犯开始以言辞或者其他方法进行教唆，就应视为教唆犯已经着手实行犯罪。”③ 笔者认为，这种观点实际上是混淆了教唆行为的着手与具体犯罪之着手之间的关系。对于具体犯罪之着手，必须是开始实施构成要件的行为才认为是犯罪着手，而并不会因为是教唆形式的犯罪而在认定“着手”时发生变化。

（2）教唆犯与被教唆犯对犯罪未达犯罪既遂主观上不同，教唆犯与被教唆犯则处于不同的停止形态，而非教唆犯从属于被教唆的人。由于我国刑法根据行为人主观上的不同区分了犯罪未遂与犯

① 陈兴良：《共同犯罪论》，中国人民大学出版社 2006 年版，第 365 页。

② 姜伟：《犯罪形态通论》，法律出版社 1994 年版，第 144 页。

③ 陈兴良：《共同犯罪论》，中国人民大学出版社 2006 年版，第 365 页。

罪中止，对于教唆犯而言，其停止形态的判断也仅仅是在客观方面，即行为的发展进程上从属于被教唆的人，而并非与被教唆犯的停止形态完全相同。因此，完全可能出现被教犯者处于犯罪未遂形态而教唆犯处于犯罪中止形态的情形。例如，甲教唆乙杀人，事后，乙正在实施杀人行为的过程中，甲及时赶到，制止了乙的行为，避免了被害人死亡这一结果的出现。对于乙而言，被害人未死亡属于其意志以外的原因造成的，应当成立犯罪未遂，对于甲而言，则成立犯罪中止。有学者认为，教唆犯实施了教唆行为以后，被教唆的人接受了教唆，在犯罪过程中，被教唆的人自动中止犯罪或有效地防止犯罪结果的发生，教唆犯也成立犯罪中止。[①] 这种将教唆犯之犯罪停止形态的认定绝对从属于被教唆人的观点，值得商榷，显然是没有注意到行为人主观上的不同对于犯罪停止形态的判断的差异。

3. 应当区分教唆行为的完成、未完成与教唆犯的既遂、未遂

认为教唆犯之犯罪既遂的认定应当以教唆行为是否实施完毕为标准，实际上就是混淆了教唆行为的完成、未完成与教唆犯的既遂、未遂。教唆者实施教唆行为的最终目的是被教唆者实施相应的犯罪行为，但被教唆者能否将犯罪行为实施完毕达到既遂状态，并不是由教唆者的教唆行为完成与否决定的。教唆行为的完成也就是指教唆行为的实施完毕，即教唆者将自己的教唆内容完整地传达给了被教唆者，但被教唆者是否产生了犯意、是否决定实施相应的犯罪行为、是否能够将犯罪行为实施完毕达到既遂形态，则均是不确定的，应当根据被教唆者实施犯罪行为的情形来决定教唆犯所处的相应的犯罪停止形态。例如，甲教唆乙去杀害丙，即使甲的教唆行为已经完成，但乙并未实施杀害行为，或者并未将丙杀死，无论如何也不能认为教唆犯甲的行为成立犯罪既遂。犯罪既遂并非是某一行为完成与否，而是刑法分则规定的具体的犯罪构成要件的实现。

① 吴振兴：《论教唆犯》，吉林人民出版社1986年版，第148页。

因此，教唆行为的完成、未完成与教唆犯的既遂、未遂是两个完全不同的概念，不能以教唆行为的完成取代教唆犯的既遂。

不少学者关于教唆犯的停止形态的判断对此有所混淆，如“在被教唆的人没有犯被教唆的罪的情况下，教唆犯是犯罪未遂。……犯罪未遂可以分为实行终了的未遂和未实行终了的未遂。显然，在被教唆的人没有犯被教唆的罪的情况下，教唆犯是实行终了的未遂。因为在这种情况下，教唆犯已将其教唆行为实行终了，只是由于被教唆的人没有实行其所教唆的罪这一意志以外的原因，才未发生教唆犯所预期的教唆结果”①。笔者认为，这种观点值得商榷。例如，甲教唆乙杀害丙，乙并没有实施相应的行为，没有故意杀人罪的着手行为，怎么可能认为是犯罪未遂呢？教唆犯对被教唆人实施教唆行为，这与为了犯罪寻找共同犯罪人的本质相同，而寻找共同犯罪人正是犯罪预备的一种形式；同时，这时被教唆人尚未着手犯罪，因而教唆犯也不属于着手实行而是犯罪预备，不能构成犯罪未遂形态。②只有在被教唆的人着手实施了相应的犯罪行为的情形下，教唆犯才可能成立未遂犯，“教唆犯未遂，又称教唆未遂、教唆犯未遂犯，是指教唆者故意引起具有刑事责任能力的特定他人（被教唆人），产生具体犯罪决意并着手具体犯罪的实行行为，由于被教唆人意志以外的因素而未完成犯罪的共同犯罪停止形态”③。

4．在其他国家和地区的刑法中，关于教唆犯的停止形态的处罚，也有作了明确规定的，其中有些规定从表面上看，似乎并没有原则上贯彻从属性说，实则不然

例如，美国《模范刑法典》第5.02条第2款（未成功的教唆）规定：“如果行为人行为的目的竭力计划要与被其教唆犯罪的

① 陈兴良：《共同犯罪论》，中国人民大学出版社2006年版，第369页。

② 高铭暄主编：《新中国刑法学研究综述（1949—1985）》，河南人民出版社1986年版，第368～369页。

③ 张小虎：《犯罪论的比较与建构》，北京大学出版社2006年版，第658页。

人取得联系而未能取得这种联系时，则并不妨碍本条第1款的适用。”该条第1款规定（犯罪教唆的定义）：“以促成或者便利实质犯罪的实施为目的，命令、鼓励或者要求他人实施构成该罪的行为、构成该罪未遂的行为或者构成该罪共犯的行为的，构成犯罪教唆。”即教唆犯还未将教唆的内容传达给被教唆者时，也适用关于犯罪未遂的处罚规定。又如，我国台湾地区“刑法”第29条第3项规定：“被教唆人虽未至犯罪教唆犯仍以未遂犯论。”这说明，被教唆者没有着手实施具体的犯罪行为时，对教唆犯要以未遂犯论处，而非预备犯。表面上看，这些规定均没有贯彻从属性说，但实际上并非如此。

例如，在美国，对于上述条款规定的情形，刑法理论中也认为是预备犯。“美国刑法中教唆罪的构成，只要求行为人有教唆他人实施犯罪的行为，而不要求被教唆者实施了教唆的罪。这就是说，有了教唆行为就构成既遂罪。那么，教唆未遂，就是指教唆的信息还没有达到被教唆者。从理论上说，教唆未遂的情况是完全可能存在的。但是多数学者认为，教唆未遂不应当、至少是不必要受罚。因为从整个犯罪的客观过程看，教唆行为相当于犯罪的预备行为，甚至是预备行为以前的行为；教唆未遂实际上也就相当于预备行为的未遂。处罚这种行为并不完全符合刑法的基本目的”。[①] 上述这些表面上没有贯彻从属性说的不同规定也仅仅是说明了，基于教唆犯这类犯罪的特殊性，对于处在不同停止形态的教唆犯，规定了有别于犯罪停止形态的一般的处罚方式。例如，对于处于犯罪预备阶段的教唆犯，处以未遂犯的刑罚。实际上，我国刑法在关于教唆犯的处罚方式上，也作了区别于刑法总则关于未完成形态犯罪的处罚原则的规定。我国刑法第29条第2款规定：“如果被教唆的人没有犯被教唆的罪，对于教唆犯，可以从轻或者减轻处罚。”根据这一规定，被教唆的人没有犯被教唆的罪的情形下，根本没有实施具体

---

① 储槐植：《美国刑法》，北京大学出版社2005年版，第111页。

犯罪的着手行为，也不可能成立未遂犯。但该款规定的处罚原则“可以从轻或者减轻处罚”是同刑法总则对未遂犯的处罚原则相同的，这主要是考虑到教唆犯的危害性较大，对其予以较重的处罚原则。正如有的学者所指出的：“我国刑法第29条第2款规定对被教唆的人没有犯被教唆的罪的情况下的教唆犯可以从轻或者减轻处罚，这与我国刑法第23条第2款规定的未遂犯的处罚原则完全相同，可见立法者是将这种情况下的教唆犯视同犯罪未遂的。”① 如果被教唆的人没有犯被教唆的罪，则说明并没有实际侵害法益的行为，也即没有符合构成要件的行为，连犯罪着手都谈不上，对于教唆犯而言，也仅能认定为是处于所教唆的犯罪的预备状态。我国刑法基于教唆犯自身的特点，对于此种情形下的教唆犯之处罚作不同于预备犯的处罚的规定当然是可以的，这是罪刑相适应原则的必然要求。正如有学者所指出的，“教唆行为没有达到效果或者其教唆的罪未被教唆者实施，即其教唆意图之犯罪尚未着手实施，对其以所教唆的犯罪之预备犯处罚体现了主客观相统一的定罪量刑原则，符合罪刑均衡和刑法的谦抑性要求。至于其处罚原则为何与未遂犯的处罚原则一致：第一是基于教唆犯罪的严重社会危害性；第二是深受我国传统法律文化的影响，中国的法律传统是严厉惩罚造意犯”②。“教唆犯罪预备比一般犯罪预备的社会危害性更大，因而有必要对之规定一个比刑法典第22条一般预备犯处罚原则更为严厉的处罚方法”③。

综上，笔者认为，在教唆犯中，只有被教唆者已经将犯罪行为实施完毕才能认定为是犯罪既遂。当被教唆者没有实施任何犯罪行

① 高铭暄：《中华人民共和国刑法的孕育和诞生》，法律出版社1981年版，第57页。

② 张忠国、张依聪：《教唆未遂之犯罪形态探析》，载《石油大学学报》（社会科学版）2004年第4期。

③ 高铭暄主编：《新中国刑法学研究综述（1949—1985）》，河南人民出版社1986年版，第368～369页。

为时，教唆犯属预备犯，但根据我国刑法规定，可以从轻或减轻处罚；当被教唆者实施了犯罪行为而未达既遂时，则视犯罪停止下来的原因的不同，教唆犯、被教唆犯有可能成立犯罪未遂或犯罪中止。

三、犯罪既遂与共同犯罪之中止行为

共同犯罪原则上应当贯彻“部分行为全部责任”原则，共犯中只要一人的行为达到犯罪既遂，则全体共犯人均成立犯罪既遂。但对于共同犯罪人中个别人实施了中止行为，但犯罪行为还是因其他人的行为达到了犯罪既遂，对于实施了中止行为的人，是成立犯罪中止还是犯罪既遂，应当如何处罚，刑法理论上存在不同的观点。正如有学者所指出的，“在共同犯罪情况下，如果所有共犯人都同时中止犯罪，则不存在难题；但如果一部分共犯人中途放弃犯意、脱离共犯关系，而其他共犯人继续实施犯罪，达到未遂或既遂状态时，在此之前的脱离者、中止者应在何种范围内承担责任，则是难题”①。

（一）关于共同犯罪中犯罪中止认定的学说

在共同犯罪中，如何认定共犯人的犯罪中止，是共同犯罪及犯罪停止形态中共同面临的难题。刑法理论上形成了两种相对的观点，一种观点认为，在共同犯罪中，只要实施了犯罪中止行为，无论犯罪行为是否因其他共犯人的行为达到既遂状态，对于实施了中止行为的人，均可认定为是成立犯罪中止；另一种观点认为，在共同犯罪中，不仅要实施中止行为，而且是共同犯罪行为没有达到既遂，此种情形下，实施了中止行为的人才能成立犯罪中止。前者只注重行为人的中止行为，而后者还强调中止的效果，即犯罪既遂这一结果没有出现。正如有学者所指出的：“从犯自犯罪之实行中脱退，而受中止未遂之减刑或免刑时，必须在如何之程度上，始能认

---

① 张明楷：《未遂犯论》，法律出版社、日本成文堂出版社 1997 年版，第 407 页。

定其帮助行为已撤销耶？此在刑法解释上颇有疑义。关于此一问题之解决，学说上有两种不同之立场，其一，谓只需在从犯与正犯之间，关于帮助行为之中止有所谅解，即可认定其帮助行为之中止。其二，谓从犯必须在现实上防止正犯之行为所发生之结果，始得认定其帮助行为之中止”①。

1. 中止行为说

该观点认为，犯罪中止是基于行为人的主观意志而将犯罪行为停止下来，因此，在共同犯罪中，只要有行为人中止了其所实施的犯罪行为，无论犯罪行为是否因其他共同犯罪人的行为而达到犯罪既遂，则实施了中止行为的人都成立犯罪中止。② 其他没有中止犯罪行为的人，如果犯罪达既遂，则共同对犯罪既遂承担刑事责任，也即构成犯罪既遂；如果犯罪达未遂，则均成立犯罪未遂。如牧野英一指出，即使中止行为不能防止结果的发生，只要行为人朝着防止结果的发生付出了足够的努力，就应看作是中止未遂。③ 西田典之教授认为：“根据因果共犯论，共犯受处罚是因为其加功行为以他人的实行行为为媒介而与犯罪的未遂或既遂具有因果性。如果是这样，共犯者的加功行为则可能与未遂有因果性而与既遂没有因果性。即中止者在着手后消除了其加功行为对结果可能具有的因果影响力时，即使其他共犯者达到既遂，中止者的罪责也只限于未遂，而且在具备任意性条件时应当成立中止犯。换言之，着手实行后，中止者基于自己的意志中止自己的行为，并切断了自己的加功行为与结果之间的物理的或心理的因果性时，即使其他共犯者达到既遂，中止者就不像通说那样承担既遂的罪责，而是承担中止犯的罪责。”④ 在我国，也有相同的观点，有的学者主张，帮助犯的中止

① 《日本刑法判例评释选集》，洪福增译，台湾汉林出版社 1977 年版，第 121 页。

② 如何界定中止行为，有的认为要求中止行为必须切断行为人的先前行为所带来的因果联系，有的则仅要求行为人基于主观意愿实施了中止行为即可。

③ ［日］泷川幸辰：《犯罪论序说》，王泰译，法律出版社 2005 年版，第 125 页。

④ 张明楷：《未遂犯论》，法律出版社、日本成文堂出版社 1997 年版，第 421 页。

不必以有效阻止共同犯罪发展至完成为必要，只要行为人……在已实施帮助行为后，采取积极措施有效地撤回这种帮助已给共同犯罪造成的各种便利条件即可。[①] “当个别人以他的行为消除了他先前行为的原因作用，但其他共同犯罪人又以新的行为填补了这一空缺的原因力，致使犯罪结果还是按照原有的轨道而发生，这已不影响这一犯罪中止的成立”[②]。在英美刑法中，认为共犯人只要撤销自己已经造成的影响，即使其他人将犯罪行为实施至既遂，也可认为是犯罪中止。“如果从犯教唆实行犯实施某种犯罪，只要对实行犯及时地、明确地表示撤回他的教唆，而且已经传达给实行犯，其中止就是有效的，因而对实行犯进一步实行的犯罪就不承担刑事责任，但仍可能承担教唆犯罪的责任。如果从犯向实行犯提供犯罪的工具，仅仅在实行犯实行犯罪之前向实行犯表示不要用其提供的工具实行犯罪，则不足以成立犯罪中止，而必须是有效地阻止了实行犯使用该工具实行犯罪”[③]。

立法上，也有采此观点的。例如，我国《澳门刑法典》第24条（共同犯罪情况下之犯罪中止）：“如属由数行为人共同作出事实，其中因己意防止犯罪既遂或防止结果发生之行为人之犯罪未遂不予处罚，而其中曾认真作出努力防止犯罪既遂或防止结果发生之行为人之犯罪未遂，即使其他共同犯罪人继续实行犯罪或使之既遂，亦不予处罚。”《奥地利刑法典》第16条第（2）款规定：“应受刑罚处罚的行为的实施或结果不是因为行为人的行为而未发生，但行为人主动且真诚努力阻止行为的实施或避免行为结果的发生的，不处罚。”

2. 中止效果说

这种观点强调中止行为的效果，即在共同犯罪中要成立犯罪中

① 张绍谦：《论共同犯罪的中止》，载鲍遂献等主编：《刑法学研究新视野》，中国人民公安大学出版社1995年版，第240页。

② 杨兴培：《犯罪构成原论》，中国检察出版社2004年版，第365页。

③ 赵秉志主编：《英美刑法学》，中国人民大学出版社2004年版，第73页。

止，不仅要求行为人实施中止行为，而且要求共同犯罪未达既遂。中外刑法理论上不少学者持此说。例如，“共同正犯之部分行为人于着手实行后，其中止行为是否得以成立中止犯，除必须以己意中止为前提要件外，其后尚必须防止其他共同行为人实行犯罪行为，并且从‘是否已经阻止结果发生’之观点来作为判断之基准”①。“即使共同者中的一部分人任意地中止了犯罪行为，但是，其他人实现了犯罪时，也不能认为中止者是中止犯”②。

在这类学说中，对于中止行为与犯罪未达既遂之间是否需要存在因果关系，又存在因果关系必要说与不要说两种观点：

(1) 因果关系必要说。此种观点认为，行为人的中止行为与犯罪未达既遂之间应当存在因果关系，如果行为人中止了自己的行为，虽然犯罪未达既遂，但二者之间不存在因果关系的，实施了中止行为的人也应认定为是犯罪既遂。例如，“在教唆犯教唆完毕以后，其作为犯罪结果发生的原因力已经在发生作用。在这种情况下，教唆犯想要成立犯罪中止，必须使本人的教唆行为失去作为犯罪结果发生的原因力的效果。若欲如此，除制止被教唆的人的犯罪行为以外，别无其他途径”③。“帮助犯提供帮助以后，欲中止犯罪，必须采取积极行动阻止他人继续犯罪或避免共同犯罪结果”。④

(2) 因果关系不必要说。此种观点认为，只要行为人实施了中止行为，并且共同之犯罪行为未达既遂，无论二者之间是否存在因果关系，只要实施了中止行为的人，均成立犯罪中止。德国刑法理论与实务的通说即是，根据《德国刑法典》第 31 条第 2 款的规

① 余振华：《刑法深思·深思刑法》，台湾元照出版公司 2005 年版，第 118 页。

② ［日］大塚仁：《刑法概说（总论）》，冯军译，中国人民大学出版社 2003 年版，第 294 页。相同观点见韩忠谟：《刑法原理》，中国政法大学出版社 2002 年版，第 175 页；［日］泷川幸辰：《犯罪论序说》，王泰译，法律出版社 2005 年版，第 125 页；［日］大谷实：《刑法总论》，黎宏译，法律出版社 2003 年版，第 349 页。

③ 陈兴良：《共同犯罪论》，中国人民大学出版社 2006 年版，第 375 页。

④ 姜伟：《犯罪形态通论》，法律出版社 1994 年版，第 201 页。

定，如果犯罪行为没有中止犯的作为将被中止（教唆未遂在其不知晓之情况下发生）或如果犯罪行为与他的先前的行为无关而被实施的（被教唆人已经决意实施犯罪），只要行为人主动且真诚努力地阻止犯罪完成的，亦成立共犯未遂的中止。[①] 日本学者大塚仁也持此说："只要其事态也能相当于广义的未遂犯，就可以肯定成立中止犯"。[②] 我国台湾地区的"刑法"也采因果关系不必要说，其"刑法典"第 27 条第 1 项规定："已着手于犯罪行为之实行，而因己意中止或防止其结果之发生者，减轻或免除其刑。结果之不发生，非防止行为所致，而行为人已尽力为防止行为者，亦同。"第 2 项规定："前项规定，于正犯或共犯中之一人或数人，因己意防止犯罪结果之发生，或结果之不发生，非防止行为所致，而行为人已尽力为防止行为者，亦适用之。"

（二）评析

以上关于共同犯罪中共犯人成立犯罪中止，其争议无非集中于两点：

1. 在共同犯罪中，成立犯罪中止，是否要求整体犯罪行为未达既遂

这种争论，实际上也就涉及对于中止犯的设立理由的理解，即刑法中设立中止犯并从宽处罚，是基于行为人主观恶性减少，还是基于行为对法益实际造成的损害减少。不同的观点实际上涉及主观主义与客观主义的对立，持主观主义立场的学者一般认为，只要行为人实施了中止行为，就可认定为是犯罪中止；持客观主义立场的学者一般认为，不仅要实施中止行为，并且要求犯罪行为没有达到既遂，即没有对法益造成刑法所要求的损害才能认为是犯罪中止。从立法例上看，基于不同的立场也存在不同的立法，如日本刑法规

① ［德］汉斯·海因里希·耶赛克、托马斯·魏根特：《德国刑法教科书》，徐久生译，中国法制出版社 2001 年版，第 858 页。

② ［日］大塚仁：《刑法概说（总论）》，冯军译，中国人民大学出版社 2003 年版，第 116 页。

定，成立犯罪中止必须整体的犯罪行为没有达到犯罪既遂；以德国为代表的国家持主观说的立场，强调行为人的主观方面，着眼于行为人的人身危险性和预防犯罪的刑事政策考量，注重中止犯主观危险性的减少，力图为应当被科处刑罚的行为人架设返回的金桥。[①]我国澳门地区刑法也认为，即使其他人的行为使犯罪达到既遂，中止行为人也可成立犯罪中止。

笔者认为，在共同犯罪中，行为人要成立犯罪中止，必须是共同之犯罪没有达到既遂。这一点，我国刑法已经作了明确规定。[②]正如有学者所指出的，"根据我国刑法的规定，中止犯应当具备有效性要件，无论是单独正犯还是共同正犯都应当如此"[③]。其他国家的刑法之所以将这些行为认定为是犯罪中止，显然也是作为一种"准中止犯"而在刑法中特别说明，以期在刑罚适用时从宽处罚。

2．即使认为要成立犯罪中止，必须是共同之犯罪未达犯罪既遂，但对于行为人的中止行为与犯罪未达既遂之间是否存在因果关系，存在肯定、否定两种观点

即使是在单个人的犯罪中，要成立犯罪中止，是否要求中止行为与犯罪未达既遂之间存在因果关系，也存在争议。"责任减少说积极地认为中止行为本身其责任非难已然减少，如有中止行为即可，无须再要求有因果关系。而违法性减少说则因为视中止行为为结果不发生之原因，故要求应有因果关系。另外，通说及判例认为因果关系之存在系必要的。然而，并无严格地解释该因果关系，认为只要行为未遂，仍然有违法性减少，甚至于责任亦减少，故可以肯定适用中止犯之规定"[④]。

---

① ［日］香川达夫：《中止未遂的法的性格》，有斐阁1963年版，第40页。

② 刑法第24条第1款（犯罪中止）规定："在犯罪过程中，自动放弃犯罪或者自动有效地防止犯罪结果发生的，是犯罪中止。"

③ 童伟华：《犯罪构成原理》，知识产权出版社2005年版，第348页。

④ ［日］川端博：《刑法总论二十五讲》，余振华译，中国政法大学出版社2003年版，第324页。

笔者认为，宜以不承认因果关系为宜。从主观上看，行为人已经放弃了犯罪意图，并且主动防止犯罪结果的发生，从客观上看，行为对法益毕竟没有造成刑法对犯罪既遂所要求的损害，从鼓励犯罪人中止犯罪行为、刑法谦抑等角度看，应以行为人中止犯罪行为为宜。日本现行刑法没有对中止行为与结果不发生之因果关系作出特别规定，刑法理论上围绕是否需要存在因果关系存在争论。但日本刑法改正草案第 24 条的规定否定了因果关系的存在，该条规定："基于自己的意志，中止犯罪的实行或者防止结果的发生，因而未遂的，应当减轻或者免除刑罚。行为人作出了足以防止结果发生的努力时，即使由于其他情况使得结果没有发生的，也与前项同。"①《德国刑法典》第 24 条第 1 项亦规定，如该犯罪非因中止犯之行为而不能完成者，只需行为人主动努力阻止该犯罪完成，应免除其刑罚。可以说，这种观点已经受到越来越多的学者的赞同，正如有学者所指出的，"然中止行为，虽未现实的阻止结果，而其结果终于未遂者，其中止行为不得据以为减免其刑之原因，此种观念，已逐渐趋于减退"②。

基于上述认识，并结合我国刑法关于犯罪中止的规定，笔者认为，在我国，行为人要成立犯罪中止，行为人必须实施中止行为，并且，共同之犯罪行为未达犯罪既遂，至于中止行为与犯罪未达既遂之间是否存在因果关系则在所不问。但问题是，对于那些已经实施了中止行为的共犯人，但由于其他共犯人的行为将共同犯罪实行至犯罪既遂而不能认定为犯罪中止的，如何对其从宽处罚？德日刑法理论中提出的"共犯关系的脱离"值得我们借鉴。

（三）共犯关系的脱离

共犯关系的脱离，是指共犯关系成立之后，完成犯罪之前，部分处于共犯关系的人切断与其他共犯的关系而从该共犯关系中解脱

① 需要指出，日本刑法改正草案由于诸多原因未获通过。

② 陈朴生：《刑法专题研究》，台湾三民书局 1984 年版，第 412 页。

出来，其他共犯人基于共犯关系实施实行行为，引起了犯罪结果的场合。脱离就意味着解除共犯关系，所以，脱离人只对到脱离为止的行为负责，① 即仅追究其脱离共犯关系之前的障碍未遂的责任。脱离共犯关系，主要是为了解决虽为中止作出了努力，但没能防止结果发生的共犯者的责任问题。行为人在为中止作出了努力但结果仍然发生的情况下，由于不符合中止犯的条件，所以不能按中止犯处理；如果按既遂犯处理，也不合适。于是提出脱离共犯关系的概念，比照障碍未遂处理。② 至于如何才能算是从共犯关系中脱离出来，刑法理论上存在两种不同的观点，有的认为，要成立共犯关系的脱离，必须切断行为人之前的行为在共同犯罪中的因果联系。例如，西田典之教授认为，解决脱离共犯的问题的基本准则是，中止行为是否将脱离者已经实施的加功行为与此后其他共犯者的行为结果之间的因果关系切断。③ 山口厚认为，成立共犯关系的脱离，要求消除共犯行为所产生的物理的因果性与心理的因果性。如果行为与结果之间仍然有因果关系，便不可能成立共犯关系的脱离。有的认为，成立共犯关系的脱离，只要行为人为防止犯罪既遂的出现作出了努力，中止了自己的行为即可。例如，“重视物理的、心理的因果关系的立场是不妥当的。在将因果性作为问题时，几乎所有的场合都难以认定为脱离”④。

共犯关系的脱离是德日刑法理论中的一个概念，现今，在英美法系国家，实际上也在一定程度上承认共犯关系的脱离，例如，美国《模范刑法典》第2.06条第（6）款（c）项规定：“在实行犯罪之前，终止共犯关系并且将共犯关系给予实行犯罪的效果完全予以消灭或给予执法机关适时的警告或以其他方式阻止其犯罪的实行作适当的努力，不能成为他人所实行的犯罪的共犯。”实际上，有

① ［日］大谷实：《刑法总论》，黎宏译，法律出版社2003年版，第349~352页。
② 张明楷：《外国刑法纲要》，清华大学出版社2007年版，第340页。
③ 张明楷：《未遂犯论》，法律出版社、日本成文堂出版社1997年版，第411页。
④ ［日］大谷实：《刑法总论》，黎宏译，法律出版社2003年版，第351页。

的国家早在立法上就规定了共犯关系的脱离，如 1889 年的《芬兰刑法典》第 2 条（从犯罪未完成过程中退出并且消除罪犯实施的犯罪所引起的后果）第（2）款规定：“如果犯罪有几个共谋者，只有在实行犯、煽动犯或者教唆者已经成功地同样使其他参与者停止犯罪或从犯罪中退出，或者能够防止法定犯罪构成所指的结果发生，以及以其他方式消除其自己行为对犯罪完成过程所产生的影响的情况下，才能在退出犯罪和消除犯罪的结果的基础上，对他们免除处罚。”

我国刑法对中止犯成立所设的条件比较严格，司法实践中不少确有悔改之意，放弃犯罪并真诚地希望阻止犯罪结果发生的人，因为最终仍然无法避免危害结果的发生，不能认定为中止犯。① 从罪刑相适应的角度出发，对于此类共犯人的量刑，应当有别于其他共犯人，其他国家关于共犯关系的脱离之理论值得我们进一步借鉴。我国刑法理论有必要对共犯关系的脱离的问题展开相应的研究，正如有学者所指出的：“将共犯关系脱离作为一个独立的范畴予以研究，还有利于我国共犯理论体系的完善。……在我国传统的共犯体系中，共犯的变更与脱离通常置于与共犯论相关的其他问题之中。这不但使我国的共犯论体系在逻辑上缺乏严谨性，而且也使理论上对共犯的变更、脱离等内容的研究比较薄弱。将共犯关系的脱离作为一个独立的范畴，笔者认为可将我国共犯论体系分为共犯本体论即共犯关系的成立、变更、脱离……”② “日本学者关于从共犯关系脱离的论述，很有参考价值。因为承认共犯关系的脱离，有利于鼓励参与共同犯罪的人中途放弃犯罪，有助于与共同犯罪作斗争”③。

---

① 陈家林：《共同正犯研究》，武汉大学出版社 2004 年版，第 295 页。

② 刘凌梅：《帮助犯研究》，武汉大学出版社 2003 年版，第 182 页。

③ 马克昌：《比较刑法原理》，武汉大学出版社 2002 年版，第 745 页。

主要参考文献

（一）中文著作

1. 刘之雄：《犯罪既遂论》，中国人民公安大学出版社 2003 年版。

2. 金泽刚：《犯罪既遂的理论与实践》，人民法院出版社 2001 年版。

3. 李洁：《犯罪既遂形态研究》，吉林大学出版社 1999 年版。

4. 张明楷：《未遂犯论》，法律出版社、日本成文堂出版社 1997 年版。

5. 李洁：《论罪刑法定的实现》，清华大学出版社 2006 年版。

6. 赵秉志主编：《犯罪停止形态适用中的疑难问题研究》，吉林人民出版社 2001 版。

7. 赵秉志：《犯罪未遂的理论与实践》，中国人民大学出版社 1987 年版。

8. 赵秉志：《犯罪未遂形态研究》，中国人民大学出版社 2007 年版。

9. 王志祥：《危险犯研究》，中国人民公安大学出版社 2007 年版。

10. 鲜铁可：《新刑法中的危险犯》，中国检察出版社 1998 年版。

11. 姜伟：《犯罪形态通论》，法律出版社 1994 年版。

12. 熊选国：《刑法中行为论》，人民法院出版社 1992 年版。

13. 卢宇蓉：《加重构成犯罪研究》，中国人民公安大学出版社 2004 年版。

14. 陈家林:《共同正犯研究》，武汉大学出版社 2004 年版。

15. 王志远:《犯罪成立理论原理——前序性研究》，中国方正出版社 2005 年版。

16. 史卫忠:《行为犯研究》，中国方正出版社 2002 年版。

17. 刘明祥:《刑法中错误论》，中国检察出版社 1999 年版。

18. 童伟华:《犯罪构成原理》，知识产权出版社 2005 年版。

19. 黎宏:《刑法总论问题思考》，中国人民大学出版社 2007 年版。

20. 刘生荣:《犯罪构成原理》，法律出版社 1997 年版。

21. 郑军男：《不能未遂犯研究》，中国检察出版社 2005 年版。

22. 吴振兴:《罪数形态论》，中国检察出版社 2006 年版。

23. 张明楷、黎宏、周光权：《刑法新问题研究》，清华大学出版社 2003 年版。

24. 李海东：《刑法原理入门（犯罪论基础）》法律出版社 1998 年版。

25. 蔡枢衡:《中国刑法史》，中国法制出版社 2005 年版。

26. 中国刑法学研究会组织编写：《全国刑法硕士论文荟萃(1981—1988 届)》，中国人民公安大学出版社 1989 年版。

27. 马克昌:《比较刑法原理》，武汉大学出版社 2002 年版。

28. 马克昌主编:《犯罪通论》，武汉大学出版社 1999 年版。

29. 马克昌主编:《刑罚通论》，武汉大学出版社 2001 年版。

30. 张明楷:《外国刑法纲要》，清华大学出版社 2007 年版。

31. 马克昌主编：《近代西方刑法学说史略》，中国检察出版社 2004 年版。

32. 张明楷：《刑法的基本立场》，中国法制出版社 2002 年版。

33. 陈兴良:《本体刑法学》，商务印书馆 2001 年版。

34. 陈兴良:《刑法适用总论》，法律出版社 1999 年版。

35. 韩忠谟:《刑法原理》,中国政法大学出版社 2002 年版。

36. 赵秉志主编:《犯罪总论问题探索》,法律出版社 2003 年版。

37. 赵秉志主编:《刑法基础理论探索》,法律出版社 2003 年版。

38. 赵秉志主编:《刑罚总论问题探索》,法律出版社 2003 年版。

39. 张绍谦:《刑法因果关系研究》,中国检察出版社 2004 年版。

40. 董淑君:《刑法的要义》,人民出版社 2004 年版。

41. 聂立泽:《刑法中主客观相统一原则研究》,法律出版社 2003 年版。

42. 高铭暄主编:《刑法学原理》,中国人民大学出版社 1993 年版。

43. 陈兴良:《刑法哲学》,中国政法大学出版社 2000 年版。

44. 张明楷:《法益初论》,中国政法大学出版社 2000 年版。

45. 陈朴生:《刑法专题研究》,台湾三民书局 1984 年版。

46. 赵微:《俄罗斯联邦刑法》,法律出版社 2003 年版。

47. 蔡墩铭主编:《刑法总则论文选辑》,台湾五南图书出版公司 1984 年版。

48. 林山田:《刑法通论》,台湾兴丰印刷厂有限公司 1986 年版。

49. 陈朴生、洪福增:《刑法总则》,台湾五南图书出版公司 1982 年版。

50. 高铭暄主编:《刑法专论》,高等教育出版社 2002 年版。

51. 甘雨沛、何鹏:《外国刑法学》,北京大学出版社 1984 年版。

52. 陈忠林:《意大利刑法纲要》,中国人民大学出版社 1999 年版。

53. 陈兴良：《刑法疏议》，中国人民公安大学出版社 1997 年版。

54. 甘添贵：《体系刑法各论》，台湾瑞兴图书出版公司 1997 年版。

55. 冯亚东：《理性主义与刑法模式》，中国政法大学出版社 1999 年版。

56. 陈兴良：《刑法的价值构造》，中国人民大学出版社 1998 年版。

57. 宁汉林、魏克家：《中国刑法简史》，中国检察出版社 1999 年版。

58. 钱大群：《唐律研究》，法律出版社 2000 年版。

59. 马克昌等主编：《刑法学全书》，上海科技出版社 1993 年版。

60. 甘雨沛：《比较刑法学大全》，北京大学出版社 1997 年版。

61. 何秉松：《犯罪构成系统论》，中国法制出版社 1995 年版。

62. 储槐植：《美国刑法》，北京大学出版社 2005 年版。

63. 冯亚东：《罪与刑的探索之道》，中国检察出版社 2005 年版。

64. 徐逸仁：《故意犯罪阶段犯罪形态论》，复旦大学出版社 1992 年版。

65. 柯耀程：《变动中的刑法思想》，中国政法大学出版社 2003 年版。

66. 陈兴良：《共同犯罪论》，中国人民大学出版社 2006 年版。

67. 刘凌梅：《帮助犯研究》，武汉大学出版社 2003 年版。

（二）译著类

1.［德］恩施特·贝林：《构成要件理论》，王安异译，中国人民公安大学出版社 2006 年版。

2.［日］西原春夫：《刑法的根基与哲学》，顾肖荣译，法律出版社 2003 年版。

3.［日］大谷实：《刑法总论》，黎宏译，法律出版社 2003 年版。

4.［日］大谷实：《刑法各论》，黎宏译，法律出版社 2003 年版。

5.［日］大塚仁：《刑法概说》，冯军译，中国人民大学出版社 2003 年版。

6.［日］福田平、大塚仁：《日本刑法总论讲义》，李乔等译，辽宁人民出版社 1986 年版。

7.［英］J. C. 史密斯、B. 霍根：《英国刑法》，李贵方等译，法律出版社 2002 年版。

8.［德］汉斯·海因里希·耶赛克、托马斯·魏根特：《德国刑法教科书》（总论），徐久生译，中国法制出版社 2001 年版。

9.［日］野村稔：《刑法总论》，全理其、何力译，法律出版社 2001 年版。

10.［日］大塚仁：《犯罪论的基本问题》，冯军译，中国政法大学出版社 1993 年版。

11.［日］小野清一郎：《犯罪构成要件理论》，王泰译，中国人民公安大学出版社 1991 年版。

12.［法］卡斯·东斯特法尼：《法国刑法总论精义》，罗结珍译，中国政法大学出版社。

13.［意］杜里奥·帕多瓦尼：《意大利刑法学原理》，陈忠林译，法律出版社 1998 年版。

14.［法］孟德斯鸠：《论法的精神》，张雁深译，商务印书馆 1963 年版。

15. ［日］大谷实：《刑事政策学》，黎宏译，法律出版社2000年版。

16. 冯军译：《德国刑法典》，中国政法大学出版社2000年版。

17. ［英］鲁珀特·克罗斯等：《英国刑法导论》，赵秉志等译，中国人民大学出版社1991年版。

18. 刘仁文等译：《美国模范刑法典及其评注》，法律出版社2005年版。

19. ［前苏联］契希克瓦节主编：《苏维埃刑法总论》，群众出版社1987年版。

20. ［前苏联］A. H. 特拉伊宁：《犯罪构成的一般学说》，中国人民大学出版社1958年版。

（三）论文

1. 马克昌：《结果加重犯比较研究》，载《武汉大学学报》（哲学社会科学版）1993年第6期。

2. 毛毅坚：《论危险犯的中止与既遂》，载《政治与法律》2006年第2期。

3. 王纪松：《论类型化的犯罪既遂标准》，载《中国刑事法杂志》2006年第1期。

4. 程红：《共同犯罪中部分人放弃是否构成犯罪既遂》，载《人民检察》2006年第6期。

5. 王志远、李世清：《论犯罪的“既遂后中止”——以危险犯为视角》，载《云南大学学报》（法学版）2006年第3期。

6. 于阜民、夏弋舒：《犯罪既遂概念：困惑与重构》，载《中国法学》2005年第2期。

7. 刘明祥：《论危险犯的既遂、未遂与中止》，载《中国法学》2005年第6期。

8. 李居全：《关于犯罪既遂与未遂的探讨》，载《法商研究》

1997 年第 1 期。

9. 侯国云：《对传统犯罪既遂定义的异议》，载《法律科学》1997 年第 3 期。

10. 胡家贵等：《关于犯罪形态的几个问题》，载《政法论坛》1997 年第 6 期。

11. 陈彦海、张伯仁：《犯罪既遂定义浅探》，载《西北政法学院学报》1988 年第 4 期。

12. 王菲、马玲霞：《论目的犯的既遂》，载《检察实践》2005 年第 2 期。

13. 米传勇：《犯罪既遂标准新论——修正的构成要件齐备说之提倡》，载《法律适用》2005 年第 9 期。

14. 段立文：《犯罪“未得逞”含义辨析》，载《法学评论》1991 年第 3 期。

15. 刘之雄：《论犯罪既遂与未遂的区分标准》，载《法学评论》1989 年第 3 期。

16. 房绪兴：《犯罪既遂标准的重构》，载《山东公安专科学校学报》2004 年第 4 期。

17. 伍柳村等：《犯罪未遂的存在范围及“犯罪未得逞”探析》，载《四川大学学报》（哲社版）1990 年第 4 期。

18. 刘艳红：《再论犯罪既遂与未遂》，载《中央政法管理干部学院学报》1998 年第 1 期。

19. 翁伟民：《犯罪既遂标准刍议》，载《广西社会主义学院学报》2001 年第 3 期。

20. 刘之雄：《刑罚根据完整化上的犯罪分类》，载《中国法学》2005 年第 5 期。

21. 杨兴培：《危险犯质疑》，载《中国法学》2000 年第 3 期。

22. 魏东、蒋春林：《论奸淫幼女犯罪既遂的认定标准》，载《政法论丛》2007 年第 4 期。

23. 曾粤兴：《犯罪未遂若干问题研究》，载《金陵法律评论》

2002 年秋季卷。

24. 陈殿福：《犯罪中止的时间条件刍议》，载《法律科学》1990 年第 3 期。

25. 林亚刚：《对犯罪既遂标准通说观点的辩护》，载刘明祥主编：《马克昌教授八十华诞祝贺文集》，中国方正出版社 2005 年版。

26. 林亚刚：《论结果加重犯的若干争议问题》，载《法学评论》2004 年第 6 期。

27. 马克昌：《中国内地刑法与澳门刑法中犯罪未完成形态比较研究》，载《武汉大学学报》（人文社会科学版）2001 年第 1 期。

28. 高绍先：《“未得逞”辨析与犯罪未遂的种类划分》，载《现代法学》1993 年第 1 期。

29. 李洁：《从立法目的看犯罪既遂之“遂”的应有内涵》，载《法制与社会发展》1999 年第 3 期。

30. 陈航：《对新一轮“犯罪既未遂区分标准之争”的梳理与研析》，载《河北法学》2000 年第 5 期。

31. 苏彩霞：《危险犯及其相关概念之辨析》，载《法学评论》2001 年第 3 期。

32. 黎宏、申键：《论未遂犯的处罚范围》，载《法学评论》2003 年第 2 期。

33. 胡东飞：《危险犯的形态及其法条适用》，载《西南政法大学学报》2005 年第 6 期。

34. 王志祥、吴占英：《危险犯犯罪形态之辨正》，载《中国人民公安大学学报》2003 年第 4 期。

35. 冯亚东、胡东飞：《犯罪既遂标准新论——以刑法目的为视角的剖析》，载《法学》2002 年第 9 期。

36. 肖中华：《渎职罪法定结果、情节在构成中的地位及既遂未遂形态之区分》，载《法学》2005 年第 12 期。

37. 侯国云:《“构成要件说”作为犯罪既遂判定标准的不合理性》,载《河南师范大学学报》(哲学社会科学版)2006年第2期。

38. 冯亚东、胡东飞:《犯罪构成模型论》,载《法学研究》2004年第1期。

39. 胡家贵、陈瑞兰:《关于犯罪形态的几个问题》,载《政法论坛》1997年第6期。

40. 欧阳涛等:《谈谈如何正确区分杀人罪和伤害罪》,载《法学研究》1980年第3期。

41. 侯国云:《间接故意犯罪也有未遂吗?》,载《云南法学》1996年第3期。

42. 袁中毅:《过失犯危险行为犯罪化的立法研析》,载《法学评论》1997年第3期。

43. 刘仁文:《过失危险犯研究》,载《法学研究》1998年第3期。

44. 黄俊平:《既遂说、成立说之选择——兼谈结果犯的定位》,载《审判研究》2003年第1辑,法律出版社2003年版。

45. 陈洪兵、周荣春:《犯罪既未遂疑难问题探讨》,载《山西省政法管理干部学院学报》2007年第1期。

46. 储槐植、汪永乐:《再论我国刑法中犯罪概念的定量因素》,载《法学研究》2000年第2期。

47. 廖慧兰:《盗窃时部分既遂部分未遂如何处理》,载《检察日报》2007年2月11日第3版。

48. 梁统:《“部分既遂部分未遂”应作未遂处理》,载《检察日报》2003年1月20日。

49. 邓文莉、林卫星:《盗窃罪既未遂界定标准新探》,载《南都学坛》2006年第3期。

50. 鲜铁可:《新刑法与危险犯理论研究》,载《法学研究》1998年第5期。

51. 陈志龙：《未遂犯与法益危险犯》，载台湾《法学丛刊》第164期。

52. 杜英杰、贾万宝：《危险犯的犯罪中止问题探讨》，载《兰州学刊》2004年第6期。

53. 顾永中：《关于故意犯罪过程中犯罪形态的几点思考》，载《法学研究》1991年第3期。

54. 陈勇：《关于危险犯既遂后主动排除危险状态行为的思考》，载《政法论丛》2002年第5期。

55. 刘明祥：《评“双重罪过”说》，载《法学评论》1989年第5期。

56. 朱本欣：《共同犯罪中犯罪未遂与中止的比较研究》，载《法学评论》2003年第3期。

57. 张忠国、张依聪：《教唆未遂之犯罪形态探析》，载《石油大学学报》（社会科学版）2004年第4期。

（四）外文资料

1. Smith, Hogan, Criminal Law, Butterworth, 1999.

2. Catherine Elliott, Frances Quinn, Criminal Law, Clarendon Press, 1995.

3. Duncan Bloy, Principle of Criminal Law, Cavendish Publishing Limited, 2001.

4. William Wilson, Criminal Law Doctrine and Theory, Addison Wesley Longman Limited.

后 记

刑法基础理论中的许多问题具有牵一发而动全身之功效，犯罪既遂问题更是如此。该问题本身在刑法理论上就存在诸多争议，再加之又与刑法理论中的其他问题密切相关，因此，要弄清犯罪既遂及其相关问题的难度甚大。虽然笔者在这一问题上思考许久，但在撰写博士论文过程中，才真正体会到实际的难度比想象中要大很多。论文完成之际，内心仍然感到不安，恐文中不足之处给读者带来更大的困惑，把本来就极具争议的犯罪既遂问题搞得更为混乱，但笔者也期盼，诸多前辈及同行能对文中存在的问题加以批评指正，达到抛砖引玉的效果。

时光飞逝，三年的武汉大学学习生涯即将结束。在博士论文出版之际，首先我要感谢导师许发民教授。承蒙许老师的厚爱，我才有幸进入武汉大学攻读博士学位。在攻读博士期间，许老师以其高尚的人格及踏实的学风影响着我，对我今后的做人、做学问指明了正确的方向。此篇博士论文从选题到完成，凝聚了许老师的大量心血。许老师在繁忙工作的同时，仍然以每天十几页、几十页的速度认真、细致地审阅着我的博士论文，甚至每个标点符号、错别字，许老师都进行了修改。一方面，我感到内心不安，恐文中错误太多而被老师发现，受到老师的批评；另一方面，更为重要的是为自己有这么一位严格而负责任的老师而感到自豪。感谢我的硕士生导师张国轩教授，张老师是我的刑法启蒙老师，在本科及硕士阶段，一直接受张老师在专业知识及做人处事方面的言传身教，进入博士阶段学习后，张老师仍然不断地警醒我要努力学习，不要浪得博士的虚名。感谢我的博士后导师，北京师范大学的李希慧教授，与李老师相处的日子，我被恩师谦虚友善的高尚人格、对待学问的认真态度深深感动。感谢我所在的单位江西财经大学法学院的领导，邓辉院长、姜红仁书记、蒋岩波副院长、黄华生副院长、熊进光副院长以及已退休的郭庆凯书记，一直本着提携年轻人的态度，给予了我很大的支持和鼓励，在我攻读博士期间，没有给我安排任何工作任务，让我潜心完成学业。在武汉大学学习期间，亲自聆听了马克昌教授、莫洪宪教授、吴振兴教授、林亚刚教授、贾宇教授、康均心教授、刘艳红教授的讲课，他们渊博的学识，使我受益颇多，在此一并致谢。

在攻读博士学位期间，师兄弟康诚、何荣功、陆诗忠、周铭川、李小涛、付玉明、周亦峰、肖扬宇、杨国举等，同窗好友李风林、闫利国、詹红星、肖本山、刘丁炳、欧阳本琪、张晶、赵波、陈珊珊、秦永峰、杨志琼、张蓉、杜辉、李萍、封志晔、樊建民、刘德法、李磊、周恒阳、张克文在学习和生活中给予的帮助和支持，使我在武汉大学的三年充实而有意义。回忆起在武汉大学的三年时光，他们是我生命中最值得留恋的人。

本书的顺利出版，得益于北京师范大学刑事法律科学研究院阴建峰教授的极力推荐，中国人民公安大学出版社李学军编辑不厌其烦的认真修改，对此均表示深深的感谢。

徐光华

二零零九年三月六日